上海文化发展基金会图书出版专项基金资助项目

Education Reform for
the 21st Century Skills :
China and World

丛书主编 彭正梅

面向21世纪能力的教育变革：中国与世界

STEM 学习环境论

王晶莹 / 著

上海教育出版社

图书在版编目（CIP）数据

STEM 学习环境论/王晶莹著. —上海：上海教育
出版社,2020.5
（面向 21 世纪能力的教育变革：中国与世界/彭正梅主编）
ISBN 978-7-5444-9911-8

Ⅰ．①S... Ⅱ．①王... Ⅲ．①教育环境—研究 Ⅳ.
①G40－052.4

中国版本图书馆 CIP 数据核字（2020）第 055634 号

责任编辑　钟紫菱
封面设计　陆　弦

面向 21 世纪能力的教育变革：中国与世界
丛书主编　彭正梅

STEM 学习环境论
王晶莹　著

───────────────────────────

出版发行　**上海教育出版社有限公司**
官　　网　www.seph.com.cn
地　　址　上海永福路 123 号
邮　　编　200031
印　　刷　上海展强印刷有限公司
开　　本　700×1000　1/16　印张 21.75　插页 1
字　　数　333 千字
版　　次　2020 年 6 月第 1 版
印　　次　2020 年 6 月第 1 次印刷
书　　号　ISBN 978-7-5444-9911-8/G·8169
定　　价　66.00 元

───────────────────────────

如发现质量问题，读者可向本社调换　　电话：021－64377165

丛书总序
发展 21 世纪能力,建设现代教育强国①

> 其本乱而末治者否矣,
> 其所厚者薄,而其所薄者厚,未之有也。
> ——《大学》

　　为了应对全球知识社会日益扩展所带来的挑战,自 20 世纪末以来,世界各国兴起了超越知识的 21 世纪能力教育改革运动(21st century skills-oriented educational reform movements),美国智库布鲁金斯学会(Brookings Institution)将这场改革运动称为"全球能力运动"(global skills movement)。② 全球教育系统的目标、内容、方法和评价更为明确地关注并聚焦 21 世纪个人及社会所需的广泛的高阶能力,即 21 世纪能力。21 世纪能力已经成为世界各国回应全球知识社会、提升其全球竞争力的重要抓手,成为各国教育改革的核心,也成为 21 世纪教育强国的本质体现。③

　　今天的中国已经融入世界之中,而且一改近代以来的被动地位,更加主动地参与到国际和全球事务之中,力图推动建立更加合理公正的国际秩序,从而在全球格局中谋取中华民族的伟大复兴和全人类的共同福祉。对于已经实现从"面向世界"到"在世界之中"的中华民族来说,结合自身国情,顺应全球教育趋势,推动以 21 世纪能力为导向的教育转型从未像今天这样刻不容缓,成功的教育转型也从未像今天这样可望可即。

① 本文作者为彭正梅、邓莉和周小勇,发表在《中国教育政策评论 2018》。郑太年、沈伟、沈章明和高原对本文的思想形成作出了贡献,这里表示感谢。
② Ananiadou, K. & Claro, M. 21st Century Skills and Competences for New Millennium Learners in OECD Countries [R]. OECD Education Working Papers, No.41, OECD Publishing, 2009: 8.
③ 邓莉,彭正梅.全球学习战略 2030 与中国教育的回应[J].开放教育研究,2017,23(3): 18‐28;彭正梅,邓莉.培养具有全球竞争力的美国人——基于 21 世纪美国四大教育强国战略的考察[J].比较教育研究,2018,7: 11‐19.

一、全球 21 世纪能力教育改革运动及其本质

21 世纪以来,国际上出现一场全球性的 21 世纪能力运动,其本质是一种以人的高阶能力发展为导向的教育改革运动,体现了教育目的的一种新人形象的教育目的。

1. 21 世纪能力教育改革运动的兴起

2001 年是新世纪以来教育改革的开端,世界各国教育改革纷纷布局自己的教育战略,以应对各自面临的挑战。在美国,在 2001 年的总统选举中,民众关心的第一议题就是教育问题,并由此促进了 2001 年《不让一个孩子掉队法》(No Child Left Behind Act) 的出台;在中国,为了解决基础教育中的应试教育问题,2001 年教育部启动了基础教育课程改革;德国在 2001 年经济合作与发展组织(Organization for Economic Co-operation and Development,简称 OECD) 主导的国际学生评估项目(Program for International Student Assessment,简称 PISA) 测试中遭受"PISA 震动"(PISA shock),迅速开启了新的全国性的教育改革。

之后,每隔三年的 PISA 测试进一步把世界各国拖入教育竞争之中。卷入 PISA 测试的国家都极为关心自己的 PISA 测试排名,并把这一排名视为教育竞争力、人力资本竞争力乃至国家竞争力的关键。2009 年和 2012 年,上海 PISA 测试两获世界第一,震惊了整个世界。一方面,人们惊奇地发现,长期以来被西方世界刻板化为死记硬背的"填鸭式"的中国教育居然具有世界最强的教育潜力;另一方面,国际社会特别是西方社会把这视为中国经济的潜在竞争力,并惊呼这是一次新的"人造卫星"危机,就像 50 多年前苏联的人造卫星上天对西方教育、科研体制乃至社会的冲击。PISA 测试试图用同一把尺子来衡量参与国的教育质量,推动和促进了各国的教育改革及其反思浪潮。

这些改革的核心议题是探讨 21 世纪教育需要培养什么样的人。1999 年,OECD 提出个体在 21 世纪获得"兴盛"(flourishment) 需要什么关键能力的框架;2002 年,美国 21 世纪学习合作组织(Partnership for 21st Century Learning,

原名为 Partnership for 21st Century Skills,简称 P21)提出个体在 21 世纪获得成功需要什么样技能的框架图。2001 年,美国教育家布卢姆(B. S. Bloom)认知领域教育目标分类经过修订,"创造"被置于顶端。如果说古典经济学家把专业化和贸易视为发展的主要因素,那么在 21 世纪,人们日益确信,创新和创业才是经济增长的主要驱动力,创新力才是各国的核心竞争力。培养人的创新力成为各国教育竞争力乃至国家竞争力的核心。

2016 年,布鲁金斯学会环球教育中心(Center for Universal Education at Brookings)和乐高基金会(LEGO Foundation)联合启动"变化世界中所需的技能"(Skills for A Changing World)项目,旨在探索 21 世纪新的教育需求,以及各国教育系统如何回应这种需求。该项目对 113 个国家的教育系统(从愿景或使命陈述到课程)进行的调查发现,世界主要国家及国际组织纷纷研制了 21 世纪能力框架来界定和遴选 21 世纪所需的技能或能力。即便在英国苏格兰、克罗地亚、危地马拉和菲律宾等地理、工业和社会经济地位迥异的国家和地区,也都一致认同教育应该培养学生的 21 世纪能力。显然,在全球范围内,越来越强调发展学生超越传统学科知识的广泛的 21 世纪能力,并且体现为一场 21 世纪能力导向的全球性的教育改革运动。[1]

各国及国际组织在自己的文件中指称 21 世纪能力所用的概念有差异。例如,OECD 和欧盟称为"关键能力"(key competences/key competences),美国称为"21 世纪技能"(21st century skills)、日本和新加坡称为"21 世纪能力"(21st century competencies),中国称为"核心素养"。此外,还有"横向能力"(transversal competencies)、"高阶思维技能"(higher-order thinking skills)、"高阶技能"(higher-order skills)、"通用技能"(generic skills)、"通用能力"(general capabilities)、"可迁移技能"(transversal skills)、"深度学习"(deeper learning)、"21 世纪流畅力"(21st century fluencies)、"全球能力/全球胜任力"(global competencies)、"终身学习素养"(lifelong learning competences)、"新基础性技能"(new basic skills)、"软技能"(soft skills)以及"非学术技能"(non-

---

[1] Care, E., Anderson, K., & Kim, H. Visualizing the Breadth of Skills Movement across Education Systems[R]. The Brookings Institution, 2016.

academic skills),等等。①

这些指称有其共同之处,但也有不同的侧重点,主要体现为两个英文关键词"competency"和"skill"之间的区分。一般而言,"skill"和"competency"在某种程度上都是指完成某一(些)任务所需要的能力。"skill"偏重可表现、可观察的技能,因此"skill"并不能完全告诉我们"如何"(how)成功地完成一项任务或动作。相对而言,"competency"这个概念更广泛,能够涵盖把"skill"转化为工作行为时遗漏的部分。也就是说,"competency"包含着知识、技能以及态度和价值观这三个方面的含义,而不仅仅是可表现、可操作和可观察的行为。因此,那些使用"skills"来指称 21 世纪能力的国家,为了避免这个概念较为狭隘的含义,把"skills"理解为 KSA(即 knowledge, skills, attitudes and values);而那些使用"competency"的国家,为了避免这个概念的广泛性和模糊性,越来越多地使用"skills"来指称 21 世纪能力明确的特殊性。

实际上,"全球技能运动"产生于并旨在回应 21 世纪以来日益扩展和加深的全球化和全球市场,因此,它比较忽略带有更多文化性和意识形态的知识、态度和价值观,而是强调更具表现性和结果性的"skills"。因此,布鲁金斯学会把这场全球性的教育改革运动称为"全球技能运动",可谓抓住了这场运动的本质。

中国把这场"全球技能运动"称为"核心素养运动",自然反映了我们重视知识、价值观的教育传统,却忽视了这场运动强调可表现、可操作和可观察的技能的本质。然而,"技能"在中文中常常与职业教育联系在一起,使用"技能"概念,反而不利于这场运动在所有教育领域展开,不如"能力"这个概念更好。因此,这里把"全球技能运动"称为"21 世纪能力教育改革运动"。这样,我们可以把对这场运动的研究和考察与中国教育界长期以来关于知识与能力关系问题的讨论联系起来,并有利于这个问题在 21 世纪的澄清。同时,考虑到"21 世纪技能运动"(21st century skills movement)主要是为了培养个体在 21 世纪获得成功和生命"兴盛"所需要的能力,因此"技能"这个狭隘的概念也不足以涵盖个体"成功"和"兴盛"所需要的能力。而且,如果再把"21 世

---

① 邓莉.如何在教学上落实 21 世纪技能:探究性学习及其反思和启示[J].教育发展研究,2017,(8):77.

纪能力"从中文翻译成英文,则宁可采用阿玛蒂亚 · 森(Amartya Sen)和玛莎 · 努斯鲍姆(Martha C. Nussbaum)的"能力"(capabilities)概念,把它翻译为"21st capabilities"。①

2. 21 世纪能力是高阶能力

21 世纪能力教育改革运动首先体现在很多国家或组织制定的 21 世纪能力框架之中。这些框架界定了本国或组织所认可的最为重要的 21 世纪能力,来引领学校变革和课程教学变革。

各国或有关国际对 21 世纪能力的定义及其包含的子技能有所不同,但呈现出某种共同的关怀。各国或有关国际提出的 21 世纪能力通常包含认知和非认知的知识、技能以及态度或价值观,其共同特征在于强调 4C 技能(Critical thinking and problem solving,Communication,Collaboration,Creativity,即批判性思维和问题解决、交流、合作、创造技能)、ICT 技能(Information Communications Technology,即信息通信技术技能)、人际交往、适应能力等。其中亚洲国家如新加坡和日本同时把伦理道德和价值观摆在重要位置。② 这里对 21 世纪能力与布卢姆认知领域的教育目标分类进行比较。

20 世纪 50 年代,美国教育心理学家布卢姆提出教育目标分类法:知识(knowledge)、领会(comprehension)、应用(application)、分析(analysis)、综合(synthesis)、评价(evaluation)。这六个阶段的认知水平由低阶走向高阶,其中,分析、综合与评价是问题解决能力的三个水平,是综合运用多种知识、技能和策略解决问题的能力,是高阶能力。2001 年,安德森(Lorin Anderson)和克拉斯沃尔(David Krathwohl)修订了布卢姆的认知领域教育目标分类。修订版将"创造"置于知识复杂度的顶层,也就是说,创造和创造性思维被视为最复杂的人类认知过程。这一修订试图强调,学习结果仅仅满足于知识习得和理解层面是不够的,学习的成功必须通往高阶目标或层次,最终导向问题解决、创造力的获得。

因此,按照布卢姆的教育目标分类,读写算能力即 3R(Reading,wRiting,

① 杨兴华.阿玛蒂亚 · 森和玛莎 · 努斯鲍姆关于可行能力理论的比较研究[J].学术论坛,2014,37(2):31 – 34.
② 邓莉.如何在教学上落实 21 世纪技能:探究性学习及其反思和启示[J].教育发展研究,2017,(8):78.

Arithmetic）能力和传统教育的学科知识属于较为低阶的知识和能力,因为它侧重记忆和回忆等认知水平层次,只需要学生付出低层次的认知努力,而分析、综合与创造等高阶能力需要付出更大的认知努力,包括复杂推理、逻辑思维、问题解决等,并能够将知识迁移到实际生活中。

如果以布卢姆教育目标分类来考察,我们可以看出,21 世纪能力特别是 4C 技能分布在高阶区域（见图 1）。

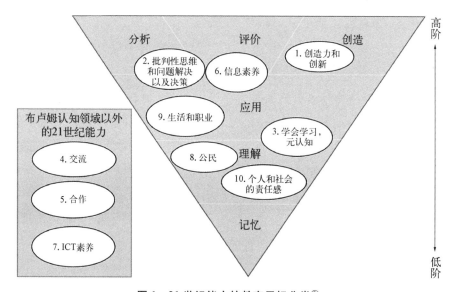

图 1　21 世纪能力的教育目标分类①

4C 正是 21 世纪能力教育改革运动的核心。布鲁金斯学会的研究发现,97 个国家在公开文件中提到特定的能力,如合作、问题解决、信息素养、创造力、交流等能力,并强调通过教育系统发展这些能力;55 个国家在课程文件中提到这些能力;45 个国家在其使命和愿景陈述中提到 21 世纪能力和个人品质;13 个国家提到在不同学段、年级中的能力进阶（能力的不同层次水平）。② 在各国政策中最为频繁提到的 21 世纪能力是交流技能,其次是创造

① Suto, I. 21st Century Skills：Ancient, Ubiquitous, Enigmatic? [J]. Cambridge Assessment, 2013：11.
② Care, E., Anderson, K., & Kim, H. Visualizing the Breadth of Skills Movement across Education Systems[R]. The Brookings Institution, 2016：9.

力、批判性思维和问题解决技能(见图2)。①

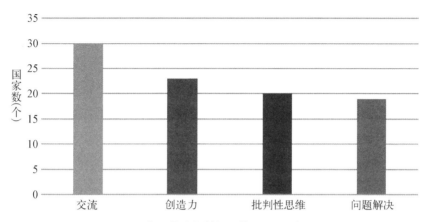

图 2 各国最为频繁提到的 21 世纪能力

澳大利亚一项研究也显示,4C 在各国 21 世纪能力框架处于最重要的位置(见图3)。②

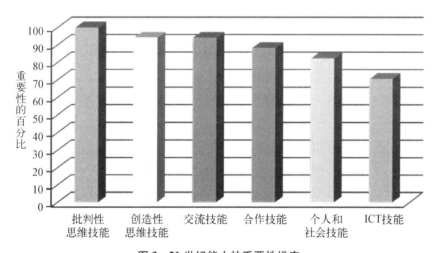

图 3 21 世纪能力的重要性排序

① Care, E., Anderson, K., & Kim, H. Visualizing the Breadth of Skills Movement across Education Systems[R]. The Brookings Institution, 2016:9.

② Queensland Curriculum and Assessment Authority. 21st Century Skills for Senior Education: An Analysis of Educational Trends[EB/OL]. 2015-11[2017-11-20]. https://www.qcaa.qld.edu.au/downloads/publications/paper_snr_21c_skills.pdf,2015:10.

因此,可以说,21 世纪能力被世界各国视为当前和未来社会个人取得生活和职业成功、国家取得经济繁荣所需要的必备能力。与低阶能力相比,作为高阶能力的 21 世纪能力超越了传统的读写算能力,超越传统学科,主要包含批判性思维、问题解决、合作、交流、创造力等能力。高阶能力的本质在于如何创造性地应用知识来解决问题,它超越了学科知识的认知性掌握,是知识、技能、思维和态度的综合。正是从这个角度,21 世纪能力教育改革运动也被称为从 3R 到 4C 的运动。[1]

实际上,高阶能力是一个历史的概念,受到政治、经济、文化等方面的影响。农业时代、工业时代所认为的高阶能力是读写算能力,当今时代的高阶能力在未来也会发生变化,有些会被人工智能代替,而一些新的能力会加进来。基于当前 21 世纪所处的全球知识社会背景,以及从全球 21 世纪能力教育改革运动的背景,目前社会的高阶能力主要是指 21 世纪能力,这样的能力是目前和未来一段时期机器所难以取代的能力,"甚至是人摆脱被人工智能取代的重要资本"。[2]

今天,世界各国所言的 21 世纪能力具有共同的主要特征:横向的或通用的,即不与特定的领域直接联系,但与很多领域相关;多维度的,即包含知识、技能和态度;高阶的,即与高阶技能和行为相关,是能够应对复杂问题和突发情况的能力。[3] 21 世纪能力中的批判性思维和问题解决技能、合作技能、交流技能、创新和创造技能等尤其具有复杂性、高阶性、跨学科性、多维性和合作性,并且是对每个人的要求。

在 21 世纪,高阶能力已不能仅仅是偶然的、附带的教育和教学的点缀,而必须成为我们教育系统中普遍的刻意行为。要致力于更加公平和有效的教育,我们就必须普遍教授儿童如何去思考,如何将所学知识应用于实践,帮助所有儿童去习得可迁移的高阶能力。也就是说,在柏拉图时代,作为精英阶层

---

① 邓莉,彭正梅.美国学校如何落实 21 世纪技能——21 世纪学习示范学校研究[J].外国教育研究,2017,44(09):52.
② 郑太年.美国教育的基础性制度和发展战略的嬗变[J].教育发展研究,2018,11:22.
③ OECD. The Definition and Selection of Key Competencies [Executive Summary][EB/OL]. 2005 - 05 - 27[2017 - 09 - 25]. http://www.oecd.org/pisa/35070367.pdf.

的"奢侈品"的批判性思维技能等高阶能力,必须走向每个人。①

这种以培养人的高阶能力为导向的全球性的教育改革,体现了一种国际教育中的新人形象,而培养这种新人恰恰是 21 世纪的全球知识社会基本而迫切的要求。

二、全球知识社会需要培养个体的 21 世纪能力

尽管 21 世纪能力教育改革运动的落脚点是个体成功,但需要从个体及教育所属的社会和世界,特别是从现代化的视角来加以考察,才能看出这场运动的特殊性、必要性和迫切性。

1. 现代化的前提是人的现代化

从西方教育历史发展来看,现代教育强调的是培养理性的主体。卢梭(Jean-Jacques Rousseau)提出,教育的目的既不是培养暴君,也不是培养奴才,而是培养一个人。暴君任性,他想做什么就做什么,并且禁止别人评判和批评;奴才没有个性,以他人的意志作为自己的意志。卢梭要培养的是具有真情实感和能够理性思考的主体。康德(Immanuel Kant)把卢梭的论述进一步归纳为培养"能够不依赖他人而独立使用自己理性的个体"。因此,康德鼓舞人类:"拿出勇气来,去使用自己的理性!"②

在康德之前夸美纽斯(Johann Amos Comenius)呼吁要把"一切知识教给一切人",因为只有拥有知识,人类才能思考。康德之后的赫尔巴特(Johann Friedrich Herbart)认为,知识即道德,没有经过理性思考、没有理性抉择的道德,不是真正的道德。

杜威(John Dewey)认为,教育不仅在于培养理性主体,更在于培养致力于社会改善的理性主体。因为只有改善了的社会,才允许人的理性使用及其进一步使用。因此,在杜威看来,现代教育的任务是培养能思考的积极的公民。

---

① 彭正梅,邓莉.迈向教育改革的核心:培养作为 21 世纪技能核心的批判性思维技能[J].教育发展研究,2017(24):24.
② [德]康德.康德论教育[M].李其龙,彭正梅,译.北京:人民教育出版社,2017:78.

这里以一则事例来加以说明。

贝尔市是美国洛杉矶近郊一个蓝领工人聚居的普通小城。2010 年 7 月初的一天,50 多岁的拾荒妇女简·艾丽丝正在漫不经心地清理从贝尔市政府回收的废纸。突然,一份贝尔市官员的工资单闯入眼帘,上面的数字让艾丽丝惊呆了:市长里佐的年薪竟然高达 78.8 万美元,相当于美国总统年薪的两倍。警察局长兰迪·亚当斯的年薪同样令人咋舌,达到 46 万美元,比洛杉矶市警察局长的年薪多出 15 万美元。

艾丽丝越看越感到震惊:斯帕希只是一名助理执政官,年薪竟高达 37.6 万美元,而市议会的 4 名议员并非全职工作,每人年薪也达到 10 万美元。在美国,一般城市里的议员每月通常只有微薄的薪水。

艾丽丝愤然走上街头,通过演讲揭露这件蹊跷事。此举引起《洛杉矶时报》关注,该报组织一个 20 人的采访小组进行调查,结果证明艾丽丝所言属实,并引起检察机关介入。

美国咨询公司"奥马力国际"总裁约翰·奥马力对本报记者说,美国城市一般规模不大,政府预算不多,给人留下官员没有贪腐空间的印象,但贝尔市的腐败案改变了人们的想法。尤其可怕的是,这些腐败官员是一位拾荒者在偶然间发现并揭露出来的,倘若没有艾丽丝,这些硕鼠也许至今仍逍遥法外。①

一个国家想要健康发展,就必须让每一位公民都具备判断能力、监督意识和监督能力。在杜威看来,只有这样"能思考的积极的公民",才能帮助我们理性地建设一个不断改进的社会环境。否则,理性思考能力就是一种屠龙之技。

杜威之后,美国社会学家英格尔斯(Alex Inkeles)在 20 世纪 60 年代明确指出,现代社会建立的前提是人的现代化。人的现代化不是现代化的产物或副产品,从根本上说,恰恰是现代化的必要前提和条件。

英格尔斯在其国际调查中发现,国家落后和不发达不仅仅是一堆能勾勒

① 陈一鸣.美国拾荒大妈拉地方贪官落马[EB/OL]. 2014-06-05[2017-11-23]. http://opinion.people.com.cn/n/2014/0605/c1003-25107547.html.(内容有删减)

出社会经济图画的统计指数,也是一种国民的心理状态,一种落后的国民素养。"痛彻的教训使一些人开始体会和领悟到,那些完善的现代制度以及伴随而来的指导大纲、管理守则,本身是一些空的躯壳。如果一个国家的人民缺乏一种赋予这些制度以真实生命力的广泛现代心理基础,如果执行和运用这些现代制度的人,自己都还没有从心理、思想、态度和行为方式上经历一个向现代的转变,失败和畸形发展的悲剧是不可避免的。再完美的现代制度和管理方法,再先进的技术工艺,也会在传统人的手中变成废纸一堆。"①

那么,这些素养是什么呢? 在英格尔斯看来,人的现代素养包括:准备和乐于接受新的生活经验、思想观念和行为方式;准备接受社会的改革和变化;思路开阔,头脑开放,尊重和愿意考虑各方面的不同意见和看法;注重未来与现在,守时、惜时;强烈的个人效能感,办事讲究计划和效率;充满尊重知识的气氛,热心探索未知的领域;可信赖性和信任感;重视专门技术;有意愿根据技术水平高低来领取不同报酬的心理基础;乐意让自己和后代选择离开传统所尊敬的职业;对教育内容和传统智慧敢于挑战;相互了解、尊重和自尊;了解生产及过程等。② 只有国民具有这些素养,国家才可真正成为现代化的国家,才能实现有效的管理和高速稳定的经济发展。否则,即使由于某种其他原因或机遇,经济开始起飞,获得短暂繁荣,也不会长久,难以持续。因此,人的现代化是国家现代化必不可少的因素,是现代化制度和经济赖以长期发展并取得成功的先决条件。这就是为什么德国和日本能在"二战"后迅速崛起的原因。只要人的技能还存在,被毁坏的国家就可以迅速重建。

2. 全球知识社会需要 21 世纪能力

一个国家国民的心理和精神如果处于传统守旧的意识之中,就会严重阻碍国家经济社会发展及其现代化。英格尔斯把这种人称为"传统人"。传统人恐惧不同观点以及社会变革,盲目服从传统和权威,没有时间感和效率观,总是以古人和传统来评断新事物,希望古代的几本经典可以解决一切现代问题,等等。传统人还不断地攻击现代化及其需要的理性主体的培养,并把国际社

---

① 英格尔斯.人的现代化[M].殷陆君,译.成都:四川人民出版社,1985:4.
② 同上:22-36.

会出现的对现代性的批判视为对现代性的根本否定。

自 20 世纪 60 年代开始在西方世界盛行的后现代的诸种思考,如后殖民主义、后结构主义和批判主义,并未动摇以理性主体为核心的现代社会,更没有产生一种后现代社会。"柏林墙的倒塌"反而预告了一种更具连接性的现代社会,即全球化时代的到来。

1990 年,柏林墙的倒塌、东欧社会主义国家的转型以及苏联的解体,被认为是自由民主人权取得了胜利。美国学者福山(Francis Fukuyama)甚至认为,历史走向了终结。他乐观地想象道:"人类不会是盛开千姿百态美丽花朵的无数蓓蕾,而是奔驰在同一条道路上的一辆辆马车……马车构造表面上的差别并不能被视为驾驭马车的人之间永久的、必然的差异,而只不过是因为他们在路上所处的位置不同罢了……有相当多的马车驶入城镇这一情景会使任何有理性的人看到后都不得不承认只有一条路,且只有一个终点。而毋庸置疑,我们现在就处在这个目的地上。"① 在福山看来,这个目的地就是市场经济、民主政治和个体自由。他相信,自由民主的理念和制度已在全球范围内得到认可和扩展,并成为唯一的意识形态;市场经济力量正在推动国家壁垒的崩溃,正在创造一个唯一的、一体化的世界市场。

在福山看来,从 20 世纪 90 年代开始的全球化不是后现代社会,而是现代化在全球的扩张,一种全球性的西方化。可以看出,他的这种西方化实际上就是马克思主义所批判的资本主义的全球化,其中隐含着被后现代深刻批判的"西方中心论":西方文明是高级文明,其他文明是低级文明;西方文明普遍有效,其他文明特殊狭隘。而实际上,在这种资本主导的全球化进程中,前共产主义东欧几十年来积累的社会财富被抢劫一空。② 对此,这里不作进一步探讨。福山所描述的这种作为现代化扩展的全球化,带有任何民族国家及其教育都必须加以回应的新的特性。也就是说,这里的全球化实际上是一种知识经济的全球化。

与以英格尔斯所描述的工业经济为特性的第一次现代化不同的是,20 世纪 90 年代开启的全球化,是一种知识经济的现代化,是第二次现代化。OECD

---

① 弗朗西斯·福山.历史的终结和最后的人[M].黄胜强,许铭原,译.北京:中国社会科学出版社,2003:381-382.
② 卡奇米耶日·Z.波兹南斯基.全球化的负面影响——东欧国家的民族资本被剥夺[M].佟宪国,译.北京:经济管理出版社,2004.

认为,知识经济正在改变整个世界经济劳动力市场的技能水平的要求。在工业国家,以知识为基础的行业迅速扩张,劳动力市场需求也相应发生改变。新技术的引入,对高技能工人的需求,特别是对高技能信息通信技术工人的需求增加了。与此同时,对低技能工人的需求下降了。[①] 社会学家吉登斯(Anthony Giddens)也指出,在知识经济时代,劳动力主要不是在物质生产或原料物资分配环节,而是在设计、开发、技术、营销、销售和服务领域。这是一种在思想、信息、知识支撑下的创新和增长的经济。[②]

如果我们把迈入知识经济的社会称为知识社会,那么这个社会有哪些特征呢? 我们又应当如何教育当下及未来的公民,使他们能够更好地在这个社会工作和生存呢? 换句话说,知识社会时代的教育使命是什么?

根据汉斯-戴尔特·埃弗斯(Hans-Dieter Evers)的观点,知识社会具有以下几个特征:

• 与其他社会相比,知识社会的成员受教育水平一般较高,劳动力中很大一部分人群是研究人员、科学家、信息专家、知识管理专家等"知识工作者";[③]

• 知识社会的工业产品集成了人工智能;

• 知识社会的组织机构——无论是私人、政府还是社会机构——都应转型为智能化、学习型组织;

• 系统化知识呈上升趋势,以数字化专业知识为形式存储在数据库、专业系统、组织计划和其他媒介当中;

• 专业知识和知识生产呈现多中心扁平化趋势;

• 有明显的生产和利用知识的文化。[④]

---

① OECD. The Knowledge Economy and the Changing Needs of The Labor Market[EB/OL]. 2001[2017-12-10]. http://siteresources.worldbank.org/INTLL/Resources/Lifelong-Learning-in-the-Global-Knowledge-Economy/chapter1.pdf.

② Giddens, A. Sociology[M]. 4th Edition. Cambridge: Polity Press, 2001: 378.

③ "知识工作者"是"现代管理学之父"彼得·德鲁克(Peter Drucker)提出的术语,用来描述知识经济的参与者,与工业时期生产有形产品的产业工人相对,他们的主要资本是知识,对知识生产及其处理是他日常的工作和活动,软件工程师、建筑师、科学家、律师、教师与科研人员等是常见的知识工作者。

④ Evers, H. Transition Towards a Knowledge Society: Malaysia and Indonesia in Comparative Perspective[J]. Comparative Sociology, 2003, 12(1): 355-373.

对于教育而言,知识社会的这些特征意味着教育目的与以往相比发生了重大变化,知识社会对学校提出了一些新的要求。学校应当:

- 将知识作为工作和日常生活的中心;重新设计学习经验,这些学习经验应当考虑将所学的知识在将来应用于产品、市场或需要与之打交道的用户;拓展培训受益面,使所有人都能成为参与其中的研究者或行动研究者——分析情境、预估并解决问题、有创造性的思维、不断创新并在合理判断的基础上大胆尝试;这意味着我们在做任何事情时都要不断地从认知的角度加以反思。

- 让学习者成为主导适应变化的领导者,以免在面对未来社会形态时手足无措;支持/鼓励建立跨学科协作团队,在面对我们这个时代的重要挑战时采取具有前瞻性的措施——这些挑战包括可持续发展、科技变革、经济发展和各种形式的全球主义。

- 培养优秀的公民——优秀的企业公民(法人)、地方性公民、国家公民以及全球公民;在学习过程中培养学习者的 21 世纪能力,使他们能够独立或协作承担社会责任;培养学习者正确的伦理价值观和个人判断力。

- 创设一种富有建设性的多样性,以确保多元的个人经验和知识都能够参与经济与社会发展——这些多元的经验与知识包括不同的个人观点、沟通方式、人际网络、对问题的理解能力和应对挑战的方法等。

- 培养学习者的创新能力,支持他们建立在合理判断基础上的大胆创新,为创新精神的自由发展提供空间等。[①]

因此,如果说在试图实现以工业社会为特征的现代社会需要英格尔斯所列举的人的现代素养,那么在作为以全球知识社会为特征的当代社会,则需要培养 21 世纪能力这种新的基本的高阶能力。也就是说,正是全球知识社会,内在地促进了 21 世纪能力教育改革运动的产生。

显然,在这样一种知识经济的全球化中,竞争其实并没有消失,反而更加

---

① Mary, K., Bill, C., & Walter, M. New Learning: A Charter for Change in Education[EB/OL]. 2012 - 01 - 31 [2017 - 12 - 30]. https://education.illinois.edu/newlearning/knowledge-society.html.

激烈，从两个主要阵营的竞争转向全球竞争。而且，在这样一种全球竞争、全球流动的背景之下，低阶的常规性技能的需求整体呈下滑趋势，而对非常规性分析和非常规性人际技能的需求却大幅上升。也就是说，作为 21 世纪能力的高阶能力已经成为全球性的货币，成为各国教育的核心关注。

尽管如此，不能把全球化简单地作为第一次现代化的延续和扩展，西方的理性主体的理论毕竟经过后现代以及后殖民主义等的批判，这使得对理性主体的吁求更加带有多元文化的色彩。这也说明，理性主体不能只从理性的使用维度，更要从 4C 的维度来加以阐释。由于全球化时代持续的社会变革及技术进步，个体需要不断地学习；由于全球化带来的普世价值和地方价值的冲突以及由此带来的日益的异质性，跨文化能力或多元文化能力已经成为个体必要的生存能力(survival skills)。全球知识社会时代需要乔布斯(Steve Jobs)那样一种"求知若渴、虚心若愚"的新的理性主体。这种理性主体就是 21 世纪能力所体现的新人形象。

康德指出，我们可以把人类的历史大体上视为大自然的一项隐秘计划的实现。① 从工业的现代社会到全球性的知识社会的进展，体现了人的理性的不断积累。在技术和人工智能的帮助之下，人类独特的理性禀赋将会得到普遍使用，而且这种使用会有利于人类命运共同体的逐渐确立和完善。

三、教育强国的新界定及中国的战略应对

随着 21 世纪能力成为全球知识社会的基本能力，教育强国的现代定义也出现了相应的变化。对中国来说，建设现代教育强国要更加复杂，也出现了不同于其他世界教育强国的新要求。

1. 教育强国即 21 世纪能力的强国

教育强国是一个不断变动的指标体系。在 19 世纪末，普鲁士可能被称为教育强国；在 20 世纪初，美国和苏联可以被称为教育强国。那么，在知识经济

---

① [德]康德.历史理性批判文集[M].何兆武,译.上海：商务印书馆,1990：1-21.

时代,在全球知识社会,教育强国的基本特征又是什么呢?

梳理现有文献发现,各类国际组织、国外学者对教育强国的内涵和建设路径的理解,基本上可以分为如下五类。

第一种理解是通过国际性大规模测量来判断一个国家是不是教育强国。如果一个国家的学生在 PISA 等国际测试中表现卓越,那么这个国家通常会被认为是教育强国(education superpower)。例如,由于芬兰学生在 PISA 测试中持续表现优异,芬兰被公认为教育强国。① 新加坡学生连续在多个科目排名中拿到第一,比如在 2015 年的 PISA 测试中,新加坡学生在数学、阅读和科学三个科目中的成绩都占据了首位,在 2016 年的国际数学和科学测试(TIMSS)中,新加坡学生的成绩也高居榜首,因而新加坡也被认为是教育强国。研究者将这种成功归因于新加坡 1997 年开始的在"思考型学校,学习型国度"的理念下开展的一系列教育改革。②

第二种理解是根据全球大学排名来判断一个国家的教育强弱。其逻辑是,全球大学排名代表了一个国家的高等教育系统,从而也代表了这个国家的整个教育系统的人才、科研成果产出的数量与质量。罗斯玛丽·迪姆(Rosemary Deem)等人指出,在各种世界性排名榜中,美国的大学都占据了绝对优势,美国理所当然地被认为具有世界上最好的教育制度。③ IIE 和 AIFS 基金会(IIE and the AIFS Foundation)在 2015 年出版的论文集《亚洲:未来的高等教育强国?》中,对"亚洲国家是不是下一代高等教育强国"以及"全球大学排名差距决定了亚洲国家和高等教育强国地位之间的差距"等问题进行了探讨,指出在慷慨的财政投入和强有力的政策支持下,亚洲的一些重点大学取得了明显的进步,亚洲大学的崛起已经成为全球大学排行榜的一大主题,但问题和挑战在于,这些大学是否有能力打破西方的教育霸权,使所在国成为真正的高等教育强国。④

第三种理解是根据人口与国民收入、教育发展水平、教育投入和产出等因

---

① Morgan, H. Review of Research:The Education System in Finland:A Success Story Other Countries Can Emulate [J]. Childhood Education ,2014, 90 (6):453-457.

② Maxwell, D. Singapore, the 21st Century Education Superpower[EB/OL]. 2017-01-09[2018-02-10]. https://www.studyinternational.com/news/singapore-the-21st-century-education-superpower/.

③ Deem, R., Mok, K. H., & Lucas, L. Transforming Higher Education in Whose Image? Exploring the Concept of the "World-Class" University in Europe and Asia[J]. Higher Education Policy, 2008, 21:83-97.

④ Bhandari, R., & Lef, A. Asia:The Next Higher Education Superpower? [M]. IIE and the AIFS Foundation, 2015.

素,将世界各国分成教育发达国家、教育较发达国家、教育中等发达国家和教育欠发达国家。按照世界经济论坛发布的《全球竞争力报告 2017—2018》,从宏观经济环境、基础设施建设、健康与初等教育状况、劳动力市场效率以及创新能力等要素来看,芬兰、瑞士、比利时、新加坡、日本、新西兰、爱沙尼亚、爱尔兰、荷兰等国拥有世界上最好的教育制度,是教育强国。① OECD 每年发布的《教育概览》涵盖了 36 个成员国和大量伙伴国家的教育数据,包括教育投资、高等教育毕业率、就业率、高等教育收益、国民受教育程度、班级规模等指标来对各国进行排名,在教育效能、质量与公平方面表现优异的国家被视为教育发达国家。②

第四种理解是以教育国际化尤其是国际学生的数量来判断一个国家是不是教育强国。《亚洲：未来的高等教育强国?》指出,教育国际化是代表全球教育竞争力和高等教育强国的重要指标。③ 杰米·史密斯(Jamie Smyth)在《金融时报》上的一篇文章称,澳大利亚将成为继美国和英国之后的又一个全球教育强国,这是因为,在 2015 年澳大利亚接纳超过 65 万留学生,教育成为澳大利亚第三大出口产业。④

第五种理解认为,教育强国应该支持其他国家的教育发展,为其他国家提供教育援助。例如,凯特·安德森(Kate Anderson)认为,要成为教育强国,不能只关注本国教育,还应该支持全球教育的改善,为其他国家提供教育援助。她指出,加拿大 2017 年 6 月发起的女性主义国际援助政策,为加拿大成为女性教育全球领导者提供了平台,为成为教育强国迈出了重要一步。⑤ 苏珊·L. 罗伯逊(Susan L. Robertson)认为,世界一流教育应当是世界主义的,对学习持开放态度,关注全球普遍性的问题、思想和关切。⑥

① Schwab, K., & Sala-i-Martín, X. The Global Competitiveness Report 2017 – 2018 [R]. World Economic Forum, 2017.
② OECD. Education at a Glance 2017：OECD Indicators [R]. Paris：OECD Pulishing, 2017.
③ Bhandari, R., & Lef, A. Asia：The Next Higher Education Superpower? [M]. IIE and the AIFS Foundation, 2015.
④ Smyth, J. Australia Seeks to Become Global Education Superpower [EB /OL]. 2016 – 02 – 10 [2018 – 01 – 22]. https://www.ft.com/content/e9fd9d6a-cf9f – 11e5-986a-62c79fcbcead.
⑤ Anderson, K. Being an Educational Superpower is about more than International Rankings. 2017 – 08 – 28 [2018 – 01 – 28]. https：//www. brookings. edu /blog /education-plus-development /2017 /08 /28 /watch-being-an-education-superpower-is-about-more-than-international-rankings/.
⑥ Robertson, S. L. World-class Higher Education (for whom?) [J]. Prospects, 2012, 42 (3)：237 – 345.

可见,国际上对教育强国的理解存在分歧,对教育强国内涵的关注点存在差异。因此,给一个国家贴上教育强国的标签应当谨慎。例如,如果一个国家的大学在国际排名前 100 位的数量较多,就被认为是高等教育强国,那么美国显然是典型的高等教育强国,但荣格·凯奥尔·信(Jung Cheol Shin)和芭芭拉·M. 柯玛(Barbara M. Kehm)认为,目前全球的高校排名带有浓厚的新自由主义价值取向,大学排名背后的竞争更加关注经济效益而非教育质量,更加关注科研而非一般意义上的教育。[1] 斯隆·布瑟莱尔(Sloan Bousselaire)认为,中国的台湾、香港、澳门、上海等地区因为 PISA 测试成绩突出,因而中国也可被视为教育强国。[2] 但亨利·M.莱文(Henry M. Levin)认为,测试结果与高质量人才供应以及富有竞争力的经济之间的联系并非人们想象得那么紧密。片面地考虑测试结果,忽略了批判性思维、人际沟通、自我反思等高阶能力,会严重影响一个社会的创新能力,从而阻碍经济发展而非促进经济发展。[3] 对教育强国的理解,更严重的分歧还在于基础教育强国和高等教育强国的一致性问题。例如,美国的基础教育虽然在 PISA 测试中表现平庸,但美国拥有世界公认的一流高等教育,是典型的高等教育强国。这就出现一个悖论:美国是基础教育弱国,同时是高等教育强国。

美国教育家戴安娜·拉维奇(Diane Ravitch)认为,美国基础教育并不像国际测试显示的那样弱;[4] 华裔教育家赵勇认为,美国基础教育与世界不同,美国是在教授如何思考等高阶能力,而不是只教授知识等低阶能力。[5] 因此,美国的基础教育同美国的高等教育有着深层的一致性,也就是关注批判性思维和问题解决以及创新等高阶能力。

凯特·安德森认为,成为教育强国远远不止于在国际测试中表现优异。PISA 只是测量阅读、数学和科学这样的传统学科,仅仅掌握这些学科在 21 世

[1] Shin, J. C. & B. M. Kehm. Institutionalization of World-Class University in Global Competition [M]. New York, Springer, 2014.
[2] Bousselaire, S. Education Superpower and What We Can Learn form Them[EB/OL]. 2017-11-02[2018-01-22]. https://borgenproject.org/education-superpowers/.
[3] Levin, H. M. (2012). More Than Just Test Scores[J]. Prospects, 42 (3): 269-284.
[4] Ravitch, D. Reign of Error: The Hoax of the Privatization Movement and the Danger to America's Public Schools [M]. Vintage, 2013.
[5] Zhao, Y. Who's Afraid of the Big Bad Dragon? Why China Has the Best (and Worst) Education System in the World [M]. Jossey Bass, 2014.

纪并不能获得成功。要成为教育强国,必须教授学生掌握广泛的技能,并为此作出有效的制度和实践安排。[①]

尽管 BBC 报道,根据 PISA 测试成绩将加拿大视为教育强国,但凯特·安德森指出,仅仅凭借 PISA 测试结果这一个指标,还不足以将加拿大归为教育强国。她认为,教育强国的学习者除了在认知技能方面表现突出外,还应当具备批判性思维和问题解决技能、合作技能、交流技能、创新能力、全球素养、职业与科学技术技能等一系列广泛的技能。[②]因此,从培养高阶能力这个角度来看,在基础教育和高等教育这两个方面,美国都是一个典型的教育强国。

因此,可以认为,在当今全球知识社会时代,所谓教育强国,就是那些以面向所有学生培养 21 世纪高阶能力为目标,并为之作出有效的制度和实践安排的国家。

2. 中国的战略应对

1840 年,中国在鸦片战争中败于西洋列强;1894 年,中国在甲午战争中败于东洋日本,泱泱大国深刻认识到它正经历"两千年未有之变局",必须向西方学习,走现代化道路。自此以后,走现代化道路,建立强大的现代国家,一直是中华民族的根本使命,是自 1840 年以来不同时代旋律的通奏低音。这个通奏低音决定了中国教育的基本维度:教育要面向现代化,要面向世界,中国要成为现代教育强国。

经过一百多年史诗般的努力,中国与世界的关系表现出从消极被动到积极主动的转变,从"面向世界"到"进入世界"。今天,我们的教育现代化大业越来越不可避免地与全球教育改革趋势联系起来,难以分开;中华民族的伟大复兴、国家利益以及个体发展,都与全球总体趋势息息相关。中国教育需要进一步提高国际化水平,进一步做强自己,培养学生的全球竞争力,以实现中华民族的伟大复兴。一句话,中国教育强国的建立,必须是面向所有学生培养 21

---

①② Anderson, K. Being an Educational Superpower is about more than International Rankings. 2017 - 08 - 28[2018 - 01 - 28]. https://www.brookings.edu/blog/education-plus-development/2017/08/28/watch-being-an-education-superpower-is-about-more-than-international-rankings/.

世纪能力,并为此作出有效的制度和实践安排。

这就要求我们培养 21 世纪能力,建设现代教育强国。改用一下韩非子的话:古代角力于道德;近代角力于功利;当今之世,角力于 21 世纪的高阶能力。但是,我国到目前为止的教育变革中,还没有充分认识到,更没有回应 21 世纪以来国际教育变革的新趋势以及教育强国的新界定。

随着中国国际影响力的提升,国外一些机构和学者将研究目光转向中国,思考中国建设教育强国的问题。菲利普·G.阿特巴赫(Philip G. Altbach)曾指出,中国在借鉴国外高等教育强国建设经验的同时,"最为重要的是应尊重自己的高等教育文化和环境,不能简单地照搬欧美的做法"。① 2010 年美国广播公司曾在一档名为《中国教育能跟上超级大国的发展步伐吗?》的节目中分析了中国教育与国家发展的各种不协调现象,尤其在激烈的教育竞争背景下,中国的教育质量、公平及创新人才培养的困境。② 之后,有学者撰文《大学有助于中国提升技能竞争力吗?》,揭示中国当前高技能劳动力供需脱节的严峻现实。③ 黄福涛(Futao Huang)在习近平总书记提出建设教育强国的背景下,回顾了中国改革开放之后的教育发展历程,指出中国目前的教育状态离教育强国还有差距,中国要建设教育强国,必须重塑其教育哲学,尤其需要强调创新人才的培养。④

创新人才的培养已经成为教育服务于党和国家战略大局的根本着力点。2016 年国家发布了《关于做好新时期教育对外开放的若干意见》,提出要通过加大留学工作行动计划实施力度,加快培养拔尖创新人才、非通用语种人才、国际组织人才、国别和区域研究人才、来华杰出人才等五类人才。⑤ 习近平总书记在中共中央政治局第三十五次集体学习时的重要讲话中指出,着力增强

① 陈廷柱,姜川.阿特巴赫教授谈中国建设高等教育强国[J].大学教育科学,2009,(2).
② Hopper, J. Is China Education System Keeping up with Grow Superpower? [EB/OL]. 2010-11-16[2017-12-24]. http://abcnews.go.com/WN/China/chinas-education-system-helping-hurting-superpowers-growing-economy/story? id=12152255.
③ Hristov, D., & Minocha, S. Are Universities Helping China Compete on Skills? [EB/OL]. 2017-08-01[2017-12-25]. http://www.universityworldnews.com/article.php? story=20170801064540606%20.
④ Huang, F. Building the World-class Research Universities: A Case Study of China[J]. Higher Education, 2015, 70(2): 203-215.
⑤ 新华社.中共中央办公厅、国务院办公厅印发《关于做好新时期教育对外开放的若干意见》[EB/OL]. 2016-04-29[2017-11-20]. http://www.gov.cn/xinwen/2016-04/29/content_5069311.htm.

规则制定能力、议程设置能力、舆论宣传能力、统筹协调能力,加强全球治理人才队伍建设,厚植人才优势,筑牢本领根基,才能勇做全球治理变革的弄潮儿和引领者。①

套用阿玛蒂亚·森的话,中国过去采取的战略是"通过发展而自由",现在则需要转向"通过自由而发展"。世界银行与国务院发展研究中心在《2030年的中国:建设现代、和谐、有创造力的社会》中指出,中国过去的战略是成功的,但如果我们不进行战略调整,我们就会落入"中等收入陷阱"。"转变发展方式非常急迫,因为随着一个经济体接近技术前沿,直接获取和应用国外技术的潜力逐步耗尽……尽早启动这样的转变有助于从进口新技术向发明和创造新技术的平稳过渡。"② 也就是说,随着中国社会富裕程度增加,并登上价值链更高阶层,对劳动力的技能水平的要求也将发生变化。

但是,世界银行的这份报告没有认识到中国发展阶段或现代化水平的复杂性。我们的国情一方面表现出已经处于知识社会的全球化时代所必须拥有的共同特点,同时,我们还处于实现工业现代化的第一次现代化的阶段(见图4)。因

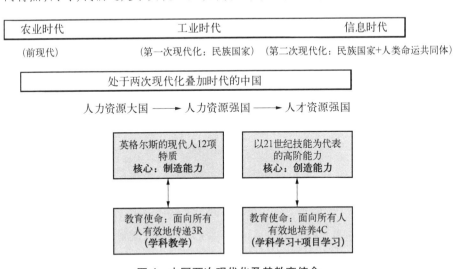

图4 中国两次现代化及其教育使命

① 新华社.让中国力量推动全球治理体系变革——学习习近平总书记在中央政治局第三十五次集体学习时的重要讲话[EB/OL]. 2016-09-28[2017-12-26]. http://www.xinhuanet.com/politics/2016-09/28/c_1119642701.htm.
② 世界银行和国务院发展研究联合课题组.2030年的中国:建设现代、和谐、有创造力的社会[M].北京:中国财政经济出版社,2013:19.

此,中国不仅需要 21 世纪能力,同时也需要发展制造业、推进工业现代化所需要的 STEM(Science, Technology, Engineering, Mathematics,简称 STEM,即科学、技术、工程、数学)及外语能力。

因此,我们的 21 世纪能力框架应该与美国的 21 世纪技能框架有所不同,既要顺应全球共同趋势,又要兼顾我国的具体国情,以培养具有全球竞争力的中国人。所谓具有全球竞争力的中国人,就其素养和劳动技能而言,第一,是中国人,有中国文化认同和国家认同;第二,拥有应对全球挑战的 21 世纪能力。这两点也与知识经济时代的国际教育趋势相一致。具体而言,具有全球竞争力的中国人的能力包括四个维度(见图 5)。①

图 5   具有全球竞争力的中国人的人才能力框架图

图 5 中,左边圆圈指 STEM 能力+外语能力,这是硬能力,对应于第一次的工业现代化;右边圆圈里的 4C 指高阶的软能力,包括批判性思维和问题解决

---

① 彭正梅,郑太年,邓志伟.培养具有全球竞争力的中国人:基础教育人才培养模式的国际比较[J].全球教育展望,
2016(8):75.

能力、交流能力、合作能力、创造力和创新能力,对应于第二次知识社会的现代化;上面圆圈是自主行动;下面圆圈是身份认同,包括政治认同、国家认同、文化认同和全球认同,以培养一种反思性地忠诚于自己,并反思性地对待其他文化的世界主义精神。这个模式体现了 21 世纪中国人的人才形象:既有身份认同之根又有跨文化能力;既具有 STEM+外语的硬能力,又具有 4C 的软能力,确保个体能够自我规划和负责任地行动,展现全球竞争力。① 这个"中"字框架,"身份认同"主要涉及中国文化传统;"自主行动"主要体现了五四新文化运动的精神;左右两边则指向全球共通趋势。这是一个联通古代、近代和当代的 21 世纪能力框架。

当世界发生变化时,我们就要进行发展战略调整;当我们进行发展战略调整时,就必然要进行人才战略调整。培养具有全球竞争力的中国人,关乎中国的战略布局,顺乎世界潮流,必然应该成为新时期教育国际化的战略选择和基本目标。

教育是一项需要深谋远虑的事业,需要我们增强忧患意识。我们要牢记,中国虽然已是世界第二大经济体,但我们的国内生产总值(GDP)主要靠劳动密集型产业来拉动,而且,我们的教育体制还不擅长培养知识经济和全球竞争所需要的高阶能力。但知识经济的全球化为我国经济竞争和教育改革传递了一个明确的信息,即要在这个持续变化的环境中有效地竞争,我们必须不断地升级自己的能力。如果我们不及早地谋划,看不到我们曾经的优势在新的国际形势和国际教育的发展趋势中正在丧失,那么"中等收入陷阱"就会在不远的未来等着我们。而且,相对于拉美国家,我们的情况会更加糟糕,因为相对而言,我们面对的国际环境更加严峻。

但是,如果有了明确的 21 世纪能力教育战略,再加上我们所积累的经济实力和发展能力,加上中国儒家传统固有的学习精神,我们就能实现中华民族复兴的伟大梦想,从而造福整个人类社会。

21 世纪能力教育改革要求一种旨在发展和保障人的自由和尊严的新的教育哲学和社会哲学。就教育哲学而言,21 世纪能力教育哲学要求把人的

---

① 彭正梅,郑太年,邓志伟.培养具有全球竞争力的中国人:基础教育人才培养模式的国际比较[J].全球教育展望,2016(8):75.

高阶能力置于学校教育以及人才培养的核心。这必然遭受来自传统中的"教育即道德""教育即知识"以及"教学即直接教学"的质疑和阻碍,因此需要在教育方面作出有效的制度及实践安排。例如:(1)教育面向真实世界,有规划地联系和研究真实世界的问题;(2)关注和培养21世纪能力,鼓励合作探究、跨学科探究;(3)任何教学和学习主题,即使是直接教学,都要体现4C维度;(4)改革评价方式,限制评价频度;不断地评价学生,会伤害学生自主发展和空间,导致"为考而教,为考而学";(5)把STEM教育与4C联系起来,建立区域性的STEM学习中心;(6)鼓励学生掌控自己的学习过程,教师要鼓励学生自己决定至少参与决定学习什么、如何学习、学习速度、任务完成节点以及如何评价自己的学习,给予学生更多的自主学习和发展空间;(7)鼓励技术支持的教学和学习;(8)实质性提升教育国际化水平,增加教育的国际维度;(9)加强用英语教学的比例,大幅提升优秀学生的外语水平。

21世纪能力不是学生需要发展的素养,而是成人在21世纪全球知识社会获得成功,过上美好生活所需要的能力装备,因此,不能只在教育中得到培养、保持和发展,它需要体现在整个社会中。培养21世纪能力也是服务于党和国家的战略大局,它需要在社会实践中加以运用和发展。这里的重点在于,我们的社会和制度安排要鼓励批判精神、合作、交流和创新,而不是压制和扼杀。我们的国家治理和社会治理要努力打造有法律保障和约束的生动活泼的百家争鸣的社会局面,敢于面对和包容具有批判精神和创新精神的个体,给予个体自我决定的空间。例如,(1)信任和保障社会创新和市场创新,信任和保障人的自主性和创新能力,为此作出制度安排;(2)给予民间学习、批判和创新空间,鼓励社会及企业参与教育和学习革新;(3)鼓励民众参与社会问题的讨论、辩论和发表,培育和保障更多的公共舆论空间;(4)促进成人自主行动,自我负责,宽容对待多元的观点和生活方式;(5)促进国民的全球参与、交流与合作;(6)鼓励发展1—2个英语城市,试验国际化大都市发展新思路。

康德指出,人的禀赋,特别是人独特的高阶智力的运用,必然会得到实现,这是大自然的隐秘计划。21世纪能力会帮助唤醒和提升人的本真性的高贵和尊严,提升社会的人道水平和全球竞争力。但大自然使人类的全部禀赋得以发展所采用的手段就是人类在社会中的对抗性。[①] 这种"非社会性的对抗",实际上也就是马克思主义所说的"矛盾",它才是事物发展的根本动力,同时也是个体高阶能力得以磨炼和发展的关键。没有矛盾的和谐,并不利于社会及个体的智力发展。

基于这种认识,怀着比较教育"借他人酒杯,浇自己块垒"的基本使命,本丛书力图在全球知识经济时代"21 世纪能力改革运动"的国际视野下,尝试探讨中国新时代教育高质量发展的基本路径与对策,以帮助实现中华民族的伟大复兴,建设人类命运共同体。

于华东师范大学丽娃河畔

2019 年 6 月 12 日

---

① [德]康德.康德论教育[M].李其龙,彭正梅,译.北京:人民教育出版社,2017:61-77.

Contents

目录

引　言 ... 1

第一章　STEM 学习环境的基础理论 ... 9

第一节　STEM 学习环境的概念辨析 ... 10
第二节　STEM 教育的核心理论 ... 17
第三节　多元学习环境的理论架构 ... 24

第二章　国际视域中的 STEM 教育 ... 35

第一节　STEM 教育的研究进展 ... 36
第二节　STEM 热点研究主题分析 ... 41
第三节　STEM 人才成长路径研究 ... 68
第四节　基于管道理论的 STEM 教育 ... 84

第三章　多元学习环境的研究进展 ... 101

第一节　课堂学习环境的研究概述 ... 102
第二节　课堂学习环境的研究方法 ... 115
第三节　非正式学习环境的研究概述 ... 125

第四章　STEM 课堂学习环境的调查研究 ... 135

第一节　STEM 课堂学习环境的研究方法 ... 136

第二节　STEM 课堂学习环境的质性研究 　... 147

第三节　中学物理课堂学习环境的量化调查 　... 178

第五章　非正式 STEM 学习环境的调查研究 　... 191

第一节　非正式 STEM 学习环境的内涵 　... 192

第二节　京沪科普场馆的学习环境比较 　... 200

第三节　青少年参与校外科学教育的调查 　... 216

第六章　STEM 学习环境的国际比较研究 　... 233

第一节　多元化 STEM 学习环境的案例研究 　... 234

第二节　美国典型科普场馆的比较研究 　... 258

第三节　中美 STEM 课程的案例比较研究 　... 269

结语　STEM 学习环境的启示与展望 　... 283

参考文献 　... 291

Education Reform for
the 21st Century Skills:
China and World

引　言

21 世纪以来,美国出现了 21 世纪能力教育改革运动,旨在将"21 世纪能力"置于基础教育的中心。该运动得到美国教育部、企业界、非政府组织或机构等多方利益相关者的支持和资助,推动每个州的课程中整合 21 世纪能力来促进教育现代化。传统的 3R(Reading, wRiting, aRithmetic, 即读、写、算)基础技能和核心学科知识已经不能满足经济和社会发展的需求,美国教育系统必须为公民参与全球竞争准备以创造力和创新、批判性思维和问题解决、交流与合作技能(Creativity and innovation, Critical thinking and problem solving, Communication, Collaboration)为核心的 21 世纪能力(邓莉,彭正梅,2019)。科学、技术、工程和数学(Science, Technology, Engineering, & Mathematics, 简称 STEM)能力是重要的 21 世纪能力,有助于学生养成跨学科的经验,积累与他人合作、进行多领域协作、解决跨学科复杂问题的经验,尤其是创造力和创新能力的培养,需要知识的融通或跨学科的创造性合作。学习环境是学生成长的重要组成部分,也是影响学习能力与学业成就的客观因素。青少年的科学教育通常有校内和校外之分,校内一般称为正规科学教育,校外则包括非正规和非正式科学教育。课堂是我国中小学生学习的主阵地,但是在校学生除课堂学习之外,有三分之二的时间处于非正式的学习环境中,这段时间所从事的活动对个人的发展产生深远的影响。系列纪录片《人生七年》呈现给我们多元学习环境与不同的人生。1964 年始,英国 BBC 电视台拍摄了纪录片《人生七年》,采访来自英国不同阶层的 14 个 7 岁儿童,此后每隔 7 年都会重新采访这些孩子,这部系列纪录片通过 14 个孩子的人生轨迹,呈现了英国社会半个世纪的历史变迁,也让我们看到多元学习环境对人的成长的重要意义。STEM 教育本身的复杂性也与学习环境密不可分,国际最新的 STEM 人才成长路径的途径组合理论揭示,专业化的 STEM 学习环境只能用于解释一半的 STEM 从业者,另一半人是处于非专业化的 STEM 学习环境中(Cannady, Greenwald, & Harris, 2014),多元化的学习环境对 STEM 人才培养至关重要,而且作用机制较为复杂。

一、研究背景

STEM 教育是偏理工科的多学科交融领域,与心理学、经济学、管理学、社会学和政治学相关,是美国的一种教育集成战略。STEM 是促进经济发展和增强国际竞争力的核心动力,但是,各国都面临着 STEM 危机,即进入 STEM 的学生逐年增加,而领域内的精英人才却在减少(王晶莹,2017)。STEM 人才的成长与学习环境密不可分,要解决 STEM 教育和人才培养问题,研究 STEM 学习环境是关键。

本研究基于以下三个背景展开。

一是提高 STEM 人才综合素养的要求。

《中国科技人力资源发展研究报告(2014)》指出:我国科技人力资源的学历层次分布呈现明显的金字塔结构,专科层次是科技人力资源的主体(57.5%),本科其次(37%),研究生最少(5.5%);我国科技人力资源结构进入以青年人为主体的时代(平均年龄 33.7 岁),急需提高 STEM 领域从业者的经验和质量。未来经济发展主要取决于如何为各类人员拓宽在 STEM 领域工作的渠道,并提高他们的素质。因此,为 STEM 岗位提供称职的从业者,成为全球科学教育的核心目标。STEM 教育消除了传统教育中科学、技术、工程和数学四大学科之间的壁垒,通过整合方式形成一个有凝聚力的教学模式。学生通过学习 STEM 课程,不仅提升在这四个领域的单独素养,更重要的是获得 STEM 素养相关领域的综合素养(彭聪,王晶莹,2016)。国际学界公认,STEM 教育可以通过培养科技创新的后备人才来增强本国的全球竞争力。同时,STEM 课程也增强了学生的未来就业竞争力,使学生在社会经济迅速发展的环境中获得全面的 21 世纪能力。

二是对多元学习环境作用的关注。

"学习环境"这一概念是随着学习科学研究的兴起而产生的。20 世纪 70 年代,由人工智能技术引发了一场学习科学研究革命,来自认知科学、神经科学、脑科学、计算机科学、教育科学等领域的研究者从各自的学科出发,基于不同视角研究学习,对学习有了更深刻的认识,科学主义和人文主义两大思潮由对峙转向整合。人们普遍认识到,学习既是个体感知、记忆、思维等认知过程,也是根植于社会文化、历史背景、现实生活的社会建构过程(刘徽,2015)。所谓"学习环境",无非就是"学习者的周遭外界"。在教育学中是指影响儿童学习的场景性、背景性要因。近年来,国外学习环境设计的最大特点是开放性。我们可以更确切地把"学习环境"界定为:基于多种多样的物的要素、人的要素而形成的动态构成的"信息环境",以及借助所有感官,如学习者的视觉、听觉、触觉等体验到的"信息总体"。学习者借助关注学习环境所提供的动态的信息,通过建构意义、感受意义的体验来进行学习。可以说,作为这种信息环境的学习环境,规定了每一个学习者学习的形成及学习的品质(钟启泉,2015)。STEM 教育的整合性与开放性,决定了其学习环境多元化的必要性。

三是对 STEM 学习环境机制的探究。

纵观人类社会的发展史和教育史,环境决定一个人的语言、宗教、修养、习惯、意识形态及其行为性质。在人类的生存和发展中,环境具有重要作用,环境是从物质上、精神文化上或制度上影响人类,并使人类感受其力量而力求与之相适应的周遭境况。理想的 STEM 教育关注不同学科知识间的相互影响,学生时刻处于复杂变化的多元学习环境中,课堂中的学生已经不是一个单纯的学习者,他们本身带有原生家庭的烙印,以及在生活和学习经验等各种复杂成长路径中形成的个性心理品质与学习习惯等。这些外在于学校的学习环境影响了学习者的学习过程及其结果,并与学校和教师所营造的学习环境一起,形成了多元的环境。人工智能(Artificial Intelligence,简称 AI)的兴起,必将改变我们的日常生活乃至学校教育与学习环境,在未来人工智能技术、社会属性高度融合的多元学习环境中,STEM 只有通过多边多元的升级合作,才能更好地打造出高质量科学教育,培养出具有竞争力的科技人才。

二、STEM 学习环境研究的意义

学习环境是当今国际教育社会学、教育心理学和课程与教学论等领域的一个热点课题。近年来,教育学者对学生学习成效的解释,从学生内在的学习过程逐渐转向中小学学习环境这一整体背景的系统定向研究（Burden，& Fraser，1993）。国际教育学者更加关注学习环境的结构与评价的研究，大量实证研究也表明，学习环境与学生的学习成效有着密不可分的联系。STEM 作为跨学科融合的学习领域，对学习环境有更为多元的要求，某种意义上可能会超出传统教育学的研究边界。因此，本研究具有重要的理论意义和实践应用价值。

在理论上，本研究一方面可以丰富我国中小学校内外学习环境的测评方法和标准；另一方面，可以借鉴国际基础教育领域的研究框架和经验，构建适合我国中小学 STEM 学习环境测评的指标体系和工具，并深度解读 STEM 学习环境内在作用机制的"黑箱"。与国外研究轨迹类似，我国学科教育和教育理论学者也较多地关注学生的学习过程，在学生内在学习因素研究方面取得了较多成果，诸如前概念、核心概念、学习进阶等。近年来，有关学习环境的实践研究也在我国兴起，例如多元学习环境的构建、翻转课堂教学模式的应用等；而且，国外大量研究（Abell，& Lederman，2007）已经证实，学习环境与学生的学习成效有着密切关系，积极的学习环境可以改善学生的学习效果，提高学习效能。以往比较西方与中国学生课堂教学的研究会发现悖论现象，为何中国学生身处看似不利的学习环境，在国际性学业测评（如 PISA，TIMSS）的表现却超过西方国家？STEM 职业期望和科学认识论为何低于西方国家？因此，一方面，学生内在学习因素研究方面的很多问题逐渐凸显出来，成为制约学习过程评价研究的瓶颈；另一方面，基于核心素养的普通高中课程标准新近颁布，我国中小学 STEM 学习环境的现状如何？将发生怎样的改变？STEM 学习环境的理论体系构建和现状调查以及 STEM 学习环境作用机制的解读成为当务之急。

本研究有助于了解我国中小学 STEM 学习环境的状况，促进学生学习的发展，提高教师和公众对 STEM 学习环境的理解和改进教学实践，对一线课堂教学、非正式科学教育和学业评价具有重要的现实意义和应用价值。STEM 教育不仅是推动学生投身科学、技术、工程和数学领域的助力器，而且能培养学生的"21 世纪能力"以及对个人健康、环境质量、能源耗费和国家安全进行理智决策的能力。作为 STEM 教育的基石，中小学阶段的 STEM 教育无疑有着举足轻重的地位。学习环境概念透视出信息时代对学习的不同理解。如果说过去我们用这一概念打破了对学习的偏狭理解,那么现在需要带着这种开阔的学习视野回到学校和校外环境中,将学习科学引入到多元学习环境,将焦点放在学习环境的建构过程和影响因素上(刘徽,2015)。STEM 人才成长路径的管道比喻作为通向 STEM 职业生涯的通用模型局限在单一的轨道,途径组合理论虽然体现 STEM 职业的多种选择,亦未能很好地解决个人、行为与环境之间的交互关系。本书有助于全面理解 STEM 学习环境,并透过东方文化为环境设计提供治理策略。

三、STEM 学习环境研究框架

STEM 教育不局限为分科的科学、技术、工程和数学教育,它强调学生为应对 21 世纪所必须具备的四类素养的有机整合。中国的 STEM 教育研究正在兴起,课程教学和教材开发早于理论和实证研究,本书试图从学习环境的视角剖析 STEM 教育,不只是在课堂教学层面的 STEM 教育,更是从宏观纵向的 STEM 人才成长路径到中观横向的校内外学习环境,深度剖析微观的课堂学习环境,以构建 STEM 学习环境的整体研究框架和实证研究机制。

人与环境的相互作用论认为,人与环境始终处于一个积极相互作用的过程中,环境是行为模式不可分的部分,人塑造了环境,环境又影响了人。基于环境忽然率论(environmental probabilism),环境与行为之间存在一定的规律性关系,地理、气候与生理等并不主宰一切,任何地点都存在着大量的潜在机会与可供选择的可能性,可以发现机体、行为与环境之间的持久关系(杨公侠,2002;俞国良,1999;李道增,2000)。STEM 教育也处于多元的学习环境中,学生、教师与环境三者之间的关系随着 STEM 教育的整合性和复杂性,以及学习环境的演进,已不再是师生独立于各自环境的单纯关系研究,而是处于各自环境中的教师与学生在彼此共同经历的学习环境中构成了复杂和多维的相互作用系统与教与学的过程(见图 0-1)。以美国为代表的西方国家十分重视 STEM 教育,认为它是培养科技创新人才的关键,有助于养成具备国际竞争力的科技人才,解决能源、卫生、环境保护、国家安全等领域的重大问题。美国从基础教育阶段起就有专业化的 STEM 学校和教育法案,但在我国,还没有专门的 STEM 学校或者正式独立的 STEM 课程,只有数学、物理、化学、生物和地理的分科教学,以及综合性实践活动、科技社团、科技竞赛等非必修的科技教育活动。如何基于我国已有的科学教育传统开展适宜的 STEM 教育,本书从学习环境维度进行了本土化的研究尝试。

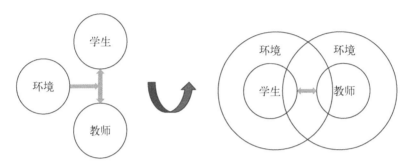

图 0‑1　学生、教师和环境三者关系的演进

面对高速变化的时代和极具挑战性的环境,STEM 教育可以较好地使未来人才具备他们所迫切需要的学习能力和适应能力。我国虽然没有美国的专业化 STEM 学校,但是目前中小学的 STEM 课程热情高涨,包括两种类型,一种是完全的 STEM 课程,以项目开展教学,在传统的课程体系之外;另一种是与核心基础课程结合的 STEM 课程,融入数学、科学等学科教学中。STEM 教育并不是科学、技术、工程和数学教育的简单叠加,而是要将四门学科内容组合形成有机整体,以更好地培养学生的创新精神与实践能力(余胜泉,胡翔,2015)。基于我国目前的教育现状,STEM 学习环境的基本架构和作用机理也比较复杂,西方文化背景下的 STEM 教育研究路径与我们也存在差异。因此,本书的主要研究问题有三个:STEM 学习环境的理论和研究进展如何?STEM 学习环境如何及如何测评? 学习环境与 STEM 人才成长有着怎样的关联?

本书从理论层面对 STEM 学习环境进行了概念辨析和研究追溯,阐释了21 世纪能力与 STEM、STEM 学习环境、课堂学习环境和非正式学习环境的基本概念,考察了管道理论和途径组合理论的发展,并进行了多元学习环境的理论架构;基于基础概念的研究,关注国际视域中的 STEM 教育和多元学习环境的研究进展,一方面对 STEM 教育的研究进展和热点研究主题进行深入剖析,关注职业期望、教育公平、学习过程和教育测评,梳理 STEM 人才成长路径研究,并综述基于管道理论的 STEM 教育研究;另一方面对课堂学习环境的研究进展和方法以及科普场馆和家长参与的非正式学习环境进行了深入研究。在实践层面,对 STEM 课堂学习环境和非正式 STEM 学习环境进行实证调查,开展 STEM 学习环境的国际比较,从测查我国的 STEM 学习环境,到京沪科普场馆比较和校外科技活动测评,开展了较为全面的实证研究。在国际比较部分,对小学科学教室、中学物理实验环境和港澳台科普场馆的多元化学习环境进行了案例研究,剖析了美国典型科普场馆的案例,比较中美 STEM 课程的教学案例。本书为 STEM 课程教学、人才培养路径和学习环境的设计等领域提供了新的研究思路和实践方法,也为我国教师的 STEM 教学起到了辩证性的启示,有助于以 STEM 学习环境构建的理论探索和教学实践的整合发展。本书整体结构框架如图 0-2。

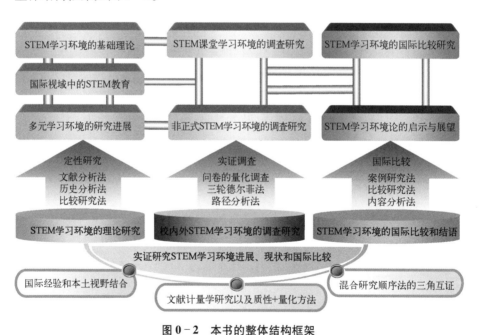

图 0-2　本书的整体结构框架

第一章

STEM 学习环境的基础理论

　　本章首先介绍本书的研究背景和内容结构,然后辨析 STEM 学习环境的基本概念,对 STEM 学习环境、课堂学习环境、非正式学习环境进行界定和分类;接下来阐述 STEM 教育的核心理论,最后分析多元学习环境的理论架构,为第二章探讨国际视域中的 STEM 教育奠定基础,也为第三章多元学习环境的研究进展和趋势提供了多维视角,同时也对本书的实证部分作了理论和概念上的阐释。

第一节　STEM 学习环境的概念辨析

　　STEM 学习环境的概念辨析对于澄清本书的专业词汇和后续部分实证研究的开展具有理论和实践上的指导意义。本书的核心概念有:21 世纪能力与 STEM、STEM 学习环境、课堂学习环境、非正式学习环境。

一、21 世纪能力与 STEM

　　随着知识经济、全球化和信息社会的快速发展,传统的以知识为核心的人才培养结构已经越来越难以满足未来社会的发展需求,培养学生面向 21 世纪的核心能力是当今世界基础教育发展的重要趋势(滕珺,2015)。经济合作与发展组织(OECD)在《为 21 世纪培育教师提高学校领导力:来自世界的经验》报告中指出,21 世纪学生需要掌握四个方面的十大核心能力:思维方式,即创造性、批判性思维、问题解决、决策和学习能力;工作方式,即沟通和合作能力;工作工具,即信息技术和信息处理能力;生活技能,即公民、变化的生活和职业,以及个人和社会责任。美国的核心素养也即"21 世纪能力"涉及三大系统:(1)学习和创造技能,就是不断思考、发现和解决问题的能力;(2)信息、媒体与技术技能,涉及对现代信息技术的应用;(3)生活与职业技能,主要是培养面向职业和社会生活的基本能力。美国将"21 世纪能力"简要概括为 4C 技能:(1)批判性思维和问题解决能力(Critical thinking & problem solving);(2)创造性与自主学习能力(Creativity & active learning);(3)沟通能力与合作精神(Communication & cooperation);(4)跨文化理解与全球意识(Cross-culture understanding & global awareness)。STEM 教育是偏理工科的多学科交融领域,STEM 职业需要能融会贯通多个学科的复合型创新人才,它不仅是推动学生投身科学、技术、工程和数学领域的水泵,而且能培养学生 21 世纪能力以及对个人健康、环境质量、能源耗费和国家安全进行理智决策的能力(杨亚平,2015)。

二、STEM 学习环境

"STEM 学习环境"这个概念是在科学教育语境中的学习环境,既从属于学习环境这个大的学术概念,又具有科学学科及其学科融合的特点,同时需要关注正规、非正规和非正式这三类教育形式在学习环境中的投射作用,即形成了相应的三个维度的学习环境。因此,本书的关键概念 STEM 学习环境的界定和分类需要阐述清楚以上问题。

(一)学习环境的内涵

"环境"一词的通常含义是"直接或间接影响个体的形成和发展的全部外在因素",学习环境(learning environment)指为学习而营造的环境,可以理解为学习者学习发生的"地点"和"空间"以及为学习者的学习活动提供的各种支持条件(李运林,1998)。学习环境可以抽象地理解为学习者在追求学习目标和问题解决的活动中,使用多样工具和信息资源,并相互合作和支持的场所,是完成教育、教学任务,提高教育、教学质量,实现教育、教学目标的重要因素。在学校教育中,学习环境主要包括校园、教室、图书馆、实验室、信息网络等设施和设备条件,以及包含教师、管理者在内的各种支持服务,广义上的学习环境包含社会和家庭所提供的一切学习条件。学习环境是学生成长的重要组成部分,也是影响学习能力与学业成就的客观因素(马郑豫,2015)。

学习环境的研究起源于 20 世纪二三十年代,发展于六七十年代,活跃于八九十年代,是西方社会学、教育学、管理学和心理学的热点,形成了专业领域和刊物。其理论源头可追溯到场理论(Lewin,1936)和需要-压力理论(Murray,1938),经历了元理论探索、心理学研究、社会学介入、科学测评四个阶段。场理论认为,人的行为由个人与环境的相互作用决定,需要-压力理论则将个体因素称为需要,环境因素称为压力。后来学者扩展了这些理论,提出个人与环境的一致性理论(Stern,1970),并将心理环境因素纳入学校环境(Walberg,& Anderson,1968)。再后来,又考虑到社会建构,将学习环境分为人际关系、个人发展或目标定向、系统变革与维持三个维度(Moos,1978)。此后研究聚焦到实证测评(Fraser,2012),代表性研究工具有教师互动问卷(Questionnaire on Teacher Interaction,简称 QTI)和建构主义学习环境模型(Constructivist Learning Environments,简称 CLE)等。英文期刊《学习环境研究》(*Learning Environments Research*)创刊于 1998 年,据斯普林格出版社在线信息,截至 2018 年 3 月已经出版了 61 期,共计 405 篇文章。该期刊将学习环境的研究范围分为横纵两个维度,从纵向看的学段涵盖学前教育到高等教育阶段,乃至终身的学习环境;从横向看的环境不仅包括课堂和学校的环境,还特别关注校外的学习环境,例如家庭、科技类博物馆和科学中心,以及电视等媒体,甚至包括信息技术等营造的虚拟学习环境。

（二）三种教育形式的辨析

非正规教育(non-formal education)与非正式教育(informal education)的出现主要是基于对正规学习(formal study)弊端的认识和讨论,人们试图在学校教育之外寻找手段以获得更完善的个人发展。由此,针对教育形式和分类的讨论在教育界也随即展开(刘青,2013)。在概念界定过程中出现过各种争论,比较具有代表性的观点主要有三个。

第一,教育只存在"正规"形式。一些学者认为,科学教育中不存在"非正规"和"非正式"的说法,所有人类活动都是学习和教育,都涉及学习的过程,所有发生在人类社会组织中的学习和教育都存在一定的形式和结构。因此,

"正规"与"非正规"的说法是不应该存在的。这一观点将教育放在整个人类社会中来讨论,虽然扩大了我们的视野,但是如果不把正规科学教育与其他形式的科学教育区分开来,将影响我们对它们各自特点的探究,也无法制定针对不同教育形式的教育政策和教学策略。

第二,教育只有正规和非正规之分。这种观点即所谓的二分法,主要趋向于将所有发生在校外的教育统称为非正规教育或者非正式教育,因此,可以将学习分为正式和非正式两种形式,正式学习对应的即是正规的校内教育,而非正式学习即是相对于校内教育以外的各种学习之和(张艳红,钟大鹏,梁新艳,2012)。正规教育(formal education)被定义为发生在特定的学习框架中,并在特定的地点(如教室或者学习机构)进行教学的教育活动,学习由专业人员(教授或教师)来引导,有严格的评价体系及外部规范的教学成果(Eraut,2004)。而对于校外教育,采用非正规学习来指代比非正式学习来说更加合适。这主要是因为"非正式"一词是用来描述日常生活中一些行为的口语表达,不应该将严肃的学习行为冠之以"非正式"的标签。我国学者在引进相关理论时,将校内和校外进行了严格的区分,虽有非正规和非正式之说,却也只是翻译不同,对于非正式教育与非正规教育的区别并没有特别地关注。

第三,终身学习理念下的正规教育、非正规教育和非正式教育。欧盟在终身学习观念下提出了正规教育、非正规教育和非正式的三类教育形式,由此,非正规和非正式科学教育作为不同于正规学校教育的形式开始被国际学界重视,关于它们的研究也越来越深入。表1-1列出的是欧盟关于三种教育形式的比较。可以看出,它们之间的区别主要集中在组织形式、学习环境、学习指导者、评价和认可度等方面。正规教育的最大特点在于政府对其具有直接管理权,也制定了大量的支持政策,政府及公民对其有极高的认可度。非教育正规和非正式教育有一定的相似之处,它们都可发生在校外环境中,但两者也有一定的界线。非正规教育虽然比正规教育开放,但具有一定的组织形式,通常在培训机构或学习中心进行,虽然没有严格的测评体系,但有一定的形式来检测学习的效果,学习也具有一定的目的性,如职业培训等;非正式教育可随时随地发生,具有偶发性,可能发生在无意识的情况下。故两者最大的区别就在于是否具有一定形式的组织性和指导性。虽然这三种不同的教育形式有着较大的区别,但是需要指出的是,它们不应该被看作完全不同的实体,而应该是统一整体的一部分,是发生在不同背景和情境下的学习,是一个人接受的完整教育的不可分割的组成部分。

表 1-1　正规教育、非正规教育、非正式教育的定义

	类型	定　　义	实　　例
校内教育	正规教育	有目的、有组织的学习,通常发生在一定的机构里,指导者按照课程要求系统的授课,有明确的学习目标,并会对学习效果进行严格考察	课堂教学、社区大学里的学分制课程和项目
校外教育	非正规教育	这一类型的学习可能没有明确的目的性,也不一定发生在特定的机构里,但有一定的组织形式,即使组织形式是相对松散的,同时,在非正规学习环境中没有相应的学分认证体系	讨论组、社区课程、兴趣班、学术会议、职业培训
	非正式教育	这是三者中最自然的一种学习形式,学习过程没有任何的组织形式,没有固定的课程,可以将其看作经验性学习	日常交流、参观展览、阅读书籍、观看电视电影、网络学习

(三) STEM 学习环境及其分类

STEM 学习环境可以理解为学习者开展 STEM 学习所发生的"地点"和"空间"以及为学习者的 STEM 学习活动提供的各种支持条件。学习环境产生于学习科学的话语体系中,概念涵盖面很广,因此,STEM 学习环境的范围从正式课堂和学校延伸到非正式的家庭和社会,从有形的学习环境拓展到技术和互联网营造的虚拟学习环境。根据 OECD 对三种不同教育形式的分类,STEM 学习环境即可以分为正规环境、非正规环境和非正式环境,非正规和非正式教育有一定的相似处,都发生在校外环境下,两者最大的区别在于是否具有一定形式的组织性和指导性。在校学生除课堂学习之外,有 2/3 的时间处于非正式的学习环境中,这段时间内从事的活动对个人的发展产生深远的影响,而对于已经远离学校的成年人来说,非正式环境下的学习是他们获取科学信息与知识的主要途径。国内学者将非正式科学教育的环境分为现实的非正式环境和数字技术支持的虚拟环境两部分(刘青,2013),现实的非正式环境主要包括三类,即日常生活和家庭环境、可设计的环境、课后项目,可设计的环境主

要指博物馆、科学中心、植物园、动物园、水族馆以及图书馆等,课后项目主要指夏令营、俱乐部、科学中心项目、志愿者组织和学习旅行等;数字技术支持的虚拟环境主要指网络技术、多媒体技术、虚拟现实技术等为核心的信息技术所构建的环境等。在校学生除课堂学习之外,有 2/3 的时间处于校外学习环境中,这段时间内所从事的活动必将对个人的发展产生深远的影响,成为他们获取科学信息与知识的主要途径,校外科学教育对青少年科学素养的提升具有积极作用,STEM 教育的校外学习环境对学生的 STEM 学习成效也有着较为重要的影响。

三、课堂学习环境

学校学习环境主要包括校园、教室、图书馆、实验室、信息网络等设施和设备条件,以及含教师、管理者在内的各种支持服务。课堂学习环境(classroom learning environments)也称课堂环境或课堂气氛,它是学校学习环境的核心,课堂不仅是教师和学生聚合的一个物理空间,也是一个独特的社会组织,其中蕴藏着复杂多变的结构、情境与互动,是一个充满生机与活力的整体系统(李晶,2013)。美国课堂学习环境的主流学者弗雷泽(Fraser, 2007)的研究表明,学生在完成大学学业之前将在课堂中度过约 2 万个小时。因此,课堂学习环境、学生与环境的交互以及学生对环境的感知对学生的学业发展非常重要。但由于课堂学习环境是一个内涵复杂而丰富的概念,因此,学界对其含义和结构也没有完全一致的认识。我国学者对课堂学习环境存在多种界定,代表观点如下:田慧生在《教学环境论》(1996)一书中,对课堂学习环境做了详尽的研究。他认为教学环境是一个复杂的环境,由于亲朋邻里、家庭条件、科学技术、社会制度等因素在一定程度上都影响着课堂环境,从广义角度讲上述内容都从属于教学环境的范畴。而狭义的教学环境则包含:师生关系、班风校风、学习场所以及环境等。文章按照各教学要素的主要特点,将教学环境分为物质环境和社会心理环境两大方面,并对相应结构和内容作了详细的分析和介绍。范春林(2012)在《课堂环境与自主学习》中,将课堂学习环境看成是对实际教学造成影响的因素,认为课堂学习环境是存在于教学过程中对教学活动的开展及质量造成一定影响的社会、物理和心理因素的总和;课堂学习环境应由心理环境、社会环境和物理环境并列构成,三者之间既相互独立,又相互影响。其中物理环境和社会环境对课堂学习环境的影响不容忽视。此外,丁锐和马云鹏(2011)通过对数学课堂学习环境的相关调查,也将课堂学习环境看成是对教学造成影响的社会、心理和物理因素的总和。范春林和董奇(2005)将其视为影响教学活动开展、质量和效果,并存在于课堂教学过程中的各种物理的、社会的及心理的因素的综合,物理环境指教学赖以进行的物质基础和物理条件,包括教学的自然环境、教育设施和时空环境;社会环境指课堂中师生以及生生之间交流的基本要素和营造的氛围,包括师生互动、班级文化和课堂氛围;心理环境指课堂参与者(师生)人格特征的诸多要素,包括个性心理、学习水平和自我定向等。与此类似的观点将课堂学习环境划分为物理环境和社会心理环境,前者指时空环境、设施环境和自然环境,后者指人际环境、信息环境、组织环境、情感环境和舆论环境。在课堂环境中,融洽的师生关系和尊重个性的同伴关系将促使学生更多地表达创意;关注学生的自我成长将会激发学生更高的创造动机;平等民主的课堂将促使学生产生更多的创造性行为(程黎,冯超,刘玉娟,2013)。

四、非正式学习环境

19 世纪以来,各国教育研究者开始关注校外环境中的学习对教育的重要性。20 世纪 70 年代,国际学界首次明确质疑了正规学习作为社会普遍接受的学习标准的权威,以语言学习为例,提出了校外学习的重要性(Scribner, & Cole, 1973)。据此,校外教育作为不同于正规学校教育的另一种形式,开始为人们所关注。研究者(Coombs, & Ahmed, 1974)定义了三种不同的教育形式,即正规教育、非正规教育和非正式教育,学术界对于这三种形式的研究也蓬勃展开。欧盟基于终身学习的大背景将非正规教育放入正规和非正式教育之间,从组织形式、学习环境、学习指导者、评价和认可度等方面将三者进行区分,即正规教育是发生在正规背景下的高度结构化的教育活动;非正规教育不再由教育者或培训者引导,且没有严格的测评体系,但是仍存在一定的结构,如学习目标、学习时间及学习资源等;非正式教育有着完全开放的结构,随时随地都可以发生,学习者也完全可以根据自身的兴趣和需要来选择学习的内容,身边的任何人都能够对学习者实施教育。在校外教育研究领域,国际学界从学习者与物质世界和社会环境关系的学习生态学框架出发提出以学习者为中心、以环境为中心和以文化为中心三大研究视角。非正式学习环境是目前国际研究最多的校外科学教育主题,它主要是指发生在校外环境中,对学习者进行科学知识、技能、方法、本质的教育。它有着最开放的结构,无竞争、无成绩评定、无时间和地点限制,同时也有着最广阔的学习环境,大量的日常活动都是非正式教育的表现形式,如日常交流、参观展览、阅读书籍、电视广播、大屏幕电影以及网络学习等。国内一些学者在引进国外的相关研究成果时,趋向于将非正式科学教育的学习环境分为现实的非正式环境和数字技术支持的虚拟环境两部分来进行讨论,现实的非正式环境主要包括日常生活和家庭环境,以及可设计的博物馆、科学中心、植物园、动物园、水族馆以及图书馆等;虚拟的环境主要是指网络技术、多媒体技术、虚拟现实技术等为核心的信息技术所构建的环境等,网络游戏也被包括在此种环境之下。本书有关 STEM 教育中的非正式学习环境也按照此种分类。

以 PISA(The Program for International Student Assessment)2015 为例,其必测环节由学校和学生问卷构成,前者包括学校背景、学校管理、学习环境、教师、评价、特定群体和学校气氛这七大方面,学生问卷包括学生家庭背景、自我认识、学校关系、学习计划、学习方式、科学认识论六大方面。下属的测评维度总数超过百余个,总体看来,PISA 2015 学习环境可以分为三类:非正规学习环境包括校外活动(各类竞赛、夏令营、俱乐部)、补习班(兴趣班、学科补习),非正式学习环境包括日常生活、家庭环境、科普场馆、虚拟环境、志愿者组织和学习旅行等,学校学习环境包括课堂学习环境、学校组织的课后项目(社团、俱乐部、游学、兴趣小组、学科竞赛)、家校合作项目等。

第二节　STEM 教育的核心理论

管道理论影响了美国几十年来 STEM 教育国策的制定和人才培养的要

求,新近几年提出的途径组合理论同管道理论一样,也是基于多年纵向研究数据得到的,差别在于两大理论对证据解释的思维方式不同,前者以线性思维为主,后者强调了多元组合。本节介绍 STEM 教育的两大核心理论,管道理论作为通向 STEM 职业生涯的通用模型局限在单一的轨道,途径组合理论虽然体现 STEM 职业的多种选择,但亦未能很好地解决个人、行为与环境之间的交互关系。从某种意义上说,途径组合理论是管道理论的继承而不是否定,在考虑了 STEM 人才成长从单一和线性的学习环境到的复杂和多元的学习环境时,两者有机地整合起来,为后续从多元学习环境角度分析 STEM 教育有着深远的意义。

一、STEM 人才培养的管道理论

管道(pipeline)在美国教育领域的应用可以追溯到 20 世纪 80 年代,最初用于描绘从学前到高等教育绝对人数不断缩水的现象。学前教育好比一根管道的入口,博士毕业则是管道的出口,进入学前教育的大量儿童则好比丰富的水量,但在管道与管道的衔接处,也就是教育的各个节点,总有一部分水会渗漏出水管流向其他地方,导致最后流出管道的水严重减少。在对其分析的过程中,应该辩证和全面地看待其对与 STEM 人才培养政策制定的积极影响。

(一) 管道理论的内涵

STEM 管道的比喻是由苏·E.伯里曼(Sue E. Berryman)于 1983 年首次提出的,之后学者添加了"泄漏连接点"的概念,并加以更详细的阐述(Alper,1993)。通常情况下,STEM 管道的比喻说明了学生们是如何在不同的连接处"泄漏"出管道的,这导致获得 STEM 学位和职业的学生人数比最初进入管道的人数要少得多。1988 年美国国家纵向教育研究(National Education Longitudinal Study of 1988, NELS:88)开始了全国范围内的八年级学生调研,包括以下信息:早期职业兴趣、高中课程选择、大学入学计划、大学学业完成、主修专业和就业。调研使用 1988 年在美国公立和私立学校注册的约 24 600 名八年级学生的两个阶段的全国性样本。这些学生接受 12 年的跟踪调查,他们中的许多人在成为高中生时,即 1990 年和 1992 年,又接受了调查,他们中的许多人在开始工作时,即 1994 年和 2000 年,再次接受了调查。多项研究（Blickenstaff，2005；Metcalf，2010；National Academy of Science，2005；Pawley，& Hoegh，2011）把学生比作流过一个越来越窄"管道"的水,"管道"中的连接点就如同通向 STEM 职业生涯所经历的重要事件,例如高中毕业、大学入学考试、主修 STEM 专业、大学毕业获 STEM 学位。在通往 STEM 行业的每一个时间节点上,都出现学生人数减少的情况,这个比喻暗示,将从事 STEM 工作的学生人数在"流失",一系列环节以管道输送的方式被广泛理解,像中学是否学习代数,高中是否学微积分（见图 1 - 1）。管道理论影响了美国 30 多年来国家政策的制定。尽管 STEM 教育已有数亿美元的投入,从事科学技术的人才数量有所增加,特别是妇女和少数族裔,但得到的回报并不十分理想,由此产生了对管道理论作为决策依据的质疑（王卓,王晶莹,2018）。

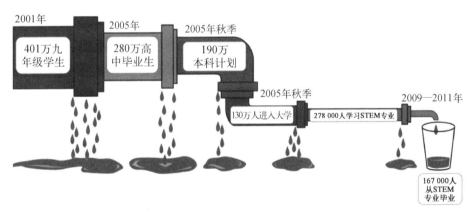

图 1 - 1 美国管道理论视角下的 STEM 教育过程

（二）管道理论的质疑

美国的众多实证研究认为,STEM 相关专业的学生数量要大大超过最终从事 STEM 职业的人数,管道理论视角下的 STEM 教育研究捕捉到每个阶段选择 STEM 学习或职业的人数,通过人数的阶段性对比概括,为 STEM 专业后备人数的阶段性递减,继而提出为保证最后流出管道的"水量充足",就要不但提高一开始流入的水量,还要确保在管道衔接处采取一定的措施减少水量流失或渗漏,从而提高每个阶段管道里的流水量。这种归因及反应方式的局限性主要表现在两个方面:(1)无法解释在 STEM 发展道路上有过间歇或中断的群体。例如,高中学过 STEM 相关课程,但是大学未选择 STEM 专业的学习,却在毕业后从事了与 STEM 相关的职业。这就好比要解释在某一阶段流出管道的水是如何又回到了管道的下一阶段。这类群体数据的存在也是对管道理论线性轨迹假设最直接的一击。(2)忽视了研究对象的先天因素和主观能动性。管道理论的支持者认为 STEM 人才的流失源于教育过程中的缺陷,如 STEM 教师的教学水平较低,相关 STEM 课程数量不足,以及 STEM 教师的性别、种族单一,而通过弥补这些缺陷就可以提高 STEM 从业人员的数量。这种观点既否认了学生的内因(例如,与生俱来的对某种学科和某个领域知识的好感、儿时的经历、家庭环境等)对其职业选择的影响,又偏颇地将学生当成可以被动影响的对象,而不是有主动选择权的人。社会认知职业理论(Social Cognitive Career Theory,简称 SCCT)认为一个人对职业的选择受到多方面的影响,其中,特别强调环境因素影响的客观和主观性,指出即使在同样的客观环境条件影响下,人对该环境的看法与诠释,以及导致的行为结果仍会有所不同,甚至大相径庭。提高师资质量,增加 STEM 课程等举措固然能提高学生对某些 STEM 课程的好感和兴趣,但并不一定足以改变他们之后的职业选择。学生的自我效能感,对可能产生的目标结果的预测,家庭背景,同伴意见等因素都可能影响他们的职业方向。

二、从管道走向途径组合的环境论

管道理论的核心观点是,STEM 学习与职业发展轨道是线性的、不可逆转的,与途径组合理论研究者采用多元思维方法,通过数据分析推断的真实状况并不相符;质疑管道理论的研究者认为,据此所制定的政策、宣传的行动也是隔靴搔痒,未能抓住问题的本质。例如管道理论的拥护者常常宣称,早期发展中学生对 STEM 的学科兴趣,以及在高中时学习相关课程(如代数),将有助于他们最终选择 STEM 职业。而近来的研究恰恰驳斥了这两点,学生从学习 STEM 到进入 STEM 职业的轨迹是各种可能途径的交叉组合,而且,即使学生在早期教育中未曾有过充足的 STEM 学习体验和兴趣,仍然可能在今后从事 STEM 职业。他们由此提出了途径组合理论的多元环境论。

(一) 管道理论的局限和途径组合理论的提出

基于管道理论的 STEM 教育研究存在一些局限性:第一,大部分研究是关于高中学校学习的因素对大学学习结果的影响,但是并没有使用数据提供学生最终的学习结果(Kidd, & Naylor, 1991;Trusty, 2002)。第二,很多研究的数据收集只是来自单一高校(Babad, Darley, & Kaplowitz, 1999;DeBoer, 1984)或者单一班级(Gnoth, & Juric, 1996;Robertson, 2000)。因此,这些研究只是使用了小样本数据并不足以演绎到所有的 STEM 教育问题(Maltese, & Tai, 2011)。而且,对于研究较多的纵向数据库的使用,侧重于高中 GPA 和 SAT 分数,却忽略了学生的教育经历和兴趣信息(Schneider, Swanson, & Riegle-Crumb, 1998;Tyson, Lee, Borman, & Hanson, 2007),因为很多纵向调查数据库并没有过多收录学生的数学和科学学习经历的变量(Adelman, 2006)。基于已有研究的客观问题,很多研究者寻求弥补差距,以评估学生在高中科学和数学的课堂体验与大学入学的 STEM 课程之间的关系。也有学者研究了中学生的职业期望和他们实际获得科学和工程学科学位之间的关系(Tai, Sadler, & Mintzes, 2006),虽然没有测查在 STEM 成长路径中高中和大学之间的相互作用机制,但研究结果表明早期不具备 STEM 职业期望的学生可能也会最终取得 STEM 学位。

研究者(Cannady, Greenwald, & Harris, 2014)通过美国国家纵向教育研究数据分析发现,管道理论暗示的轨迹并不能代表半数人的职业生涯,他们最终并未成为科学家或工程师;管道理论用子领域掩盖了轨迹中明显的差别并误导了关于增加 STEM 从业人员数量、多样性政策的制定。尽管长期研究表明,动机、目标导向和教学质量影响着学生某门课程的学习结果,但管道理论侧重于标志性事件的完成,而忽视了完成标志性事件的动机及所蕴含的学习经历的质量。对这个模型的主要挑战是人们选择某门课程的理由与 STEM 职业目标是否有关系。他们认为,途径组合理论能更好地阐述通向 STEM 学位和职业的多重轨迹,用四类组合的"途径"代表 STEM 专业毕业生和从业人员的成长历程更为合适,其中 C 代表高中选修微积分,I 代表对 STEM 行业及学业有兴趣(见图 1-2)。该理论强调通向 STEM 行业的不同轨迹,允许质疑不同途径和 STEM 领域分类的定义。除了关注个人最终职业外,还考虑到过渡时期的结果(例如,低年级时 STEM 学习的积极经历),这对培养从事任何职业成年人的科学素养有正面影响。

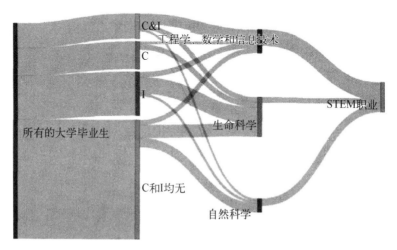

C:高中选修微积分   I:对 STEM 行业及学业有兴趣

图 1-2　构成大学学位和 STEM 从业人员的桑基图
(马修·卡纳迪,艾瑞克·格林沃尔德,金伯利·哈里斯,2015)

(二) 途径组合理论的研究及启发

途径组合理论虽然不是真实 STEM 职业发展过程的准确比喻,却能间接反映出该发展轨迹的复杂程度和错综交错的分支可能。他们首先对 1988 年国民教育纵向研究(NELS:88)的样本进行问卷分析,该问卷的参与者为 1988 年时在公立或私立学校上八年级的 24 600 名学生,时间跨度为 12 年,共追踪参加过 5 次问卷调查,而最后满足研究要求(有效答复,2001 年前获得学士学位,成绩单档案可用)的问卷数量大约为 3 320 份。问卷中收集的内容有早期职业兴趣,高中课程,是否取得学士学位,本科专业,及后续工作雇佣情况。其中,研究者提取了以下三个变量的数据,因为这些变量被早期研究公认为是预测 STEM 职业从事情况的关键指标(包括管道理论的拥护者):高中是否修过代数课程学分（Adelman，2006），八年级时对科学与工程领域的职业期望（Tai，Liu，Maltese，& Fan，2006），以及在十二年级时是否计划高中毕业后投入 STEM 职业（Maltese，& Tai，2011）。其中，高中是否修过代数课程作为研究者对学生学术能力（Academic Capacity，C）判断的指标，职业期望和职业计划则预示着职业兴趣（Interest in STEM，I）。因此，通过这两个指标（C 和 I）便可以衍生出 8 种可能的组合（见图 1-3）。

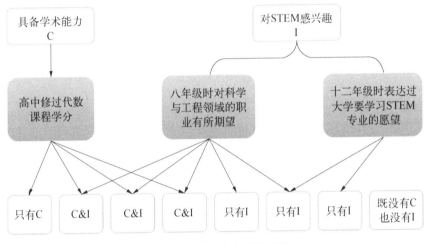

图 1-3　三个指标的八种组合

　　根据这八种组合的数据，研究者总结了各个组合的学生均存在 12 年级时不打算从事 STEM 职业的情况。而样本中绝大多数学生（72.7%）既没有修过代数学分，八年级时对科学与工程领域的职业也没有期望。这份数据本身对在管道比喻指引下制定的"尽早激发学生在 STEM 方向的兴趣"的举措就是一种反驳。其中最值得注意的是，在所有获得 STEM 学科学士学位的毕业生中，仅有 26% 的人达到了问卷中的 3 个关键指标，即高中修过代数课程学分（Adelman，2006），八年级时对科学与工程领域的职业有所期望（Tai，Liu，Maltese，& Fan，2006），以及在十二年级时曾计划高中毕业后投入 STEM 职业（Maltese & Tai，2011）。47% 的人只满足 1—2 个指标，而有 27% 的人不满足任何指标。研究者们也根据样本对总体从事 STEM 职业的人数进行了估算，并且做了分类统计，在所有从事 STEM 职业的人员里，满足 3 个指标的比例有所上升(39%),满足 1—2 个指标的同样有增长(46%),但仍有相当比例(16%)的人未满足任何一个指标。基于这些数据,研究者制作了桑基图,并提出了途径组合理论,即学生从学习到进入 STEM 职业的轨迹不是线性的和唯一的,而是各种可能途径的交叉组合。其中最有启示意义和激励作用的发现是,即使一个学生在学校阶段未达到三个关键指标,仍然可以投入到 STEM 职业发展中,这个发现极有可能鼓励更多的非主流群体在 STEM 方向有所建树。当然,该理论至此并不能完美解释所有 STEM 教育过程中的问题。例如,除了研究中的三个指标是否还有其他的更合适的变量作为预测 STEM 职业的指标?

我国的 STEM 教育实践刚刚开始,研究也处于初级阶段,应积极参考美国等发达国家的前车之鉴,以制定解决符合教育国策并解决实际教育问题的战略。从以上两种理论的产生背景和影响来看,中国教育科学研究院(2017)提出的以下措施值得借鉴:(1)客观全面分析国际 STEM 教育研究进展,对我国 STEM 教育目的精准研判。尽管 STEM 教育口号在美国提出已有三十年,文献资料对 STEM 教育的理解仍然充满分歧,这无疑为东方文化中推进 STEM 教育制造了障碍。(2)借鉴 NELS 等纵向研究数据库,建立与维护 STEM 发展相关的国家性、地区性研究的数据库,提高 STEM 教育的影响力。(3)建立促进 STEM 教育发展的生态系统,充分研究影响青少年 STEM 教育的各项因素,完善相关配套设施和激励政策,从供给与需求两方面下手(赵中健,龙玫,2015)。(4)无论是理论的提出还是比喻的手段,应辩证分析他们的积极研究意义。

第三节　多元学习环境的理论架构

国际 STEM 教育研究的核心理论经历了从管道理论到途径组合理论的曲折过程,但是这些理论的提出无不基于多年的纵向研究数据库的证据,而两大理论的延续和变革过程其实也反映出多元学习环境对于 STEM 教育的重要影响,正因为 STEM 从业者复杂的学习和人生经历,多元学习环境不仅包括了正规学校的课堂学习环境、校外的非正规学习环境,还包括了诸如科普场馆、家庭等非正式学习环境,因此本节重点介绍多元学习环境的理论架构,为后续实证研究提供理论分析基础。

一、课堂学习环境的基础理论

课堂学习环境是在社会学、心理学、教育学等众多学科所蕴含理论的基础上发展而来的。各类理论的形成、壮大、融合奠定了其研究地位,同时也影响着课堂学习环境研究的发展,深入分析课堂学习环境的多维理论对于该领域的研究有着重要的意义。

(一) 环境心理学理论

环境心理学是一门汇集多学科于一身的交叉学科,主要研究人与其所处物理环境、社会环境之间的关系。对于环境与行为关系的科学研究起始于一百年前,环境心理学的学科确立最早可以追溯到 1968 年北美"环境设计研究协会"(The Environmental Design Research Asspciation,简称 EDRA)的成立,而 1969 年跨学科的《环境与行为》(*Environment and Behavior*)杂志的出版,是环境心理学以美国为中心的北美地区正式成立的标志。1979 年《环境心理学杂志》(*Journal of Environmental Psychology*)创刊,成为欧洲环境心理学步入国际学界的一大标志(吕晓峰,2011)。环境心理学在百年的发展中,领域主题、研究方法、理论视角和实践策略都与时俱进,并发生了一系列的改变和革新,但是它始终关注该学科的核心理论主线,即人与环境之间的相互作用关系。作为心理学的一个重要研究领域,环境心理学从客观和主观两个方面研究环境与心理的关系,人的学习活动既受到环境的影响,同时又会通过自身的状况和需求对环境做出回应,从而适应或者改变周遭的学习环境。环境心理学的典型理论有人与环境相适应的模型(person-environment fit model)、生态知觉理论(ecological theory of perception)、人与环境交互作用模型(modes of human-environment transaction)等。

环境心理学一方面认为环境与行为之间是真实地相互作用,关注环境的唤醒水平、刺激强度以及学习者的调控能力,同样适用于现实中的课堂学习环境和网络与智能化的学习环境;另一方面,环境心理学认为场所和人一样是有生命的,与生活在场所中的人和谐共存、彼此互动,组成了一个有机的整体;师生是存在于学习环境中的人,学习环境是承载着师生发生教与学互动的环境(魏静,2014)。通过查里斯·沃克(Charles Vlek)和罗伯特·吉福德(Robert Gifford)对环境心理学研究发展的回顾与总结,环境心理学的研究领域可以划分为以下七个部分:人对环境的感知与评价;个体认知与动机和社会因素对环境问题的影响;环境危险感知与生活质量;生活方式与可持续发展行为;改变不可持续发展范式的措施;公共政策制定与决策;个体与生物、生态环境系统的关系(Charles,2005;Robert,2007)(吕晓峰,2011)。

(二)环境建构主义学习理论

隐藏在学习和知识建构过程背后的社会文化机制是建构主义所关注的内容。建构主义认为,学习者需借助文化知识参与到一个群体当中去学习相关的知识和技能,学习的过程离不开文化的参与。所以知识的学习和技能的掌握依靠的不仅仅是通过学习个体与外在环境之间的相互作用,还需要文化的参与——组内合作及讨论。张建伟认为:"通过沟通、合作和交流,彼此之间相互帮助、影响,学习者和助学者在共同完成同一项学习任务的过程中形成了一种文化。"显然,上述所说的文化就是在学习过程中,助学者与学习者之间存在的互动关系。此外,建构主义尤为重视情境教学。研究者(Brown,Duguid,& Collins,1989)首次界定了"情境性学习"的概念,得出情境性的认知理论。该理论认为,通过活动中的情境可以学习或者传授知识,即所谓的"情境通过活动来合成知识"(陈琦,刘儒德,2010)。知识是蕴含在情境之中的,并不是独立存在的,知识需要通过情境中的活动才能习得。教学需使学生融入真实的情境中去体验和发现,从而使能力得到提高。

建构主义学习理论还提到,学生才是课堂学习的主体,教师仅起引导的作用,教师在教学过程中可以采用"脚手架"的教学模式来辅助、引导教学。教学并不是教授学生知识,也不是教会学生怎样学习,而是为学生去创建一个相对优质的学习环境,让学生自己决定怎样去学习(Rogers,1957)。学生应该处于课堂中的主体地位,而不是充当被动接受的角色。而教师在教学过程中仅是

"学习促进者"的角色,学生本就具备学习的能力,教师的参与仅是为学生的学习提供相应的学习资源和营造一个适当的环境,从而促进学生的学习。教师与学生之间的互动、教师的教学方式和手段是影响课堂学习环境的重要因素,建构主义学习理论下的课堂学习环境要求在师生间建构积极良好的互动,教师采用情境教学和引导的教学方式促进学生的学习。

（三）技术支持的学习环境理论

当代社会信息技术的迅速发展和网络媒体的高度发达,使得学习环境越来越呈现出网络化、数字化、虚拟化、开放化和智能化等诸多技术性特征,传统意义上的学习环境的时空观被打破,也使得学习环境的研究更为复杂和多元,凸显"技术与人"的关系作用,尹睿（2012）通过技术哲学中调节关系（具身关系和诠释关系）、它异关系和背景关系来深度解读人与技术的关系,并将技术支持的学习环境作为学生认识外部世界的中介,认为其结构可以解码为三种形态：界面环境、网络空间环境和以学校为中心的"功能共同体"环境。界面环境就是人与计算机之间传递和交换信息的媒介,使得人与技术在学习的世界中连成一体,共同建构学习的图景。网络空间环境相对于物理环境而言,充满虚拟性和想象力,超越时空和逻辑的限制,展现出一种多层次和交叉互动的特征。以学校为中心的"功能共同体"环境则包括学校环境、家庭与社区环境及其互动。

学习环境是促进学习者积极建构知识意义,促进学习能力生成的外部条件,包括物理学习环境、技术学习环境、资源学习环境和情感学习环境（盛群力,刘徽,2005）。为了促进从理论上对信息技术工具及其在教育领域的角色理解,可以把教学技术分为学习管理系统、社交媒体和个人学习环境,它们已经成为教育技术的三大支柱,同时体现了学习环境发展的三个阶段（特里·安德森,王志军,2017）。技术支持的学习环境中学习者的学习能力需要使用信息时代飞速变化和高度发展的要求,通过自主学习和自我调节学习进一步成长为终身学习者,这就需要灵活的学习环境（flexible learning environment）的支持（何克抗,2017）。灵活学习环境是学习者自主选择的,超越了适应性学习环境的预设的个性化学习轨迹和学习资源,可以孕育和发展学习者的自主学习能力和成长思维。

二、非正式学习环境的基础理论

为了更好地发现学生在不同情境下学习的规律,针对特定情境下非正式科学教育的政策及评价方法的制定提供可靠依据,研究者都同意将这些纷繁复杂的环境根据其各自的特点进行分类。根据学习的组织形式不同将非正式科学教育的环境细分为了日常生活环境、可设计的环境和课后及成人项目和虚拟环境四类(侯小杏,陈亚丽,2011)。

(一)四类非正式科学教育

日常生活环境下的学习是贯穿于一个人一生的,它包括家庭成员或同伴之间的交流谈论与活动、个人爱好、大众媒体的利用、新技术的使用等。这是最体现学习者为中心的情境,学习的形式、内容、时间和地点都完全是由学习者选择、组织和协调的,同时,外界其他成员也可以成为调控者,如父母或兄弟姐妹等,他们可以通过提问、提供资源等方式来影响学习者的学习效果。社会文化环境对这一环境下的非正式科学教育具有重大的影响,比如说一个生活在农村家庭的孩子,他在日常生活的交流中受到最多的教育可能就会是关于种植作物、喂养家禽家畜等方面的知识,这与一个生活在城市工薪家庭的孩子受到的日常教育是完全不同的。

可设计的环境即指可被执行者进行一定设计的学习环境,包括博物馆、科学中心、植物园、动物园、水族馆以及图书馆等场所。在这类型的环境中进行的科学教育是由一定的机构来组织的,但是需要指出的是,学习的主动权还是掌握在学习者手中的:首先,学习者有权利选择是否进入以及何时进入环境,不像正规教育带有强制性;其次,进入环境后,选择接触何种信息,学习何种知识,持续时间长短也是由学习者决定的。一般说来,此环境下的学习都是短期而分散的,学习也常是发生在同伴、家庭成员以及指导者之间的交流。为了能够延长这种"短暂"参观的影响时间,场馆采取多种手段,如后期网页访问、巡回展览、信件或电子邮件回访等。

夏令营、俱乐部、科学中心项目、老龄旅社项目、志愿者组织和学习旅行都属于课后及成人项目。与非正规学习中兴趣班、学术会议等相比较,这一项目虽然也会有一定的组织,有时还会出现一定的课程,以及一定的成绩评价,但不同的是,学习者是相当轻松与自由的,学习的目的不会如正规和非正规学习中那么明确,必须在学习的过程中掌握某种技能或获得某一特定方面的知识,学习者可能更注重在这一过程中的所见所闻,及学习过程所带来的参与感、成就感和能力的提升;项目在评价时不会对学习者的成功有预定的期望值,或将学习者的成就与预期值作对比,没有对具体知识和技能进行强制的评定。这些项目会经常为有需要的人群提供服务,如经济困难的儿童或成人等。

虚拟环境是指以网络、多媒体、虚拟现实等核心信息技术所构建的环境。随着多媒体和网络技术的发展,现在已经涌现出一系列虚拟的学习环境,例如虚拟校园、虚拟图书馆、虚拟博物馆、远程教学平台和虚拟学习社区等。虚拟环境可以对现实课堂中的材料进行补充,让学习者在可视化、浸入式的环境中协作学习,当学习者积极参与到活动中的时候,能够更好地掌握、记忆新知识,并将新知识概念化。由此,虚拟环境也是一种有效的非正式学习环境。

综上所述,日常生活环境、可设计的环境和课后及成人项目都属于现实的学习环境,但三者又有着完全不同的特点,针对它们的评价和政策差别极大,如对日常生活环境下的学习进行评价时通常采用即时反馈的形式,但对课后及成人项目的评价则必须包括前后测,甚至会有更长时间的追踪回测。同时,虚拟学习环境是融于不同的现实环境之下的,每种现实环境都可借助于虚拟技术的帮助,而处在不同现实环境之下的虚拟学习效果也会受到不同的影响(刘青,2013)。研究者根据不同的科学教育学习理论以及多元环境建立的诸多理论模型并没有很好地统一起来,它们各有侧重点,以及各自的适用条件,这就使得青少年科学教育的研究没有一个统一的标准,给理论研究与实践带来了困难。

(二)非正式学习环境的理论模型

学习情境模型是 2000 年在《博物馆中的学习》(*Learning from Museums*:*Visitor Experiences and the Making of Meaning*)一书中首次提出的,研究者

(Falk，& Dierking)将这一模型称为"在非正式的环境中探测学习复杂性的装置"。随后,他们又对这一模型进行了改进,并应用到实证研究中,在《科学教育》杂志发表了《利用学习情境模型理解科学中心展览中的游客学习》(Using the Contextual Model of Learning to Understand Visitor Learning From a Science Center Exhibition)一文。学习情境模型主张将学习环境分为个人情境、社会文化情境和物质世界情境三个部分,它们都不是稳定不变,而是随着时间轴而不断延伸发展的。文中还提到了三种学习理论即行为主义、认知理论和社会文化理论的基础上提出来的。首先,个人情境指的是学习者在进入学习环境时所携带的个人情况的总和。由建构主义理论可知,一个人的前概念和经验对他的学习会产生巨大的影响,而他的兴趣、动机也在这一过程中扮演着重要的角色。由此,根据个人情境视角,非正式科学教育应该是建立在学习者的前概念、动机和信念之上的,让学习者充分选择和控制自我的学习过程。其次,人类是社会文化的产物,所以不管是何种学习都应该是适合特定的社会文化情境的。影响非正式科学教育的社会文化因素包括价值观、文化背景等。研究表明,在学习过程中与同一群体中的个体进行交流合作会对学习效果产生极大的促进作用,同时与不同群体中的个体如解说员、导游、表演者等进行的交流也无疑会对学习有一定的调节作用。最后,学习都是发生在物质世界中的,也是与物质世界相互作用的结果,所以学习者所处的三维空间的状况也是影响学习的重要因素。空间、光线、气候以及其中包含的学习资源都是物质世界情境所涵盖的内容。许多针对博物馆的研究都显示,整个展览的颜色、声音、人群的多少,展出的展品内容,展品摆放的位置,标示语的描述等都毫无疑问影响着参观者的学习效果。

在综合各理论模型的基础上,研究者提出了学习的生态学框架(ecological framework),试图将其作为统一的理论模型。生态学指的是学习者与物质世界和社会环境的关系,重视以学习者为中心的视角(people-centered lens),这包括前概念的影响、知识掌握的过程以及元认知的重要性。对于学习者的分析必须注重思维的详细过程、获得知识的表现、兴趣的增加等,在社会文化的交流过程中产生的变化也是极其重要的。必须指出的是,以学习者为中心的分析跟认识论是不同的,虽然这两者都将个人作为研究的中心,认识论更关注思维过程,但以学习者为中心的分析同时还会侧重学习者的社会行为、实践以及感情世界。以学习者为中心的理论框架模型由平面内两条互相垂直的双向箭头构成,一个箭头代表知识理论(认识论),从唯物主义指向唯心主义,另一个箭头代表学习理论,由传递模型指向建构模型,即行为主义指向认知理论(Hein,1998),因此,平面就被分成四个象限(见图1-4)。有了这一模型之后,博物馆或展览等都可以根据它们向参观者提供的学习环境的种类,将置于图中的一个象限中。例如,象限1代表"说教传授",即认为科学知识应该以真实固定的形式进行传递,学习者是被动接受,而不是主动思考和应用知识;与之相反的,象限2代表"探索型博物馆",在此环境中

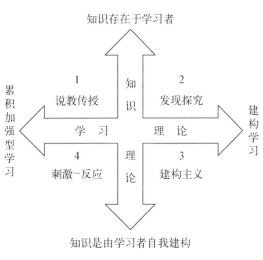

图 1-4 学习的生态模型

对于知识的理解是通过与真实世界的互动交流,探索发现而得来的;象限3代表"建构型博物馆",个人是通过将旧知识与新概念相结合,调整旧有图示,从而获取知识的;象限4代表"行为型博物馆",学习者对于外部世界知识的整体获得是通过刺激-反应逐步增强而达到的。

(三)基于环境和文化的非正式学习环境

人类的每一次学习都是发生在特定环境中的,社会文化观点认为,物质世界的特征、可利用的材料以及在特定的环境下发生的特定活动会对学习的过程和效果产生显著影响。将学习环境作为研究的中心被认为是理论研究向实践研究的转折点,在这些研究中,各种科学学习活动都被看作是特定环境中学习资源巧妙安排的结果,这些学习资源包括各种器材和材料、技术工具、虚拟数据的可视化展示等,它们构成学习活动物质世界的基础。研究者(Hutchins,Biswas,Conlin,Emara,Grover,Basu,& McElhaney,2018)将物理环境在学

习过程中的重要作用总结为：在世界上无处不存在学习资源，人们和它们的作用与反作用，与人类之间的相互交流一样，都是人类学习活动的中心。在生态学中，对人类与物理世界的相互作用的研究已有几十年的历史。比如说，有研究表明，参观者在博物馆中产生的对话和活动在很大程度上受到其中展品的选取及其摆放方式的影响。在日常学习情境中，人们会搜集和应用周围环境中的各种资源来解决所面对的问题。媒体也是这一视角需要研究的重要部分，各种形式的媒体如互动游戏、电视、印刷品等可以为学习者营造一个独一无二的学习环境，网络的出现也使得信息的获取变得更加便利，人们传统的学习和交流形式已经在因特网的影响下发生了巨大的变化。同时，自然环境无疑也是人类学习的主要场所，其广阔的物理环境、丰富的学习资源为学习探究活动提供了天然的条件。

非正式科学教育中有关学习环境建构的理论观点种类颇多，表 1 - 2 总结了这些不同的理论框架，可以发现社会文化理论的重要影响。在过去几十年中，教育研究领域最重要的理论转型之一就是社会文化理论的兴起，该理论主要探讨社会文化实践对于个人发展的影响，为人类发展提供了文化的根源。一个人所处的社会文化背景会"强制"影响他的思维方式，而人们的思维方式又反过来形成了整个的社会文化。经过多年的发展，社会文化理论已经日趋完善并有了新的进展。对文化的理解有两方面与学习息息相关，首先，文化是双向的，并处在不断变化之中。这也就是说，个体不仅不停地吸取社会文化中的各种知识和技能，同时也会将自己的经验和知识带进文化群体中，从而对文化产生影响。人们作为参与者的身份在文化团体中发展成长，只有以文化的中心视角来审视，才能完整地理解人类的学习过程；同时，不可否认，社会文化也无时无刻不发生着变化（高文，1999）。另外，文化在各个群体中的分布是不同的，它会因民族、职业或社会等级等的不同而存在显著差异，而一个人会同时接触到不同的社会群体，体验到不同的社会文化。以文化为中心的视角为非正式学习环境研究提供了一个更广阔的视角。它不仅包括学习者与现实世界的联系，他们每天在自己所处的社会文化背景中接触到的科学知识，还包括了特定文化所认可的与科学有关的价值观和需求，并由此提供给学习者的学习资源和学习活动。

表 1-2 非正式科学教育中有关学习环境的不同理论观点

理 论 观 点	主 要 内 容
学习情境模型（contextual model of learning）	将环境分为个人、社会文化以及物质世界三个部分，并列举了 12 个关键的因素
多 特 性 框 架（multiple identities framework）	探寻影响人们决定想成为或者害怕成为某种人以及参与某个活动的因素，它已经被用于测试不同工作领域中种族、性别的差异
第三空间（third space）	研究不同于两个传统的生存空间（家庭和工作或者家庭和学校）的第三个空间，比如说远程工作者工作的咖啡店
情境同一性（situated/enacted identity）	主要研究观众的期望以及时间安排表
家庭学习（family learning）	将研究重点由个人转向了学习团队
社 区 实 践（community of practice）	应用于社区工作的发展与评价，以及职业发展计划

第二章

国际视域中的 STEM 教育

美国早在 1986 年就制定了 STEM 教育的纲领性文件,随着研究的不断深入和实践推进,STEM 教育已经被作为美国国家行动计划和教育战略,在学前教育、基础教育和高等教育阶段全面推行。2015 年奥巴马正式签署了《STEM 教育法(2015 年)》(STEM Education Act of 2015),从立法角度对 STEM 教育的实施给予保障。我国教育部也于 2016 年 6 月印发了《教育信息化"十三五"规划》的通知,鼓励有条件的地区开展跨学科教育等,培养具有信息素养、创新意识和创新能力的高素质人才。STEM 教育研究得到了国际学界的普遍关注,本章首先利用文献计量学方法和文本分析法探究国内外 STEM 教育的研究进展,并深入剖析 STEM 教育的热点研究主题,并进一步就 STEM 人才成长路径和基于管道理论的 STEM 教育展开深度研究。

第一节　STEM 教育的研究进展

STEM 人才作为经济发展的核心动力起着越来越关键的作用,国家的发展离不开一支强大的 STEM 人才队伍,队伍的培养离不开 STEM 教育的贡献。科学素养和科学能力是重要的人力资本,即便成人也需要在工作与生活的过程中不断学习新的科学文化知识。为了全面了解 STEM 教育的研究热点和趋势,本节采用文献计量学方法和文本分析法剖析国内外 STEM 教育研究的现状。

一、STEM 教育的国外研究

STEM 教育发端于西方社会,尤以美国的大力推进为代表。这是因为想要在 21 世纪维持竞争力,离不开科技创新和人才培养。美国政府深刻认识到了这一点,将 STEM 教育放在突出位置,作为优先国策,发布了各类研究报告和法案,旨在让所有学生获得优质的 STEM 教育。以美国为代表的西方国家长期致力于 STEM 教育研究,并于 20 世纪就建立了多项 STEM 教育的大型纵向调查数据库和监测平台,为 STEM 人才的培养路径、课程设计、教学方式、教师培训等提供了数据支持,涌现出大批优秀研究成果,对我国 STEM 教育研究和实践有着积极的指导作用。

(一) 国际 STEM 教育研究的热点主题

2017 年 2 月 1 日检索 2016 年底之前 WEB OF SCIENC 数据库所有 STEM 教育的 SSCI 文章共有 624 篇,检索方式为:STEM 或 STEAM 或 Science,Technology,Engineering,Mathematics 为主题并含主题 Education,去除无关文献(例如生物学 Stem Cell,使用 NOT 语法)。通过文献计量学软件(HistCite)分析,相关研究始于 1992 年,成为独立研究领域的标志是 1997 年发表在科学教育顶尖刊物《科学教学研究杂志》(*Journal of Research in Science Teaching*)的文章《急需提高本科阶段的 STEM 教育质量》(The Imperative to Improve Undergraduate Education in Science,Mathematics,Engineering,and Technology)。影响力最大的文章是《STEM 专业本科生小组学习效果的元分析研究》(Springer,Stanne,& Donovan,1999),被引 402 次。从年度发文量看,2012 年之前均为个位数,2012—2016 年逐年上升,分别为 62、90、115、142 和 143 篇。美国以总发文量 393 篇遥遥领先,英国第二(46 篇),澳大利亚第三(23 篇)。从高频关键词看,STEM、教育、科学、学生、数学、成就、性别、妇女、技术、知识、高等教育、学校、感知、经历、选择、教师、态度、坚持性、信念成为研究热点,职业(career & careers)共计 21 次,排在第 29 位,平均时间为 2011 年,成为新兴研究领域。通过关键词共现分析可知,STEM 职业与职业期望、学校环境及其设计、中学生、课堂、学校、经历等具有较强的内容和意义关联。

(二) 国际 STEM 教育研究的关键领域

通过可视化文献分析软件(CiteSpace)的关键词聚类的时间线图谱分析发现,国际 STEM 教育热点集中在以下 15 个方面:(1) 管道理论,小学到大学直至工作后的 STEM 从业者分流;(2) STEM 职业,职业期望的性别差异、学业成就和学习态度和兴趣等对职业的影响等;(3) 教师教育,教师的行为、信念和效能等;(4) 学生素养,包括认知和非认知因素;(5) 职业期望,学术路径、教育社会学和性别差异等方面;(6) 元分析,学生的认识反应及 PISA 的数据分析;(7) 性别差异,关注学业成绩和学习兴趣;(8) 探究学习,探究技能、认知任务分析、高层次认知技能、科学-技术-环境与社会的联系、社会性议题等;(9) 概念模型,侧重学校有效性、学业成就的表征、建模过程等;(10) 课程开发,关注性别差异、师生关系和生生关系、自我概念和集体反思;(11) 教育决策,针对自下而上的改革、学校和社区合作、人才流失等的教育政策;(12) 学业成就,对本科生的 STEM 学科成绩、坚持度、学习信念和学习行为等进行实证研究。

二、STEM 教育的国内研究

我国对 STEM 教育的研究起步较晚,2008 年,朱学彦和孔寒冰首先发表了《科技人力资源开发探——美国 STEM 学科集成战略解读》,经过 STEM 教育十余年研究历程,2019 年掀起了国内 STEM 教育研究的高潮。国内学者注重对 STEM 教育与创客教育的关系、STEM 教育政策相关的解读、STEM 与融合课程的关系方面的研究。本部分通过介绍王涛、马勇军和王晶莹于 2018 年发表的《我国 STEM 教育现状研究——基于 2011—2017 年核心期刊文献的分析》一文,进一步探讨我国 STEM 教育的研究状况。

（一）我国 STEM 教育研究的基本状况

以 STEM 为篇名,剔除与教育无关的论文,2017 年 1 月 1 日在中国知网检索到 105 篇文献,2012 年发文量突破 10 篇,2013 年和 2014 年维持在 30 篇,2015 年 55 篇,2016 年达 87 篇。前十位高频关键词为 STEM 教育、美国、科学教育、创客教育、英国、人才培养、中小学教育、STEM 学科、非正规教育环境、香港中小学。关键词聚类研究热点有 12 个:学习过程、问题解决、教育实践、科学教育、教育标准、人才培养、教育发展战略、创客教育、技术素养、教学效果、教学策略和工程教育。综上,从 STEM 教育的研究学段来看,兼顾了幼儿园到大学的阶段,国外侧重本科和中学阶段,我国侧重中小学阶段;从研究热点来看,国外研究领域较为丰富,涵盖教师教育、个性心理、学科教学、性别等诸多领域,国内则较为单一,侧重比较教育和技术教育;在研究方法上,国外以混合研究和量化研究为主,元分析研究为辅,我国以综述类研究为主。

（二）我国 STEM 教育研究的内容分析

在中国期刊全文数据库中,选定社会科学 2 辑,以"STEM"或"STEAM"为关键词或主题,截至 2017 年底,共检索到相关核心期刊,SCI 来源和 CSSCI 来源的文献 489 篇,除去会议记录等不符合要求的论文,最终选择了 74 篇为研究样本。利用五个主要分析维度的 8 个次级分析维度及研究目标进行了文本分析(见表 2 - 1),在研究过程中,以每一篇独立文章为分析单元进行统计和分析。

表 2 - 1　分析维度设置表

主研究维度	次级研究维度	设 置 目 标
文献数量分析	各年度	把握研究的整体发展趋势
文献研究者分析	第一作者发文数量分析	分析该领域作者群
	第一作者所属机构分析	
文献来源期刊分析	各类期刊的载文量	分析不同学术领域对该主题的关注程度,反映研究侧重点
研究方法分析	各类研究方法	分析主要研究方式,反映研究水平
研究内容分析	STEM 教育外部环境研究	分析 STEM 教育的研究内容,全面把握研究现状
	STEM 教育内部机制研究	
	STEM 教育本体研究	

经统计,共有 62 位研究者作为第一作者发表了关于 STEM 教育的文章,其中,有 1 名研究者作为第一作者发表 5 篇,1 名研究者作为第一作者发表 3 篇,发表 2 篇及以上文章的作者共有 8 名,高产作者非常少,该研究领域并未形成核心作者群。通过分析可见,74 篇样本文献共分布在 29 种期刊,国内

STEM 教育的研究成果多发表在教育技术期刊,我国 STEM 教育研究与教育技术领域的联系最为密切。根据文章研究重点和篇名关键词,可将所有文献分为 STEM 教育外部环境研究、STEM 教育本体研究以及 STEM 教育内部机制研究三大类。STEM 教育外部环境研究以 STEM 为一种视角或理念,以"社会背景""政策""STEM 校外环境"等为关键词;STEM 教育内部机制研究以 STEM 学校系统内部等为关键词,如"STEM 教师""STEM 教材和课程"等;STEM 教育本体研究只有一个主题词"STEM 教育"。统计发现,内部机制的研究最多(34 篇),外部环境其次(25 篇),STEM 教育本体研究最少(15 篇)。

STEM 教育内部机制的研究主要体现在三个方面:STEM 人才培养、STEM 课程和 STEM 教育评价研究。我国 STEM 教育的培养目标问题并未受到应有关注,STEM 教育在美国的重视源于科技创新人才的缺失,致力于培养实用型、创新性人才。美国的 STEM 教育注重连贯性,从小学、中学到大学、研究生,并以高等教育阶段的 STEM 教育研究为主,而国内的 STEM 教育是以基础教育阶段为主。同时,我国的 STEM 教育研究和教学实践过多地关注了美国 STEM 人才培养和教育国策的某个环节,而不是其 STEM 人才成长路径的纵向研究和整个链式发展。国内学者对 STEM 课程的研究有 9 篇,主要体现在课程整合方面,提出了两种跨学科整合模式:包括广域课程和核心课程到这四门学科的整合取向,再到项目设计模式,多以 3D 打印技术、机器人课程、创客课程为主,对 STEM 各学科知识运用和思维模式的融合关注较少。STEM 教育质量的评价和监测是把握 STEM 实施成效的重要环节,国内学者多以介绍国外经验的研究为主,且多停留在宏观的评价,如 STEM 教育理念、内容和目标等,只有一篇针对工程教育中的技术与工程素养进行评价。STEM 教育外部环境的研究体现在信息技术影响和非正式教育两个方面,国内 STEM 教育研究集中在探讨高技术的应用,如 3D 打印、创客教育、数字化时代、人工智能等,国内学者较为关注技术,而 STEM 教育中的学生情感因素有诗深入研究。非正式 STEM 教育从狭义上来说是指校外的 STEM 教育,国内学者对校外 STEM 教育的研究集中在对美国"变革方程"、非正式 STEM 教育地位以及如何创造外部学习生态环境系统方面。

第二节　STEM 热点研究主题分析

STEM 教育是美国全力推行的以科学、技术、工程和数学为主导,逐渐融合艺术,文化元素的教育战略,意在增加美国工程技术相关方面的 STEM 人才。1993 年美国国家科学基金会的文件中首次提出"SMET",即将科学、数学、工程、技术多学科融合以加强美国科学教育。2007 年,美国国家科学基金会在其报告《国家行动计划:应对美国科学、技术、工程和数学教育系统的紧急需要》中正式提出"STEM"一词。通过文献计量学分析,我们知道了国际 STEM 教育研究的热点领域集中在以 STEM 人才培养为导向的各类学习环境构建和测评方面,涉及校内外环境的社会、心理和物理等不同维度,本节将重点分析职业期望、教育公平、教育测评和学习过程四个主题。

一、STEM 职业期望

从 PISA 2015 公布的全球数据看,北京-上海-江苏-广东中学生数学和科学素养水平分居世界第 6 和 10 名,这届以科学素养为核心的监测收集了 72 个参与国/地区中学生对 30 岁时的职业期望,从具有 STEM 职业期望学生所占本国或本地参与者百分比看,我国大陆排在第 68 位,远低于 OECD 平均水平。新近公布的 PISA 2018 结果表明我国北京-上海-江苏-浙江 15 岁学生的数学、科学和阅读素养分别位居世界首位,在这三科有着令全球瞩目的学业成就表现。但从百分比看,我国内地四省/市 15 岁学生却具有极低的 STEM 职业期望,我国学生的 STEM 职业期望为何如此之低? 影响 STEM 职业期望的原因有哪些,内在机制又是怎样的? 因此,STEM 职业期望的研究对我国来说意义更为深远。

(一) STEM 职业期望的研究背景

职业期望(career expectation)是正式进入劳动力市场之前对未来职业的

意向,是人对某种职业的渴求或向往,是个体对待职业的态度和信念(Sewell,
Haller, & Portes, 1970)。职业期望属于个性倾向性范畴,既是个人内在职业
价值观的外在表现,也是决定个人职业选择的内在动力源,也称职业抱负,另
外三种英文表述在学界混用(Career Aspiration, Occupational Aspiration,
Occupational Expectation)。美国弗吉尼亚大学研究者(Tai, Liu, Maltese, &
Fan, 2006)在科学(*Science*)杂志发表的实证文章(Planning Early for Careers
in Science, 2017 年 2 月 SSCI 他引 179 次)发现:具有 STEM 职业期望的八年
级学生获得 STEM 学科学士学位的数量是没有该职业期望的 3 倍,并且在日
后从事 STEM 职业的质量上具有显著优势。

　　职业期望是个体未来希望从事的工作,它属于个体认知结构的范畴,是一
个社会心理变量。美国利用科学基金会开发的职业分类标准(Standard
Occupation Classification,简称 SOC),将社会中的职业分为三个类别:即科学
与工程职业、科学与工程相关职业、非科学工程职业。职业期望是影响成人后
教育和早期职业获得的重要因素,是威斯康星地位获得模型最主要的贡献
(Sewell, & Hauser, 1975)。职业期望的发展过程是随着年龄的增长不断发展
变化的过程,而且也是不断缩小范围的过程,提供了评估家庭和学校对个体在
从儿童向成人过渡时期关于未来取向的累积效应。已有研究证明环境通过多
种途径影响青少年的职业期望及其发展:生理影响(Beltz, Swanson, &
Berenbaum, 2011; Halpern, Benbow, Geary, Gur, Hyde, & Gensbacher, 2007)、
家长影响(包括教育和收入水平等结构因素,也包括角色模型、对子女高期望等
过程因素)(Bryant, 2006)、社会文化和社会历史影响(例如 Ceci, Williams, &
Barnett, 2009; Schoon, Martin, & Ross, 2007)。个人内在因素,比如态度和个
人执行变量等,也会影响职业期望的某些方面。STEM 领域的个人内在因素
聚焦为三个方面:兴趣(Nye, Su, Round, & Drasgow, 2012)、动机(比如主观
任务价值观:Watt, Shapka, Morris, Durik, Keating, & Eccles, 2012)、能力信
念(比如自我效能:Lent, Brown, & Hackett, 1994)。在西方职业心理学领域
的职业期望研究的积累具有一定规模,但研究比较分散,多以某一维度或者中
介关系进行分析,比如社会认知职业理论包括影响因素、过程变量及其相互关
系,大部分研究只是检验部分理论和假设。

职业期望是个体职业心理动力系统中的重要内容,与个体的理想、信念、成就动机等密不可分,是个体行为驱动中一个重要因素,支配着个体行为朝向所要达到的目标。但是对具体某个领域的职业期望发展特点以及影响因素的研究较少,STEM 职业期望的研究与文化资本理论、社会职业认知理论、职业心理学、途径组合理论、环境心理学、期望价值动机模型、人力资本理论、性别角色社会化理论等有关。从西方职业理论一个世纪的发展看,环境、行为与职业期望有着互动影响,学习环境对学生 STEM 职业期望的影响非常关键。

（二）职业理论的研究和发展

20 世纪以来西方职业理论蓬勃发展,总体概括为以下五类,即职业选择理论、职业决策理论、职业发展理论、社会认知职业理论和后现代职业理论。职业选择理论的特质因素论强调个人所具有的特性与职业所需要的素质与技能之间的协调和匹配(Parsons,1909);人与环境适应的职业兴趣理论认为,职业选择是个人人格的延伸和表现,把个人和工作环境分为实用型、研究型、艺术型、社会型、企业型及事务型六种(Holland,1959)。职业决策理论认为,职业发展过程是职业决策或者解决问题的过程,其基于古典决策理论提出行为决策理论,包括决策者使用的三种系统:信息系统、价值系统和预测系统,强调决策者的职业价值观,认为其是职业选择中知觉、需要和目的的综合(Katz,1966)。职业决策的社会学习理论认为,以下四种因素影响个人职业生涯决策:遗传素质和特殊能力、环境条件与特殊事件、学习经验、工作定向技能,个人在这四种因素及其交互作用下,通过经验的累积与提炼形成自我认识、世界观、工作定向技能和行动(Krumboltz,1953)。

职业发展理论关注发展的过程以及由于发展产生的个性心理差异,代表性研究(Gingsberg,1951)将职业发展概括为四个阶段:幻想阶段(11 岁之前儿童时期)、尝试阶段(11—17 青少年期)、过渡阶段(17 岁以后的青少年晚期和成年前期)、现实阶段(成年时期)。职业发展经历成长、探索、决定、保持和衰退五个循环阶段,生涯彩虹图理论(Super,1953)认为描绘了影响职业发展的社会经济因素、体力和智力能力、个性和机遇因素,体现了职业发展的间断性和连续性。研究者(Lent,1989)以班杜拉的社会认知理论为基础,提出了社会认知职业理论(SCCT),动态地揭示职业选择和发展的全过程,对以往职业理论进行了整合。20 世纪末西方的后现代职业理论无统一流派,认为生涯发展符合混沌现象的基本特征(Pryor, & Bright, 2003),个体是生涯的所有者和创作者,自我生命的设计者(Savickas, 2005),强调生涯适应力和生涯的主动建构,生涯即故事,个体是生涯问题的专家和教练(见图 2-1)。

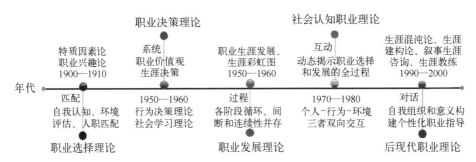

图 2-1　国外五大典型职业理论

SCCT 被广泛应用于学生的职业期望研究中,该理论克服传统职业理论的局限,将心理、社会、经济等影响因素通过自我效能感、结果期待和目标三个核心概念整合起来,动态性地揭示职业选择和发展的全过程,成为当代职业心理学研究的代表理论。自我效能与具体活动领域有关,其形成与改变取决于四种信息来源:过去的绩效成就、观察学习、社会劝说以及生理和情绪状态。个人目标分为职业目标和绩效目标两种。SCCT 包含三个相互关联的子模式,在每一个子模式,三个核心变量与个人的其他重要特点、背景及学习经验相辅相成,共同影响职业选择和发展过程(见图 2-2),具有四大特征:(1)关注特定的认知调节作用,即学习经验如何通过认知的调节作用指导职业行为;(2)关注兴趣、能力、价值观变量相互联系的方式;(3)关注个人和背景因素如何影响职业生涯结果;(4)强调个人行驶个人力量的方式。尽管 SCCT 的核心变量发生于个人内部,但不局限于自我概念,环境变量包括社会支持和选择障碍,并且长时间影响自我效能的发展和修正以及结果期望。个人输入变量(例如性别、种族、社会阶层)被认为很大程度上间接影响职业执行行为,例如,通过文化社会经历可以传达自我效能的信息和结果期望(Lent, & Brown, 2013)。总体来看,SCCT 被大量的实证研究所支持,包括纵向研究和跨文化研

究。学生的职业期望是受内在兴趣和外在经历双重影响的,职业期望和职业
选择是个人、环境和行为相互作用的结果(Lent, Brown, & Hackett, 1994)。
在不分学科领域的职业期望和发展研究中,SCCT 较多地应用于大学和中学阶
段,且前者居多;在 STEM 职业领域上,绝大多数 SCCT 研究考察大学生的
STEM 职业选择和发展(Sheu, Lent, Brown, Miller, Hennessy, & Duffy,
2010),仅有少量研究涉及中学生 STEM 职业期望(Ali, & Saunders, 2009;
Fouad, & Smith, 1996; Jantzer, Stalides, & Rottinghaus, 2009; Turner, &
Lapan, 2003),因此,SCCT 对中学生 STEM 职业发展预测的研究框架方面的
研究十分有限(Tuijl, & Molen, 2016)。

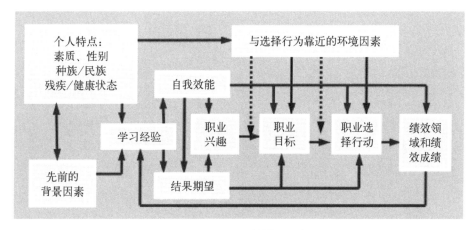

图 2-2　SCCT 完整模型示意图

(三) STEM 职业期望发展理论及其实践

受职业发展理论的彩虹图理论影响,研究者(Gottfredson, 1981)提出职业
期望发展理论,1996 年进行修正,2002 年对其理论范围进行扩展。他认为职
业期望是相容性和可达到性之间判断权衡的结果,划分了职业的范围和方向。
该理论属于职业发展理论,讨论了职业期望的内容和发展过程,不仅关注兴
趣、能力等特质因素理论所关注的内容,而且还关注发展理论所强调的发展问
题;从社会学和心理学的角度,以性别类型、社会声望、职业领域为研究职业期
望发展的三个重要维度。职业期望的发展包括范围限定和妥协,两者紧密相

连。范围限定是从可能的职业范围中逐渐去除不可接受的工作,从而建立"可接受领域"的过程,即从所处文化允许的范围内开辟出一个社会空间的过程。妥协是个体用来改变他们的期望,以便在可接受范围内做出更为现实的职业选择的过程。他将职业期望的发展分为四个阶段:第一阶段(3—5 岁)大小和力量取向,第二阶段(6—8 岁)性别角色取向,第三阶段(8—13 岁)社会评价取向,第四阶段(14 岁以上)内在的、独特的自我导向。这一阶段看重他们希望实施的、与他们内在而独特的自我概念一致的工作类型,对个人而言,即职业兴趣。前三个阶段都是拒绝不能接受的选择,而第四阶段是找出可以接受的选择,这些选择是他们认为最喜欢、又是最可能进入的职业。人格、价值观、经验、特殊能力、家庭需要等各种因素以及进行不同选择时可能遇到的障碍和困难开始被纳入个体的考虑之中。这是个体由理想向现实的转化,调整职业期望,以便更好地适应社会(妥协过程)。

虽然国外学者对职业期望进行了大量的研究,但迄今为止,学术界关于职业期望的影响因素及其在中国的表现形式仍缺乏系统的分析和探讨。尽管中国自 20 世纪 80 年代出现了关于职业期望的研究,但一方面研究数量少,使用地区性资料,选取的测量指标各有不同(林英典,肖建彬,1988;蒋承,2011;吴谅谅,李宝仙,2001;谢廷明,赵玉芳,2014);近期偶有利用中国家庭追踪调查(CEPS)考察我国青少年职业期望的性别差异(李汪洋,谢宇,2016)。另一方面,国外已有学习环境对 STEM 职业期望影响的研究很少,主要原因是该议题近两年才兴起,斯坦福大学的研究者(Wild,2015)首先涉足这一主题,他分析了建构主义学习环境对高中生 STEM 职业期望的影响,利用 CLE 的个人相关、不确定性、批判的声音、控制力共享、学生协商四个维度(Johnson,& McClure,2004)作为自变量,职业期望作为因变量,种族/民族、家庭社会经济地位、平均成绩点数、家庭语言、父母教育程度作为协变量,运用多元逻辑回归模型研究发现,建构主义学习环境对 STEM 职业期望有着积极的影响,但是性别和种族/民族因素没有关联。已有研究发现学习环境与影响职业期望的个人和结构特征有关,包括学业成就、民族/种族、科学态度、自我效能、内在动机、科学信念、性别、学校类型、父母职业等(Dorman,2001;Fraser,2014;Haertel,Walberg,& Haertel,1981;Tsai,2000)。

二、STEM 教育公平

美国国家研究委员会（National Research Council，简称 NRC）的设立是为了推动更多的科学家和技术专家参加科学研究活动，以实现美国国家科学院和国家工程院提出的研究目标。美国在过去 60 年致力于增加 STEM 毕业生的数量，因为 STEM 劳动力的发展与国家的健康、繁荣和安全关系密切。NRC 也对 STEM 在美国的发展给予了高度关注，尤其是针对 STEM 教育中的少数族裔学生。美国尤其关注 STEM 教育公平方面的理论与实践研究，在不断探索 STEM 教育改革的道路上，依托不同的历史背景和发展需要，美国形成了一系列不同职能的 STEM 教育学校。

（一）美国 STEM 教育的弱势群体

美国多项教育政策研究的统计结果显示，从事 STEM 领域的少数族裔和女性与美国的人口构成严重不符：历史上非洲裔美国总统占 1/9，但是非洲裔美国人从事 STEM 职业的人却是 1/20。同样，尽管西班牙裔是美国人口增长比率最大的种族，2013 年只有 6% 的西班牙裔工程师和科学家。尽管一半女性有大学学历，在生物和相关的科学专业工作的女性也有近一半，但在 STEM 领域中女性却占据很小的比例，尤其是在工程领域只有 15% 的女性劳动力。这种悬殊不仅影响了国家经济发展竞争力，还限制了个体在工作中的机会。这种参与缺口可追溯至高中生的课程选择，美国教育部民事权利局 2014 年对美国高中的统计结果显示，美国高中非洲裔学生占 16%，但只有 8% 选择微积分课程；西班牙裔学生占 21%，选择微积分课程的只有 12%；一些少数民族裔学生集中的高中缺少高等课程的开设；几乎有五分之一非洲裔学生的高中不提供任何美国大学预修课程（Advanced Placement，简称 AP），1/3 非洲裔和西班牙裔学生集中的高中不开化学课程；即使少数族裔学生的高中提供这些课程，他们也没有白人学生或亚洲男学生倾向于选择这些课程，而高等 STEM 课程不仅能帮助学生在申请大学时更有竞争力，还会为他们完成大学 STEM 专业做准备。

研究表明,即使非洲裔、西班牙裔和白人学生对于在大学选择 STEM 专业表现出的兴趣一样,前两个少数族裔学生最终完成学业的仍占少数,其中的原因可能在高中甚至更早就埋下了种子。根据班杜拉的社会认知职业理论,职业的选择是自我效能、结果预期及个人目标在环境的支持和阻碍下动态作用的结果。从这种观念来看,自我效能(相信将来在 STEM 领域中可以成功)、结果预期(如果参与 STEM,将会发生什么)是影响个体兴趣和职业目标的重要因素(Herrera, & Hurtado, 2011)。固有观念的威胁使少数族裔学生在潜意识中认为自己不被看好,女性、西班牙裔和非洲裔的学生会在 STEM 学习中受到这种成见的威胁。相反,被过分代表的群体(白人和亚洲男性)会认为他们具备成功完成 STEM 课程并克服困难的能力,关于 STEM 相关教育经验的实证研究也证明了此观点。还有研究者(Idris, Cheong, Nor, Razak, & Saad, 2007)发现当获得的成绩比预期低时,西班牙裔学生比非西班牙裔白人学生感到更加沮丧;对少数民族裔学生来说,之前的数学成就和数学自我效能之间的关系程度比白人和亚洲学生更大,相同数学成就水平的男生比女生表现出更多的数学自我效能。

(二)扩大少数族裔学生的 STEM 参与度

2011 年,为了进一步保证美国 STEM 教育公平,美国国家研究理事会(National Research Council, NRC)发布了"提高少数族裔学生 STEM 参与度"(Expanding Underrepresented Minority Participation: America's Science and Technology Talent at the Crossroads)的报告。除了指出少数族裔学生 STEM 教育中存在的问题外,重点对此进行分析和提出改进建议。报告指出,影响少数族裔学生学业完成率的因素很多,如财政支持不足、制度不完善、大学教师专业发展不足和家庭经济状况不佳等。大部分少数族裔学生的生活贫困,英语可能不是母语,父母甚至没有高中毕业,在日常生活中,也没有养成英语读书的习惯。在暑假,低收入家庭的孩子失去了课外学习和活动的机会,有些孩子甚至接受了外界对自己的成见,认为少数民族学生本身表现差,在学习上低估自身的能力。该报告就如何保持少数族裔学生在 STEM 教育阶段的连续性提出了六点行动建议:(1)创建幼儿园和早教项目,专注于培养 STEM 学生的阅读能力,早期的学习力、创造力和探索力等;(2)改进 K-12 阶段少数族裔的数学和科学教育;(3)改善数学和科学教师的任教准备能力和胜任力;(4)通过改进 STEM 教育信息咨询和推广制度,使得少数族裔学生对科学和工程事业有更清晰的认识,从而更好地接受高等教育和技术培训;(5)为就读本科和研究生的少数族裔学生提供足够的财政支持;(6)改革高等教育制度,促进少数族裔学生人数和他们在 STEM 领域取得成功(王涛,马勇军,王晶莹,2018)。

报告中还特别强调了科学教育者应该努力解决的三个问题:(1)极度不匹配(STEM 学生人数与职业人数)问题。调查发现,美国科学教育学生中,少数族裔所占比例极小,而能进入 STEM 领域工作的人更少。如 2006 年,美国 STEM 领域工作者中仅 29% 为少数族裔学生,且只有 9% 是受过大学科学和工程教育的专业人员。(2)对少数族裔学生研究不足,科学教育研究对学生群体多样性的关注太少,研究成果不足以在科学教学和学习中进行推广。(3)STEM 教师质量的问题,教师是影响学生学习成绩的重要因素,所以加强教师教育是增加少数族裔学生参与 STEM 教育的核心。该报告还呼吁了更为严格和客观的大学教师教育工程建设,进一步提出了增加教师资格认证路径的方法,如开办新教师项目(New Teacher Project)、军转教项目(The Troops to Teacher Program)和发布为美国而教计划(Teach for America)等。

(三) STEM 全纳学校

美国 STEM 学校概念的提出,可以追溯至 20 世纪 90 年代。研究者(Means, Confrey, House, & Bhanot, 2008)对美国 STEM 学校进行的调查发现,在 2007 年美国已有 315 所公立 STEM 中学。2010 年,奥巴马政府总统科学技术顾问委员会(President's Council of Advisors on Science and Technology, 简称 PCAST)建议:在下一个十年,建立 1 000 所 STEM 学校。美国 STEM 学校主要包括 STEM 精英学校(Selective STEM Schools)、STEM 全纳学校(Inclusive STEM Schools)、STEM 生涯技术学校(Schools with STEM-focused Career and Technical Education)和 STEM 综合学校(STEM in Comprehensive High Schools)四类。STEM 精英学校的出现可以追溯至 20 世纪 30 年代。他们的目标是"为美国培养在科学、技术和数学领域具有天赋和才能的优秀学生"。

STEM 精英学校以极高的入学门槛和严格的学术要求著称。STEM 精英学校只接受满足最高学术标准的学生,STEM 全纳学校没有特殊的学术要求,旨在为 STEM 教育中人数不足的少数族裔学生提供 STEM 教育的机会,他们的目标是培养学生的 STEM 才能而不是挑选出有 STEM 才能的学生,使更广泛的学生群体接受 STEM 教育,让公民都有一定的科学素养,并扩大教育公平性。STEM 生涯技术学校也称职业技术学校,目的是培养在自动化技术、计算机科学和农业技术等 STEM 领域的高素质技术人员,与 STEM 全纳高中先后兴起于近十年,为学生提供多样化的 STEM 职业发展道路和高水平的技术培训。该类学校与高中技术类的职业教育紧密相关,培养能胜任 STEM 职业的工作者(STEM-Capable Employee),如医药技术人员和信息技术人员等;除了具备和其他学校教育所共有的特点之外,自身还具有区别于其他教育类型的"职业性"和"实践性"等鲜明特征。作为一种教育形态,美国 STEM 职业技术学校的建立体现了其对职业教育地位的尊重。STEM 综合学校即是在普通中学里开设 STEM 相关课程的综合性中学,为了强调 STEM 教育的公平性和提高STEM 从业者,以下以全纳学校为研究焦点展开。

STEM 精英学校未能为"扩大在大学选择 STEM 专业的学生通道",解决美国经济竞争力及教育平等问题,因而,在半个世纪后 STEM 全纳学校模型被提出。研究者(Braund, & Reiss, 2006)分析英国学生 16 岁后仍选择学习STEM 课程的动机时,发现影响学生学习 STEM 课程,进入 STEM 职业的因素有四个:(1)有人鼓励他们学习数学和物理(通常来自家庭或学校);(2)相信通过学习这些课程会找到一份满意并且物质回报高的工作;(3)他们对于这些科目有深入的理解;(4)他们的老师教得很好。由此可见,学习体验和对STEM 的认知以及教师对学生是否继续学习 STEM 有巨大的影响。如何通过有效的教学方法端正学生对于 STEM 学科的认识,改变对科学课程的刻板印象是挽留 STEM 人才所面临的重大问题。

STEM 全纳学校采用就近入学的原则,如果生源过多会用抽签的方式决定录用而不是依靠成绩。尤其致力于帮助少数民族裔学生,来自低收入家庭的学生,开发他们的巨大潜力。调查显示北卡罗来纳州 STEM 全纳高中学生中有 56.6%的学生来自低收入家庭(州平均 49.4%),62.6%为少数民族裔学生

（州平均38.9%）；得克萨斯州 STEM 全纳高中学生中有65.6%来自低收入家庭（州平均53.5%），73.4%为少数民族裔学生（州平均51.6%）。STEM 全纳学校主要以学习兴趣招收学生，采用就近入学原则，在申请学生人数大于招收人数时会采取抽签的方式选择学生。因此 STEM 全纳学校的学生水平差异巨大。调查显示，北卡罗来纳州的 STEM 全纳学校里的少数族裔学生（62.6%）比本州平均少数族裔学生（38.9%）多很多。得克萨斯州 STEM 全纳学校少数族裔学生占比73.4%，本州平均少数族裔学生为51.6%。多样的文化背景和学术水平既是学校的特长也是挑战，如何设置课程和制定评价标准使得每位学生都有所提高成为 STEM 全纳学校急需解决的又一问题。不同 STEM 全纳学校的办学特色也有不同。一些 STEM 全纳学校强调特殊职业领域如工程和医药学的特色教学，一些则致力于提供全面的 STEM 教育，使学生具备所有 STEM 专业的技能，一些学校强调整合不同 STEM 技能训练，另一些学校更注重在传统学术训练（如代数和生物）的基础上增加 STEM 学习指导（周颖琦，王晶莹，2018）。

三、STEM 学习过程

STEM 在字面意思上代表科学、技术、工程和数学四个独立的学科领域，但它又是整合的，是一个有机的整体，这也是世界 STEM 学习过程最为看中的，即跨学科和项目式学习（Project-based Learning，简称 PBL）。有些人会把 STEM 简单理解为理工科学习，或者机器人、3D 打印、编程等，它应该旨在使学生参与以活动、项目和问题解决为基础的科学活动，提供一种真实的社会背景或者情境体验，强调学生在动手操作以及综合运用科学、技术、工程与数学知识和技能的过程中，创造性地设计、建构、发现、合作并解决问题。因此，STEM 的学习过程是复杂的、非线性的，多维主题和多元环境的，有其特色的学习特征、现代化技术、各类学习项目的科学实践活动。

（一）美国 K‒12 阶段 STEM 学习特征
第一，深度学习与游戏学习并重。美国 STEM 教育在课程设置上不仅注重课程深度,开设了许多与大学衔接的 AP 课程,还注重对学生高阶思维的训练,即解决问题、科学决策、批判性思考和创新性思维能力。在 2015 年美国教育与传播协会学术年会(Association for Educational Communications and Technology,简称 AECT)中,英国学者(Conole,2015)提出缓慢学习的概念,他认为飞速发展的数字技术无疑加快了学习的速度,但个体的学习过程需要给予充分的时间使得他们通过自组织过程结合适当的知识和固有的认识,并尝试在新的情境中对已有知识加以有效运用。在这个过程中需要有意识的放慢学习速度,加强个人反思,其实就是一种深度学习。他还提出 7Cs 学习设计模式来帮助学生实现深度学习,既在概念化(conceptualize)的学习后进行一系列学习活动,使学生创造(create)、交流(communicate)、协作(collaborate)和思考(consider),最终合成(combine)对问题有效的解决方法并有效实施和巩固(consolidate)在小组活动中。即以学习为根本,以学习者为中心的深度学习模式。2015 年美国教育部 STEM 2026 研究报告中强调了娱乐性学习的重要性。例如,一款线上蛋白质的折叠游戏中,挑战者在一个游戏竞争的环境中将蛋白质结构进行折叠以实现最有效的蛋白质折叠方法。通过 STEM 主题游戏,学生的设计欲望被激活,并刺激形成对 STEM 的好奇心。学生也许会一边试着想出最有效的折叠蛋白质结构的方法,一边思考如何在现实的医药学和分子生物学中应用这些富有创造性的贡献。游戏还鼓励学生培养发散性的思维,为教育设计的游戏不仅可以让学生看到学习内容之间的相关性,还会使他们将自己当作积极而成功的学习者。对游戏的低戒备心让所有学生都开始对话题感兴趣,并积极投入到探索和研究中去。

由于学生文化背景多样,STEM 学习状况差异较大,美国的 STEM 学校会兼顾每位学生的发展需要,设置不同难度的课程,使每位学生都能发现自己擅长的领域,保持对 STEM 的兴趣。每个高层次课程都有严格的先修课程规定,学生必须达到一定的知识水平才能选择学习,以保证课程的学习效果。例如,如果没有完成代数和几何的学习就不能选择工程选修课来进一步探索。有些学校还为每位学生配备一名高年级的学生担任课程指导,学生经常参与讨论实践活动,与指导员和学生顾问探讨课程选择并努力学习,以此实现学生与教师、学生与学生之间的无障碍沟通和互助。每位学生都会感受到参与的乐趣和合作的成就感,学生之间自由的沟通创造了和谐的学习环境,在这种学习环境里没有歧视,只有互助讨论,每位学生的长处都被发挥到了极致(吕伟妮,王晶莹,何静,2018)。

第二,运用新技术培养 21 世纪 STEM 人才。美国的 STEM 课程经常会采用翻转课堂的形式,例如,北卡罗来纳州数学和科学学校开展了"自制无线发报机"的课程。学生通过查阅发报机在历史重大事件中的作用,亲自动手制作简易的发报机,运用发报机进行信息截获的活动来学习无线发报机的原理。在学习过程中以学生小组讨论为主,教师的职能仅是在当学生遇到困难时"推"他们一把,以帮助他们达到下一水平层次。为此,美国 STEM 教育十分注重对教师进行 STEM 教学技能的训练,以使他们能够发现学生的问题并有效引导。此外,STEM 学习过程还十分注重为学生提供职业中所需知识和技能的学习支持。积极与当地企业,政府机构和博物馆等进行合作,以扩展学生的实践机会。使学生有机会参观真实的企业办公场所,对他们了解 STEM 职业的工作环境、借助"职业实践"的机会确定职业路径。例如,马萨诸塞州 STEM 全纳学校的学生会参观在洛厄尔的布特棉花工厂,然后试着建造一个自己的工厂。任务包括编排建造工厂所需的基础材料列表,猜想工厂如何构造四五个储存厂,建立一个三维模型。或者学生可以去华特兄弟的故居代顿航空遗产国家公园,被引导运用细致的图和模型创造性地开发他们自己的发明。美国田纳西州查塔努加(Chattanooga)STEM 全纳学校与当地一家电力设备与通信公司合作,请学生为橱窗装饰设计一个方案原型。学生们历史两个多月设计出了各种巧妙的装置原型,获得了公司的资助,在现实中实现了他们的创意。

前沿科技在当今世界扮演着重要的角色。尤其是信息技术的发展,不仅促进了各学科的相互渗透,还使学科边界日趋模糊。因此,时代的进步呼唤新的教育形式。美国 STEM 全纳中学充分理解 STEM 在信息技术领域扮演的重要角色,并将虚拟现实、3D 打印等新技术充分应用于课堂中,帮助学生更好的学习。例如,EcoMUVE 和 EcoMOBILE 是基于 STEM 课程的互补增强现实软件。通过教师的指导,使中学生通过 EcoMUVE 进入一个生动复杂的科学环境,如鱼在池塘中生活的计算机环境。结合 EcoMOBILE 软件,运用移动技术在学习设备中增强学生的观察。例如,通过运用 EcoMOBILE 技术,中学生可以用一个与探针连接的手持牌去探测学校附近的池塘耗氧量。在课堂中,由学生组成的科学家团队中的每位成员都扮演了一个明确的角色。有学生是水质专家,首先在教室中确定她的角色,然后在虚拟的池塘生态系统中练习她的技能;有学生是博物学家,在去池塘前用相机工具和虚拟场景学习池塘中的生物体;然后学生们互相分享他们在不同的角色中学到了什么,讨论他们收集的数据,用他们共同的知识去了解池塘环境。再如运用 3D 打印技术辅助学生进行设计,学生可以通过 3D 打印技术制造一些廉价的、可以检查和触摸的模型,像复制三维恐龙模型,打印人类器官的横切面图,而不必担心在设计过程中的失败会造成很大损失(周颖琦,王晶莹,2018)。这种制造工具鼓励学生进行小组合作,运用所学进行创新,培养学生独立思考的能力。

(二)土耳其基于职业认知的 STEM 项目

根据 PISA 2012 数据分析,土耳其 68.7% 的学生属于低社会经济地位和低文化水平的群体,他们获得优质教育资源的机会十分有限。因此,在符合国家标准的特定 STEM 学校接受教育的学生只占很少比例,如何为较多处境不利,且无法在正规学校接触 STEM 教育机会的学生提供帮助,将其培养成能够解决实际生活问题、有科学素养的人,是土耳其政府非常关注的问题。早在 2014年,土耳其科学与技术研究委员会(TUBITAK)为了加强国家 STEM 教育,为无法在校接受 STEM 教育的学生提供了 STEM 活动,旨在让五年级的学生运用设计理念和创新思维,制作太阳能机器人和万花筒,绘制运动探测器并得出图谱,培养学生对待科学的积极态度。TUBITAK 还资助了一个中学生暑假STEM 项目,教师指导学生从工程设计的角度将廉价的材料进行组装,鼓励学生思考。同时,土耳其还对这些校外项目进行调研,测量这些校外 STEM 项目对学生态度和观念的影响。活动调研结果验证了校外 STEM 项目可以改善学生对 STEM 领域和职业的观念,并推动了政府对校外 STEM 教育的支持,更加系统的安卡拉校外 STEM 项目就是在这种背景下产生的。王涛、马勇军和王晶莹对土耳其安卡拉项目进行了深入研究,本部分内容介绍了他们的最新研究成果。安卡拉 STEM 校外教育项目(Integrated out-of School STEM Program)是由土耳其科技研究委员会资助立项,专门为安卡拉城中贫困地区的六年级学生设计,旨在通过系列项目培训提高学生对 STEM 职业的认知。

安卡拉校外 STEM 项目在 2015 年 3 月开展了首轮活动,历时 5 天,学生每天早上 9:00 到下午 5:00 接受训练。实施者由 13 名来自不同大学的教师组成,他们具备科学、数学和技术方面的专业知识。学生每天分两个小组(每组 20 名)同时进行项目学习,每天学习 2—4 个模块,每个模块结束后,留 15 分钟进行活动评估。该项目以学生的兴趣和生活经验为基础,确定培训目标和内容,让学生参与实践,以提升或维系学生参与 STEM 教育的动机;项目采用 STEM 综合教育方法,基于"因为工程需要运用技术的手段,而技术可以将有意义的学习和数学、科学的应用相结合"的理念,培训者努力让学生参与工程设计,在工程设计中实现 STEM 等领域的综合运用。安卡拉校外 STEM 教育项目设计了 13 个模块(活动),学生按模块顺序依次进行学习。

模块一:高空扔鸡蛋,活动设计是以小组为单位,设计载重一枚鸡蛋的包裹,将其从 4 楼扔下,检查鸡蛋是否安全坠地(效仿宇宙飞船在火星着陆问题)。观看由美宇航局提供的真实的火星着陆视频。实验材料有鸡蛋、胶带、气球、纸板箱。

模块二:太阳系模型制作,活动设计了观看有关"太阳系"的短视频,并就其中星球的地理位置(距太阳远近)和大小(直径)进行记录并讨论;运用基本的数学知识(比例、数字运算等)换算出能在纸板上呈现的比例恰当的太阳系。实验材料有纸板箱、纸、铅笔、计算器、指南针、尺子。

模块三:APP 程序开发,活动设计利用麻省理工的 APP 开发软件,为学生提供固定的编码方案以设计应用程序;教师给学生讲授系统的编码知识,学生有一定基础后,通过从设备传感器向不同的应用程序传输数据为安卓移动设备写编码,教师检测编码并提出反馈意见。材料是麻省理工的 APP 开发软件。

模块四:真空清扫器的设计,教师为学生介绍真空清扫器的设计原理,并提供该机器的一般设计图供学生参考,小组讨论设计方案,并选出最好的设计,建立模型,进行测试,吸灰速度最多的作品为最佳。实验材料是可循环利用的生活用品。

模块五:"不塌"楼设计,老师提供现实生活中的楼房模型;学生据此设计楼房结构,并检验该设计能否承受压力(将手机放在模型的最顶部进行检测),

承重多者,设计最佳。实验材料是黏合剂和雕塑土。

模块六:动能车设计,利用工程市场上的材料,根据能量转换法则,设计能最大化利用能量的汽车模型;使该模型在特定的轨道上运行,耗能最小;且必须满足:(1)车能在平面上运行;(2)车子启动后,至少能向前开出 6 米。

模块七:承重桥梁设计,小组完成桥梁设计并讨论该设计的优缺点;用不同的重物悬挂至桥身进行检测,承重越大,设计越佳。实验材料有牙签、小木棍、纸张、胶带和泡沫聚苯乙烯。

模块八:风力涡轮机设计,一周前,学生在市场上就风力涡轮机的通用设计进行调查,活动前,先就调查结果进行讨论;学生利用手头已有的素材和先前的经验,构思设计图并建模;完成后在通风设备处检测,转速越高,设计越佳。实验材料有稻草、胶带、纸板箱、绳子、纸杯、软木塞、木棍、大头针、橡皮泥。

模块九:为自己盖房子,以小组为单位,学生用可循环利用的家居用品作为强化材料和有限的预算设计一个能坚持 9 分钟不倒的坚固房子;教师对其进行承重测试,预算成本最低,承重最多的设计最佳。实验材料有可循环利用的家居用品,塑料杯和牙签等。

模块十:探索力和运动,在活动中用力和运动探测器、数据分析软件(Logger Pro 3)、游标力和运动系统等工具进行实验,在真实情境中探索"力和运动"。实验材料有探测器、数据分析软件 Logger Pro 3。

模块十一:埃及数字系统探秘,教师介绍埃及古老的记数系统、进制转换计数法(如:二进制数字"1110"转换成十进制数字"14")的运用,学生具备一定基础后,能灵活转换不同进制的数并能从埃及记数表中找到对应的数字。活动材料有图纸,象形文字图片和古埃及的记数系统表格。

模块十二:万花筒设计,教师教授万花筒制作过程中运用的数学知识,学生就此进行讨论,并运用已有知识进行构思,教师指导小组完成万花筒的设计。活动材料有塑料镜子、纸板、塑料胶带、胶水、彩色珠子、白卡纸、工艺刀、穿孔的口袋、黏合剂。

模块十三:广告视频设计,学生利用之前活动中提升的工程技能和设计技能来设计能在电视频道播放的 STEM 商业广告,以吸引更多该年龄段的学生加入下一年的 STEM 校外项目;学生在视频中插入动画效果,文字和音频类文件,同时需保证:(1)视频故事的完整性;(2)时长限制在 2—3 分钟;(3)利用视觉和听觉元素吸引观众注意;(4)介绍 STEM 教育及其发展状况,最后,学生们开发 Powtoon 视频编辑程序,并用其进行播放。活动材料是视频播放器。

由于安卡拉校外 STEM 项目是研究者发起和组织的,集开发、培训与研究于一体,因此,他们非常重视该项目效果的评估和分析。该项目评估是对学生在 STEM 活动过程中行为和态度是否发生了变化产生的评价,整个过程以学生的书面回答为依据。实施者对参与者提供下列问题:你在这次活动中学到了什么? 发展了什么技能? 这项活动对你有什么挑战? 你将如何利用你在这次活动中用到的东西? 你对项目有没有改进意见? 学生将自己的回答写到纸上,并根据学生的回答,将评估的主题定为四个方面:(1)对项目主题、话题的评估,学生在活动中是否了解某项活动中涉及的科学概念和原理(即对活动中特定知识的理解);(2)技能发展,指学生对既有的知识和经验加工和运用的能力;(3)未来应用,指该项目对学生实际生活和未来发展的作用;(4)改进建议,学生希望该项目在哪些方面做出改进。实施者则根据的学生回答进行分析(见表 2-2)。

表 2-2　安卡拉校外 STEM 项目评估

主　　题
1. 评估话题
固定结构构造 / 万花筒 & 密码数 速度时间图 & 距离-时间关系线图 / 能量类型 可再生 & 非可再生能源 / 质性 & 量化观察 风力涡轮机 / 工具运用 / 重心(力)
2. 技能发展(学生在活动中的技能发展)
手工技能 / 认知技能 / 工程技能 设计技能 / 计算技能 / 数学和科学技能
3. 未来应用(如何在生活中应用)
未来职业和专业 学校成绩

续　表

主　　题
4. 改进建议(学生对活动的建议)
材料／关注点和乐趣 时间(活动持续的时间)／信息(活动中提供更多信息)

（三）STEM 实践活动的学习影响

美国总统科学技术顾问委员会(President's Council of Advisors on Science and Technology, PCAST)报告指出,为了使美国保持在 STEM 领域的历史性领先地位,需要每年增加34%的 STEM 毕业生。PCAST 作出了三个至关重要的调整来增加 STEM 毕业生的数量:（1）在大学前两年,STEM 教育的进步为学生在 STEM 学位上取得成功提供了必要的工具,并使 STEM 学位实现了多样化;（2）研究者(Osborne, Simon, & Tytler, 2009)调查了学生对科学的态度,结果表明,四年级或五年级的 10 岁学生对科学的兴趣是最高的,到 14 岁时,他们对 STEM 的兴趣已经形成;（3）最后,某些理论认为实践活动对激发 K‑12 学生的 STEM 兴趣是有效的,这些实践活动涉及校内外不同学习环境,包括在大学校园里进行夏季拓展的活动(Ivey & Palazolo, 2011;McInerney & Hinchey, 2013),放学后的学生项目,室内项目以及与个别学生的互动等(Dorsey & Howard, 2011;Morton & Bridle, 2015)。

首先,STEM 实践活动有助于学生概念理解和兴趣提升。研究者(Smith, & Tan, 2006)在高中科学课堂上证明了一种简单的黏度实验,活动的目的是增加获得化学专业本科生的数量,通过向学生介绍工程专业,重点是化学工程,并进行实验,介绍黏度的基本概念及其测量方法。其中一次活动是在乔治亚州德卡尔布县高中的 26 名学生中进行的,在此期间介绍了一种常见的工程学科,重点是化学工程,之后进行了一项实践活动,通过作者设计、构建和测试的黏度计,教授黏度和测量的概念,学生完成了化学工程知识的学习以及他们对工程和化学工程的兴趣测试。结果显示,在工程领域,学生的所学知识内容增加了 36%,对化学工程的兴趣增加了 95%到 230%。还有研究者(Igel,

Poveda，Kapila，& Iskander，2011）使用乐高积木进行了 K－12 数学教学实践研究,这个项目是通过前后期评估来衡量各种基于乐高授课的教学有效性。结果显示,参与实践活动后,学生的概念理解有所改变。通过对三种活动的前后期评估结果表明,学生通过团队活动提高了学习数学的兴趣和热情。为了提高 K－12 学生在 STEM 上的兴趣和热情,研究者们（Sirinterlikci，& Mativo，2012）还在教学工程设计中进行了实践活动,例如,与结构工程相关的 K－12 学生进行实践活动,超过 90% 的学生受到实践活动的积极影响。

其次,STEM 实践活动有助于提高性别认同和职业兴趣。诸多研究发现,STEM 实践活动对于女生的 STEM 学习成就和认同以及职业兴趣的提升有积极的作用（Ceci，& Williams，2010；Else-Quest，Mineo，& Higgins，2013；Landivar，2013）,其中一项研究（Caley，Perez，Gibson，& Lynch，2011）分析了父母如何改善女孩对工程职业的看法,目的是通过父母参与实践活动,对工程领域的女孩产生积极影响。这项研究在一所中学进行,有 121 名六至八年级女孩,她们被分成两组,第一组的父母或监护人参加了实践活动,第二组没有家长参与。前后评估的活动有学生和父母对 STEM 职业的态度,针对二极管及其使用作为电子产品构建块的讲座,以及课上介绍工程师/科学家发明家和他们克服的挑战。学生要在硅晶圆上开发一个金/银二极管,并证明二极管是可操作的。第一组学生的父母参与了实践活动,他们可以帮助孩子,但不做这项活动。前期和后期评估的结果显示,这两组都对工程师职业产生了积极的看法,并显示出他们对 STEM 领域和职业兴趣的增加。此外,对于有父母参与的女孩来说,她们的收获明显更高。

最后,STEM 实践活动有助于学生的职业选择和 STEM 学科思维的养成。研究者（Mateo-Ortíz，Mota-Aguilar，Florián-Algarín，Aviles-Barreto，Mendez，Velázquez，& Cardona-Martínez，2012）通过引导学生实地考察来深入剖析药物工程的 STEM 人才培养项目,他们的研究动机是为了增加在制药工程等领域获得学位的学生数量,并增加在药学工程中的波多黎各大学的总体注册人数。这项研究的目标包括：为 K－12 学生开发一个教学模块;介绍制药工程领域;为本科生和研究生提供实时教学体验来发展和改进他们的技能。这项研究是在 2008—2011 年的 4 年间进行的,参与者包括 328 名 K－12 学生,来自 11 所 K－12 学校的 18 名老师,28 名本科生和 6 名波多黎各大学的研究生。K－12 学生的知识类课程学习内容包括 pH 和活性成分等药物工程的问题,研究小组会评估参与者的基本知识。波多黎各大学的研究生开发了实践活动站,包括固体混合、压缩和平板电脑的溶解等。K－12 学生参观了不同的站后,波多黎各大学的研究生进行燃烧和自动压片的演示,几乎 90% 的参与者都认为这些活动非常出色。结果显示,压缩和可操作的活动是 K－12 参与者最喜欢的主题,这是因为这两项活动学生可以描述最终的产品。在爱尔兰发展的教育和实践活动用以提高计算机和软件工程中高中生的意识,并增加本地计算机和软件工程专业的大学生人数(McInerney, & Hinchey, 2013)。拓展计划专注于计算概念和计算思维,每学年学生们参加 STEM 竞赛,并在各自的高中里设计项目。学生们定期接受问卷调查和测评,有着良好的形成性评价机制和即时的学习反馈。

四、STEM 教育测评

奥巴马政府在"考试行动计划"(the Testing Action Plan)中对家长和教师们发布的一封公开信,概括了采取使考试更明智的行动,即需要"调整平衡"的原则和步骤。奥巴马政府表示考试应该是评估学生掌握所需知识的多种方法中的一种,不是所有的认知过程都是现行的,很多有创造力的学生由于纸笔考试得不到高成绩而被埋没,由此美国倡导 STEM 教育中注重整合多方面的学习测评方法,STEM 教育测评不仅包括对学生 STEM 学习过程和结果的测量和评价,还包括对 STEM 学校和国家层面的 STEM 教育进行监测评价和纵向跟踪。

(一) 多样化的测评方法

为了更深入地评价学生在学习过程中获得的多样化技能和知识,教育测评不仅仅需要关注学生对在知识熟练度方面的认知机制,还需要建立学生对 STEM 领域的认同和 STEM 素质的自信力,更好地培养学生学习心智的成熟。例如,纽约州"在探索中学习"(Quest To Learn)项目中,全州六至十二年级的

STEM 学校尝试使用了嵌入式评估方法,即用一个标准观察并记录学生在技能和表现上的成绩,以此评估学生的学习和在具体环境和时间里的思考。使用此评估机制的目的是使教师能够通过及时反馈,重新进行教学定向,或在学生学习过程的关键时刻提供支持和引导。美国教育部于 2016 年发布的《STEM 2026:STEM 教育创新愿景》(STEM 2026:A Vision for Innovation in STEM Education)中提及了很多 STEM 测评方案,尤其是实时反馈的评估系统,包括智能辅导系统的开发,帮助不同水平的学生获得个性化的反馈和引导(金慧,胡盈滢,2017)。例如,智能辅导系统是致力于为学习者提供即时、个性化反馈的计算机系统,是以现实中人类助教的行为和指导为原型设计的,区别于其他计算机半自动的指导之处在于他们是为解释复杂的学生反应而设计,并在运行过程中不断学习。该系统可以在实际运行中不断调整和适应自己的行为以便为学生提供更有效的互动,帮助他们维持学习的过程和理解有难度的内容,尤其是在学生努力地想要学习和理解关键概念的时候,他们能起到很好的支持作用。这些辅导系统通过与学生互动建立个性化的学生档案,不仅可以评估学生的熟练程度,还可以诊断学生的问题类型和为什么学生会有此问题。智能辅导系统为 STEM 教育提供了一种自我导向的、更灵活和全纳的学习环境。通过智能辅导系统的支持,受过良好训练的教师可以在教室中调整每位学生的兴趣和需要,确保学生的学习经历可以联动其学习过程,他们能够对学生的问题和课堂活动的反应和回答做出及时的调整。卡耐基梅隆大学的认知辅导软件是现有的一个应用智能辅导系统的案例,一项为期两年的研究将此软件运用到 7 个州的代数课程中,发现参与应用此软件的学生平均每年学到了两倍的 STEM 学科知识。在迈阿密乡村学校的一项卡耐基学习认知辅导的研究中也证明了使用软件的学生比未使用的在州测试中取得更好的成绩,尤其对于有残障的学生、英语为第二语言的学生的成绩提高明显,包括那些有学习和行为困难的特殊学生。

(二)科学资本的影响机制测评

STEM 人才作为经济发展的核心动力起着越来越关键的作用,各工业化国家都非常关心本国 STEM 人才培养,制定了一系列政策来促进本国科学技术的发展与人才保障。家庭社会经济地位对于教育获得、教育期望、职业获得的影响在社会学领域有着大量的研究。从经典的布劳-邓肯（Blau-Duncan）地位获得模型（status attainment model）到威斯康星学派（Wisconsin）地位获得模型，都证实了父母的社会经济地位对于子代学业成就和职业获得具有重要的影响。谢宇等人（Xie, Fang, & Shauman, 2015）认为来自优势阶层的家庭能够提供给子女更多的鼓励，支持和接触科学的机会，更有可能获得 STEM 实验所必需器材，从而帮助子女发展和维持最初的兴趣和信心以及对 STEM 职业的期待。后续的大量研究也都印证了两者之间的关联性，即来自优势阶层的子女拥有更多的科学资本，有助于 STEM 学业成就和职业期望。我国教育部在《关于"十三五"期间全面深入推进教育信息化工作的指导意见（征求意见稿）》中明确提出学习者需要具有较强的信息意识和创新意识。因此，从基础教育学校向 STEM 学校转型，积极开发公众对 STEM 教育的认识和支持来为学生提供多样的 STEM 活动，与在学校所学的科学课程相互作用，增强学生的科学资本对培养 STEM 人才有重要意义。同时也将为学生进入大学或进入社会从事 STEM 专业做出顺利的过渡。纵观科学资本对 STEM 教育影响的测评研究，主要集中在对学生的学业成就和职业期望两个方面。

科学资本是根据布迪厄（Pierre Bourdieu）的文化资本提出的，指的是学生拥有的资源，包括与科学相关的经历、对科学的理解，关于科学和如何运用科学的相关知识，兴趣和接触到从事科学相关职业的人等。科学资本概念的提出实际是建立在布迪厄的解释上，存在于社会再生产和不平等的框架中。家庭对科学的态度、对科学的促进程度，即通过活动、娱乐、休闲、谈话和社交等把科学资本融入日常生活中。科学资本是涉及的知识和资源能够支持科学的学习和参与。实际上是借用了布迪厄关于资本的概念，即在社会公共资源中，个人或者团体通过具体、个别的劳动将其占有并转化为个人或社会团体得以在场域中运作的资本。英国 ASPIRES 项目是有关 10—14 岁学生 STEM 职业期望受到科学资本影响的研究，这是英国经济和社会研究委员会（Economic and Social Research Council，简称 ESRC）从 2008—2014 年连续做的五个大项目之一，即针对数学和科学教育的项目 TISME（Targeted Research Initiative on Science and Mathematics Education）。该项目是英国 21 世纪 STEM 教育影响

力最大的研究之一,研究成果揭示了科学资本与学生 STEM 职业期望的关系
(见图 2–3),对于拥有较多科学资本的学生,他们的 STEM 职业期望最大
(Reiss,& Mujtaba,2017)。家庭对于青少年的 STEM 职业期望起到很大的影
响,而学校的作用是为学生提供参与科学活动的机会和资源,并通过学生自组
织活动将其转化为能力。

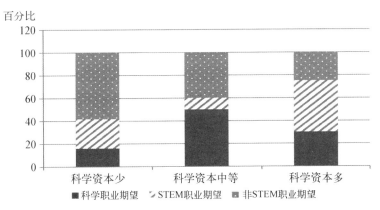

图 2–3　学生拥有的科学资本与 STEM 职业期望的比重关系[①]

我们应该为学生的 STEM 教育提供平衡的学习环境,学生个体适应学习
环境是通过适应学习内容、学习途径、学习难易度、学习设计的各个方面来促
进学习,提高学习效果的。因此,在教学过程中应注意平衡好三对关系:学生
对 STEM 课程的适应性和挑战性,学习反馈和教师教学,个体对学习环境的适
应和学生学习自主控制。除此之外,教师还应该指导学生正确看待 STEM 学
习中的失败,在我们的教育系统中,错误的概念经常带有强烈的消极色彩,师
生对失败的惧怕导致大部分孩子快速地学会逃避失败,尤其在课堂学习环境
中。但在 STEM 学习过程中,这种天生对失败的低容忍度阻碍学生获得创新
的潜力。教师应该认识到在研究中,通过反馈和失败的尝试是一个很好的加
强学习的机会。通过失败,新的科学问题被提出,开启了利用新技术、结构或
创新的新调查。在学生的 STEM 教育中,允许失败可以为他们提供宝贵的参
与问题解决与合作学习的机会,重新审视科学问题和多元情境,承担尝试使用
新方法解决复杂问题的风险。

---

① 纵向为职业期望所占的百分比分布。

国内近期也有研究开始关注家庭背景对职业期望的影响,但对于这种影响背后作用机制的探讨,缺乏基于中国数据的经验分析。杜欣、赵文龙和王晶莹(2018)利用多层逻辑回归模型,分析了 PISA 2015 我国四省市中学生的科学资本对 STEM 职业期望影响机制,研究发现,科学资本对于学生 STEM 职业期望的影响是显著的。学生 STEM 职业期望的产生一部分是通过不同阶层经济社会文化地位的科学资本而完成的,且在优势阶层的表现中较为明显。而对于中间阶层和低 ESCS 阶层,家庭经济社会文化地位对 STEM 职业期望的影响是有限的,并不显著。而只有在与优势阶层相比时,直接效应和间接效应都很显著,科学资本发挥其中介机制。所以科学资本的传递是不同阶层间产生 STEM 职业期望分化的重要路径。科学资本在形塑青少年 STEM 职业期望时发挥了重要的中介作用,特别是父母是否从事 STEM 相关职业这一内生性科学资本对于青少年 STEM 职业期望影响很大,这与国内外的相关研究结论吻合。而科学活动参与在科学态度对青少年 STEM 职业期望影响中起到了完全中介的作用。同样其作为重要的科学资本类型,对于家庭经济社会文化地位与 STEM 职业期望的影响起到了部分中介效果,成为态度、行为、资源的共同发生器,从而构成影响学生的 STEM 职业期望的动力。这些科学相关资源的供给(科学的玩具、工具、仪器)和专家(帮助家庭作业,传递科学知识)在本书的研究中被视为非正式 STEM 学习环境,会深深的支持和提升青少年在学校科学中的参与。这些科学实践提供给他们科学的价值和兴趣,从而影响学生未来的 STEM 职业选择。研究还发现,普通学校就读的初中、高中学生STEM 职业期望要远高于职业学校学生,这说明 STEM 人才的培养在教育类型上就已经在早期出现了分化。

(三)STEM 学校教学效果测评

数量最多、受众面最广泛的 STEM 全纳学校一直是美国 STEM 教育的典范,研究者(Means, Wang, Wei, Lynch, Peters, Young, & Allen, 2017)对美国北卡罗来纳州和得克萨斯州 39 所 STEM 全纳高中和 22 所综合性高中毕业生进行了纵向调查,对于美国 STEM 全纳学校教育效果有着较为全面的评价。周颖琦和王晶莹(2018)在美国 STEM 全纳中学的研究中详细介绍了该案例,在对北卡罗来纳州的调查中,无论是非洲裔学生还是女性都显示出 STEM 方面很高的参与度(见表 2-3)。北卡罗来纳州 12 年级 STEM 全纳学校的学生比综合性高中的学生有更多学习 STEM 专业课程的经历,更倾向于在校外主动选择 STEM 活动,在微积分或微积分初步、物理、化学、工程课程的参与度均高于综合性高中学生且具统计意义。在高等数学、高等科学、STEM 活动和校外非正式 STEM 活动参与数量上均明显高于综合性高中且具统计意义。总体来说,如果非洲裔学生、女性学生进入 STEM 全纳学校,他们就更容易选择微积分初步或微积分、物理、化学这些 STEM 相关课程。进入 STEM 全纳学校的非洲裔学生更有可能选择至少一门工程课程和技术课程,得克萨斯州的调查与此相似。大量研究表明高中所学的数学和科学课程水平对预测学生在大学进入 STEM 专业有很高的作用。参加某一课程(如微积分)或被置于 STEM 课程路径中都有助于显著增强学生具备 STEM 领域职业能力的自信力。此外,一旦学生有了对于这种能力和可能性的信心,他们就会产生一种 STEM 特质,即一种他们有能力克服 STEM 课程学习中的困难,并愿意接受挑战的心理特质。

表 2-3　北卡罗来纳州学生 STEM 课程参与表

调查项目	全体学生		非洲裔学生		女性	
	全纳学校 $n=574$	综合高中 $n=1\,073$	全纳学校 $n=382$	综合高中 $n=445$	全纳学校 $n=305$	综合高中 $n=841$
选择微积分或初步的学生比例	60%***	38%	55%***	24%	73%***	41%
选择物理课程的学生比例	32%**	12%	27%**	8%	29%*	8%
选择化学课程的学生比例	79%**	58%	71%*	46%	90%***	66%
选择至少一门工程课程的比例	46%	23%	55%*	18%	28%*	8%
平均学习高等数学课程数	0.99**	0.74	0.84***	0.43	1.17***	0.77
平均学习高等科学课程数	0.29**	0.18	0.18*	0.08	0.32**	0.18

调 查 项 目	全体学生		非洲裔学生		女　性	
	全纳学校 $n=574$	综合高中 $n=1\,073$	全纳学校 $n=382$	综合高中 $n=445$	全纳学校 $n=305$	综合高中 $n=841$
课外 STEM 活动参与数	1.66 ***	0.89	1.77 ***	0.95	1.37 ***	0.77
校外非正式 STEM 活动参与数	2.28 **	2.08	2.29 **	2.05	2.12 **	1.93

* $p<0.05$；** $p<0.01$；*** $p<0.001$。

北卡罗来纳州 STEM 全纳学校十二年级学生比综合性高中表现出更高的数学和科学特质,其中女性和非洲裔学生差异也十分明显(见表 2 - 4)。STEM 全纳学校的全体学生和女性学生在遇到数学和科学的困难时,会表现得更加坚持不懈以解决难题。STEM 全纳学校的教学有助于学生保持对 STEM 科目的兴趣和学习的热情,STEM 方面的学科特质利于学生未来进入大学 STEM 专业,他们表现出更强烈的完成高等教育的期望,尤其对拥有硕士或以上学位的期望值更高,以及对 STEM 职业表现出更强烈的兴趣;STEM 全纳学校学生和教师探讨学术和职业规划的频率更高。

表 2 - 4　北卡罗来纳州学生 STEM 态度表

调 查 项 目	全体学生		非洲裔学生		女　性	
	STEM 全纳学校 $n=574$	综合性高中 $n=1\,073$	STEM 全纳学校 $n=382$	综合性高中 $n=445$	STEM 全纳学校 $n=305$	综合性高中 $n=841$
数学特质	2.43 **	2.28	2.40	2.33	2.34 *	2.21
科学特质	2.61 ***	2.37	2.38 **	2.23	2.59 **	2.39
学习毅力	2.89 *	2.59	2.88	2.62	2.99 *	2.69

* $p<0.05$；** $p<0.01$；*** $p<0.001$。

进入 STEM 全纳学校的学生对 STEM 课程、活动的态度和事业兴趣都较综合性高中强烈。他们更多地认为数学课的内容与将来的先进技能是有联系的,项目学习过程中运用的数学和科学工具都促进了他们的深度学习,他们也更认为在其他 STEM 学科中会运用到数学工具,科学课的调查具有相似的特征。以上数据表明高等技能的指导、项目为基础的合作学习、多种 STEM 训练方式的整合会激发并保持学生对 STEM 职业的兴趣。STEM 全纳学校努力提供校外参与 STEM 的机会和在真实情景中练习(比如医学实习)的机会,增加学生将自己视为 STEM 人才的可能性。更重要的是,STEM 全纳学校的学生更容易认为数学和科学教师对他们有高标准的要求,并相信所有学生都可以达到要求。这与之前提到的少数族裔和女生因为传统观念或暗示,认为自己没有能力追求 STEM 项目,对科学失去信心,逃避选择数学、科学课程的现象形成了鲜明的对比。STEM 全纳学校的使命是提供可以帮助学生拥有足够资质进入大学并毕业的高中教育,如果他们愿意选择 STEM 相关专业是更好的结果。STEM 全纳学校的全体学生、非洲裔学生和女性学生的 GPA 都比对应背景的综合性高中学生高,他们在总体上拥有更高的 ACT 科学成绩,但是数学成绩表现不明显,在两类学校的 ACT 成绩没有显著不同(见表 2 - 5)。

表 2 - 5　北卡罗来纳州 12 年级学生成就表

调 查 项 目	全体学生		非洲裔学生		女　性	
	STEM 全纳学校 $n=574$	综合性高中 $n=1\,073$	STEM 全纳学校 $n=382$	综合性高中 $n=445$	STEM 全纳学校 $n=305$	综合性高中 $n=841$
GPA	3.45**	3.25	2.97**	2.70	3.63**	3.41
ACT 数学	19.50	19.35	17.64	17.34	19.44	19.40
ACT 科学	19.24*	18.34	16.66	15.75	19.12	18.37

* $p<0.05$；** $p<0.01$；*** $p<0.001$。

　　除了以上三类 STEM 教育评价之外,美国 STEM 教育监测指标体系的研制开发是建立在诸如美国教育部国家教育统计中心(National Center for Education Statistics,简称 NCES)、学校和师资调查统计(NCES Schools and Staffing Survey,简称 SASS)、美国劳工部调查统计(The Bureau of Labor Statistics,简称 BLS)等全国范围内大规模调查统计的基础之上的,立足于已经构建和划分好的指标维度和框架,将每项指标具体化、量化、操作化,通过分析这些调查统计得到的数据,找到并追踪每一项指标的数据情况。美国 21 世纪学习环境路线图旨在改进学习环境,为支持学生发展建立生态系统,美国 STEM 学校学习环境监测项目积累了美国 K–12 学校的大数据资料,后续对美国这些 STEM 教育的大型监测项目和数据平台的深入分析,将为我国学校 STEM 学习环境改进提供有益经验。

第三节　STEM 人才成长路径研究

　　欧美国家的基础和高等教育阶段的 STEM 人才的持续性培养作为最终目标,从 STEM 职业路径的发展来看 STEM 人才的特征,利用多种实证研究方法进行预测。我国近年来也兴起了 STEM 教学实践和理论研究热潮,中国教育科学研究院发布了《中国 STEM 教育白皮书》,民间的 STEM 课程和教材层出不穷,但是欧美国家 STEM 教育的核心问题即 STEM 人才成长路径的研究鲜有人关注,起始于 20 世纪 80 年代,以英文为代表的 STEM 人才成长的纵向数据库已经建立和开展工作,他们的实证研究得到 STEM 人才成长中最关键的 STEM 职业选择的预测因素有哪些? STEM 教育战略的决策模型又是什么?本节就是围绕这些问题展开,并基于团队的最新研究成果以我国部分杰青群体为代表分析高等教育多元化对我国 STEM 拔尖学术人才的影响机制。

一、STEM 职业选择预测因素

　　职业路径包括了追求事业的认知能力和运用这种能力的动机(Ceci, & Williams, 2010; Eccles, 2009)。选择职业需要一个复杂的发展过程来评估不同领域的认知能力和兴趣,从而建立一个符合个人目标的领域(Wang, Degol, & Ye, 2015)。然而,目前的研究还不能清楚解释学生的能力与兴趣的相对重要性是否一致,两者是否有先后,不同群体的兴趣和能力重要性是否存在差异。STEM 学习环境的多元性决定了对 STEM 人才成长影响机制的复杂性,诸如家庭环境、同辈信任、大众传媒等诸多非正式学习的影响意义尤其深远,本部分探讨 STEM 人才的特征为多元学习环境的设计提供参考。

（一）认知能力和学科兴趣

最新研究表明,仅凭绝对的认知能力不足以解释个体在职业选择上的差异(Kell, Lubinski, Benbow, & Steiger, 2013；Park, Lubinski, & Benbow, 2007；Valla, & Ceci, 2014；Wang, & Degol, 2013)。但是,许多研究忽视了这个事实,即在许多学科领域,相对的认知能力可能不仅会影响职业生涯的决定,而且还会影响个人逐渐为 STEM 职业作准备的途径。例如,具有较高语言能力和数学能力的人更有可能选择非 STEM 职业,而具有较高数学能力的人则更有可能选择 STEM 职业(Wang, & Degol, 2013)。可以推测出,对于那些数学能力超过语言能力的人来说,最终就职 STEM 工作的可能性提高的原因在于利用数学方面的优势,最小化他们的语言弱势,从而有效地缩小职业选择范围。相反,在许多学科领域里,人们的能力越强,就越有可能为个人提供更多的职业机会。因此,职业选择更多地依赖跨多个领域的相对认知能力,而不是单一领域的绝对认知能力。

虽然在数学和科学方面的高天赋是决定 STEM 就业的一个重要因素,但数学或科学的高能力不一定会促成 STEM 的职业选择。人们对数学或科学的职业兴趣(例如,自我观念、兴趣、效用价值和成就价值)的动机信念也起着关键作用(Chow, Eccles, & Salmela-Aro, 2012)。动机研究者认为,年轻人更有可能选择和追求自己感兴趣的工作,而不仅仅是感觉有能力胜任的工作(Eccles, 2009；Eccles, Wigfield, & Schiefele, 1998)。研究表明,在数学和科学的学习中,拥有更强的自我观念的年轻人更有可能在 STEM 领域坚持下去(Parker, Nagy,Trautwein, & Ludtke, 2014；Wang, & Degol, 2013)。那些对数学或科学感兴趣的年轻人更有可能获得一份 STEM 学位(Maltese, & Tai, 2011),即使在失去了数学和科学能力之后,也渴望去追求一份 STEM 职业。此外,体现职业兴趣、生活方式和个性特征的价值观也在 STEM 职业决策中发挥了作用。由于个人公共目标和 STEM 领域之间的不一致,那些重视帮助他人或以人为导向的职业的人不太可能选择 STEM 职业,而这些职业通常被认为是面向客体规律的,而不是面向社会的(Diekman, Brown, Johnston, & Clark, 2010；Diekman, Clark, Johnston, Brown, & Steinberg, 2011)。可以预期,拥有较高公共目标或无私利的人,一般不太可能从事 STEM 职业。同样,与家庭和工作平衡的生活方式或职业偏好也预示着 STEM 职业的就业。那些更看重工作时间灵活性和希望花更多时间与家人相处的人不太可能选择 STEM 职业,因为对于那些渴望以家庭为中心生活方式的人来说,STEM 领域通常被视为不那么适合(Mason, & Goulden, 2004;Williams, & Ceci, 2012)。总的来说,虽然认知能力可能为成功地追求 STEM 职业奠定了基础,但兴趣和任务价值很可能会激励年轻人的坚持性。很多研究假设兴趣和价值可能优先于职业的认知能力,特别是对于在多个领域具有同等优势的人。具有平衡的认知能力的人有多个领域相互竞争,以形成他们学术的自我观念,从而完成更广泛的职业选择(Valla, & Ceci, 2014)。因此,每个领域的兴趣和价值的相对强度应该更有可能决定在多个学科领域具有高能力个体的职业路径。在这方面,除了相对的认知能力之外,数学和科学领域的兴趣和价值的广度可能是导致个人职业选择差异的另一个重要因素。

最新研究支持了相对认知能力和兴趣模型,但还没有涉及包括科学在内的能力模式。虽然数学、科学能力和兴趣相重叠,但它们是不可互换的。例如,尽管数学和科学成就之间的相关性比较高,但数学和科学预期同兴趣之间的相关性很低(Else-Quest, Mineo, & Higgins, 2013;Li, Shavelson, Kupermintz, & Ruiz-Primo, 2002)。尽管如此,研究却忽视了数学、科学能力和兴趣对 STEM 职业选择的个人贡献。目前研究将通过测试语言、数学与科学能力,数学与科学兴趣怎样决定 STEM 职业选择来解决这一缺陷。对于在数学、科学和语言方面具有高能力的人来说,假设兴趣和价值将成为推动从事 STEM 职业的主要动力,然而,目前的研究对数学和科学兴趣在激励年轻人从事 STEM 职业方面所扮演的相对角色提供较少建议。尽管如此,有学者(Wang, Ye, & Degol, 2017)假设科学兴趣会强于数学兴趣,第一个原因是在更广泛的科学能力范围内,数学能力是普适的能力,数学为许多渴望进入职业领域的年轻人提供守门的功能,为许多 STEM 职业提供了基础(Li, Shavelson, Kupermintz, & Ruiz-Primo, 2002)。然而,数学对于许多职业来说是必不可少的,而不是特别局限于 STEM 领域,但科学则是一个更广泛的领域,它涵盖了数学之外的知识和能力。对于拥有对称能力的年轻人来说,数学作为科学领域中技能的一部分,可能会将数学作为决定 STEM 职业选择的一个主要因素,而不是更广泛的科学兴趣。例如,在多个领域具有高天赋的年轻人可能会选择数学密集度较少的 STEM 职业以追求与数学无关的兴趣,例如与动物合作(海洋生物学)或通过医学来帮助他人(生物医学)(Valla, & Ceci, 2014)。第二个原因是,科学兴趣相对于数学兴趣在选择 STEM 职业时的相对重要性,可能源自不同的学科教育背景。与科学相比,数学更具有理论性和抽象性,它可能会与追求创造力、解决实际问题技能和应用领域工作的年轻人产生冲突(Miller, & Solberg, 2012)。与数学相比,科学往往涉及更多的实践经验和创造性探索,对于更愿意从事探究性质工作的青年人来说,科学兴趣可能会强于数学兴趣,成为更可靠的 STEM 职业选择的预测指标。虽然那些对数学感兴趣的人可能比低兴趣的人更容易进入 STEM 领域,但仅凭数学兴趣不足以解释高资质的人选择 STEM 的过程。对于具有对称认知能力的年轻人来说,是否从事 STEM 职业可能更好地反映在科学的兴趣上。

总体而言,认知能力和任务价值/兴趣对于成功地追求 STEM 职业是至关重要的,但是它们的相对重要性与学科领域的认知特征不同。对于在多个领域具有平衡的低能力的年轻人来说,他们对数学能力的认知可能会先于职业决策的认知能力。对于那些在语言、数学和科学领域具有高能力的年轻人来说,科学任务价值和更低的利他主义价值观是选择 STEM 职业的关键因素。值得注意的是,这既不是数学兴趣,也不是任务价值,而是个人在科学上的价值观,以及对那些在数学、科学和阅读方面具有高技能的人的职业生涯的低利他主义。相比之下,对于中等语言和数学和科学能力的人而言,数学能力是未来 STEM 就业的最重要预测指标。数学、科学和语言的相对认知能力比绝对能力更能预测 STEM 职业的发展(Park, Lubinski, & Benbow, 2007;Riegle-Crumb, King, Grodsky, & Muller, 2012;Wang, & Degol, 2013)。拥有平衡的高认知能力的人与那些拥有不对称的认知能力的人相比,更有可能将弱点最小化,并充分利用个人的优势,而且拥有平衡认知能力的人的数学和科学兴趣更为广泛,可以为职业决策提供更有效的信息(Valla, & Ceci, 2014)。与其采用一刀切的方法来鼓励 STEM 职业发展,不如采取针对不同认知状况、动机信念、经济和社会文化水平而量身定制的个性化策略,为解决和推动个人职业决策的复杂机制提供更好的途径。

（二）科学资本和家庭环境

认知能力、能力信念和兴趣的个体差异也是由更广泛的社会文化背景的经验所决定的，比如多项研究都提到的家庭环境（Eccles，2009）。在这些背景下的经历和互动可以阐明个体的价值观、目标、社会身份、能力以及与他人的联系。这些经历的聚集影响着认知能力和动机，反过来又会影响到职业选择。事实上，研究已经证明了父母期望和鼓励对子女的学术追求起着重要的作用（Simpkins，Fredricks，& Eccles，2012；Wang，Degol，& Ye，2015）。在复杂的路径模型中，父母对 STEM 教育的鼓励被认为是一个关键的发展预测因素，从而奠定了选择 STEM 职业的基础（Wang，2012）。已有研究在检验家庭社会经济地位对学业成就、职业期望，认知能力等的影响时发现，社会资本、文化资本、经济资本对解释其影响机制发挥了重要的作用。微观的研究结果表明，具体与科学相关的那部分经济、社会、文化资本在解释青少年 STEM 职业期望的形成和学业成就时发挥了重要的中介作用。国外研究表明家庭对学生在 14 岁时从事科学相关职业的期望影响最大的是家庭科学资本的多少。由于大多数家庭缺少科学资本，很多学生认为取得 STEM 相关科学学位后只能当科学家、科学教师或者医生。只有那些清楚知道学习科学可以从事多种工作的学生更愿意从事 STEM 相关职业，或者在 16 岁之后选择学习科学课程。尽管科学资本可以促进科学领域内社会优势再生产，但它并不是一种单独的资本类型，而是可以作为概念化的理论工具，所以我们可以从已存在的各种资本形式中探索科学资本。比如布迪厄所强调的经济、社会、文化资本。例如，经济资本可以通过购买与获取科学相关的资源或机会（科学辅导、科技馆学习、科学设备）来增加科学资本。同样，社会资本（例如网络和联系）也许会提供特殊的接近或了解科学知识或科学相关职业的机会。与科学相关的文化资本包含持久的科学气质（例如科学知识、技巧和实践）。这些例子都可以被认为是科学资本，因为他们对于个人或组织具有潜在的使用或交换价值，能够提高他们与科学相关的成就、参与或实践感（Archer，Dewitt，& Osborne，2015）。

家庭教育、学校教育、社会教育是现代国民教育的三大组成部分。其中，家庭教育是基础，无论在时间、教育内容和教育方式上都具有优势，是其他两种教育替代不了的独特教育方式。学校、家庭和社会"三结合"教育是我国教育制度的基本体现,家校结合更是学校治理的重要背景。让家庭更多地参与学校教育是促进学生发展、提升学校教育质量的重要途径。学生的健康成长与全面发展是学校和家庭教育的共识。通过梳理家长参与的元分析研究,可以发现家长参与影响学生学业成绩的几个关键特征,《家长参与和学生学习成绩:一项元分析》(Parental Involvement and Students' Academic Achievement:A Meta-Analysis)综合 1982—1997 年间发表的 25 项研究,证实了家长参与同学习成绩之间的关系,与家长的学业期望具有特殊的相关性(Fan, & Chen,2001)。当学习成绩通过整体测量时,这种关系比单独测量知识领域时更为强烈。美国学者威廉·H.杰尼斯(William H. Jeynes)在 2003 年、2005 年、2007年和 2012 年进行了四项元分析,第一个《元分析:家长参与对少数民族儿童学习成绩的影响》综合了 1988 年至 1999 年间发表的 21 项研究,目的是确定全面和具体的家长参与的影响(沟通,学校工作的监督,家长的期望,课外阅读的鼓励,休闲活动,家长的风格和情感),研究认为,家长参与对所有种族在所有学业水平上的学生都有显著和正向影响,尽管关系强度的差异受族群间关系调节。

《家庭作业中的家长参与:一项元分析研究》(Patall, Cooper, & Robinson,2008)综合了 1987—2004 年间在美国和加拿大发表的 14 项研究,他们的结论是"家长参与家庭作业的总体效果很小而且通常不显著",但在年级、家长参与类型或学科等因素中存在差异。通过梳理家长参与元分析的已有研究,学者(Castro, Exposito-Casas, Lopez-Martin, Lizasoain, Navarro-Asencio, & Gaviria,2015)观察到最大效应来自家长期望,这个结果与其他元分析(Fan, & Chen,2001;Jeynes, 2005, 2007)一致。同时也发现,家庭沟通成为第二大影响因素,还有陪伴儿童阅读、家长总体参与和家长风格都是具有重要影响的变量,另一方面家长参与对学科成绩的影响由大到小依次是:美术与音乐、阅读、数学、外语和科学,并且科学学科的平均效应量并不显著。虽然家长参与学校活动是研究数量最多的参与类别,但是其效应非常小,且不显著。通往 STEM 职业的道路无疑是一个发展的过程,人的一生中时刻处在多元的学习环境里,将融合不同的社会文化和背景因素。基于美国 STEM 人才成长的多个纵向研究涉及九年级到 35 岁影响 STEM 从业的诸多因素,同时关注学生的智力和心理等可能会导致职业生涯走向的因素。这些研究的焦点来自对在高中时期识别可塑认知和动机的兴趣,中学阶段是学生形成自我的 STEM 身份和愿望的主要发展时期。此外,学生的动机信念和成就受到更广泛的社会文化力量的影响,例如贫困、偏见和歧视、家庭功能障碍和学校质量等等。

二、STEM 教育战略决策模型

在 2009 年以前,美国波音、麻省理工、雷神、圣地亚、模拟益智/美国国立卫生研究院(Boeing、MIT、Raytheon、Sandia、SimBlox/NIH)等机构研制了与美国 STEM 教育战略规划决策支持有关的基于系统动力学的五个早期模型;随后 BHEF(Business Higher Education Forum)研制了美国 STEM 教育模型、美国 STEM 本科生模型和在职教育模型等三个模型。这些模型具有适切性和规范性、系统性和动态性、预测性和实验性、可视性和交互性的特征(纪洪波,2016)。本部分通过借鉴纪洪波(2016)的已有研究具体介绍 STEM 教育战略决策支持模型、STEM 未来从业者的教育产出模型。

(一) STEM 教育战略决策支持模型的理论研究

美国波音、麻省理工、雷神、圣地亚、模拟益智/美国国立卫生研究院等机构研制了基于系统动力学的美国 STEM 教育战略规划决策支持的五个模型。波音模型取自美国科学院咨询报告《迎击风暴》的科学/工程企业和繁荣之间的动态关系,分析美国海外投资、教育、移民、研发投入政策以及其他国家的决策对美国未来繁荣影响。麻省理工模型探索近 25 年美国大学生获得工程学位比例下降的原因,通过三大反馈回路(STEM 劳动力供应/需求、工作可用性、教学质量)展开研究,当 STEM 老师加薪与工人加薪相对值达到一定"度"时可以扭转下降趋势,可能存在一个拐点,在这个点将引起劳动力供需比例发生变化,导致美国本科生获得工程学位的比例增加。雷神模型最初关注与2015 年目标相适应的师资力量改进政策,它的产生源自找到和测试实现未来特定行为目标——到 2015 年大学毕业生翻一番的政策,重在分析 STEM 教师学院、产业学院、教师是否学习 STEM 专业、产业中 STEM 劳动力及其供应/需求反馈回路探讨提高 K－12 阶段 STEM 素养和 STEM 工人培训等。圣地亚模型着重于 STEM 的职业吸引力,除在麻省理工模型中唯一影响 STEM 职业吸引力的工资外,还包括可用的 STEM 工作、外包的 STEM 工作、晋升的可能性、工作期限。为了探索产业和政府的政策从内部影响 STEM 劳动力的可用性,模拟益智作为人口特征的仿真模型,关注研究人员的老化特征,测试并分析政策对研究人员老化的影响,把波音公司研发投资政策模型内生化。

(二) STEM 未来从业者的教育产出模型

BHEF 致力于推进创新教育与劳动力解决方案和改善美国的竞争力。美国 STEM 毕业生相对短缺导致 BHEF 于 2005 年启动了确保美国在 STEM 领域领导地位行动方案,提出到 2015 年美国 STEM 领域毕业生数量翻一番的目标,据此设计了 STEM 教育产出模型(见图 2－4),分析增加 STEM 毕业生最有效的三种途径:一是聚焦本科教育产生的投入回报,群分项目通过对学生

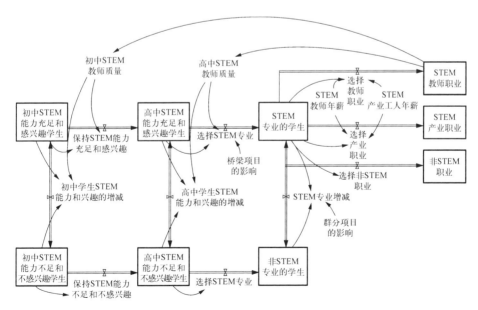

图 2－4　美国 STEM 未来从业者的教育产出模型(纪洪波,2016)

进行编组建立学生间牢固的社会网络,一半实施群分项目的院校能在六年内引起 STEM 毕业生数的明显增加;二是胜任 STEM 中学教育的师资对增加 STEM 兴趣和数学熟练度至关重要;三是单独使用基础教育阶段战略和高中后战略都不能在近期达到翻一番的目标,只有同时实施群分项目和提高 STEM 中学师资胜任比例,STEM 大学毕业生数才能接近该目标,这需要花费 20 年的时间。

美国国家科学基金会专门设计 ITEST 项目,用于帮助师生在 STEM 情境中使用信息技术,以提高 STEM 劳动力的信息技术能力和高质量从业者(见图 2 - 5)。该项目利用 STEM 学习连接了校内外情境和劳动力教育,能够支持学生 STEM 相关的个性特征、知识和能力的发展,通过将劳动力教育与 STEM 职业发展的学习经验相联系将会增加参与 STEM 职业的学生数量(Reider, Knestis, & Malyn-Smith, 2016)。美国 21 世纪学习环境路线图旨在改进学习环境,为支持学生发展和建立生态系统,STEM 学校学习环境监测项目积累了美国 K - 12 学校的大数据资料,也为我国学校 STEM 学习环境的改进提供了有益经验。

三、STEM 人才多元教育背景

纵观西方 STEM 教育研究,主要聚焦高等教育阶段,这是因为学者们普遍认为大学入学、大学专业、研究生学习以及大学指导经验的质量在决定 STEM 职业方面起着重要的作用。诸多学者在科学家学术成长路径的研究中关注学术背景(尤其是高等教育背景)对他们的科研影响,综合分为先前和中期职业因素(early and mid-career factors),研究者普遍认为科学家在成长过程中的专业挑战面临两大阶段,即完成博士学位和他们工作后获取终身职位是完全不同的(Youtie, Rogers, Heinze, Shapira, & Tang, 2013)。因此,已有研究集中在探讨早期和中期职业模型这两个不同的事业发展阶段的教育或机构背景的影响。在早期职业模型研究中,多数将高等教育背景的多样性作为人才成长过程中的要素之一。本部分的内容来自田人合、张志强和王晶莹的近期合作研究成果。

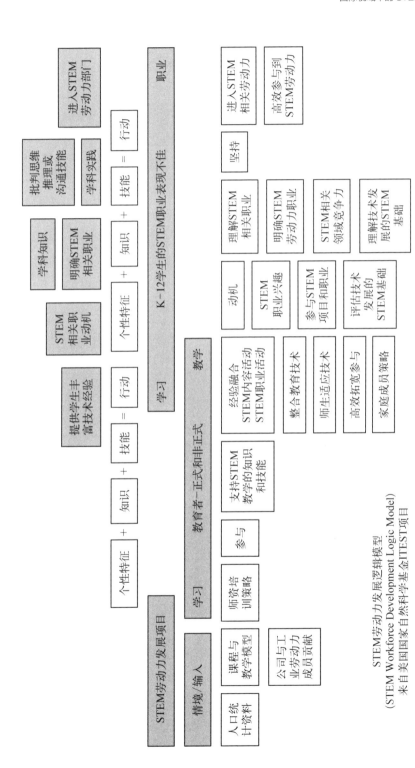

STEM劳动力发展逻辑模型
(STEM Workforce Development Logic Model)
来自美国国家自然科学基金ITEST项目

图 2－5 美国国家自然科学基金 ITEST 项目实施的 STEM 劳动力发展逻辑模型

（一）高等教育背景影响的国际研究

审视高层次科技人才的高等教育经历，有利于归纳和总结拔尖创新人才的成长规律，为 STEM 人才培养模式提供理论和实践依据（Arora, & Gambardella, 2005）。学者履历中的高等教育背景包括了学历学位、就读院校、学科专业、海外教育经历等信息，是分析学者高等教育经历的主要数据来源（Gaughan, & Ponomariov, 2008）。目前，不少学者针对诺贝尔奖获得者、国内外一流大学校长、各国科学院院士、国家级青年基金获得者等高层次科技人才群体的高等教育背景开展了相关研究，得出了拔尖创新人才成长的一些普遍规律：毕业于名校，具有博士学位；师从名师大家，接受了良好学术环境熏陶；拥有海外留学经历，具备开放的意识与国际化视野；学术上也取得了突出成就（Harzing, 2013；Alexander, Foertsch, & Daffinrud, 1998；Zuckerman, 1977）。美国的早期职业模型研究发现，科学认同与广泛的学术教育质量、博士完成效率、独立博士后研究背景等紧密相关，但是在欧洲情境的研究中这些背景并不突出。美国和欧洲学者对中期职业模型的研究中都发现，学术圈内快速的职业提升度是未来 STEM 学术人才的最强的预测因素。然而学者对于多样化教育和机构背景如何影响科技人才成长的结论并不统一，讨论也不够充分。目前国际比较有代表性的研究来自对早期职业模型的解读，即 STEM 学术人才在早期的成长路径中的教育背景和合作变量是他们学术成就的主要因素，这些因素多与他们所在的求学高校有关。

一些学者（Giles, Ski, Vrdoljak, 2009）认为，多样化的教育背景有利于科技人才成长。在高等教育阶段涉猎多个学科领域，接受不同文化的熏陶有利于科技人才掌握深厚的知识基础，打破学科领域之间的屏障，用不同的思维模式处理科研难题。持这一观点的中国学者宗农（2005）发现，中国两院院士大都拥有多元复合的教育经历，本科、硕士、博士大都毕业于不同的教育机构，部分院士还有出国留学经历；陈其荣（2009）研究发现，诺贝尔自然科学奖获得者绝大多数拥有不同学科的硕士、博士学位；吴坚（2010）发现，国外知名大学校长除了拥有多学科的教育背景之外，多数还有在两个以上不同学校求学的经历。李峰和吴蝶（2016）的研究检验了多样化高等教育背景对长江学者科研训练时间、独立科研时间和总成才时间的影响。发现多样化教育背景对长江学者的总成才时间不存在显著影响,但对长江学者的两个成长阶段存在此消彼长的显著影响。多样化教育背景一方面增加科研训练阶段的时间,从而延长了人才培养周期;另一方面有利于缩短独立科研阶段的时间,提升科研成果的产出效率。这一结论与已有研究结论有很大不同。他们认为,多样化教育背景对于科技人才的成长速率并没有预期的显著影响,其影响仅局限在科技人才成才过程中的部分阶段;同时,这种影响机制也符合人力资本理论的基本观点,多样化教育背景有利于科技人员积累人力资本存量(DiPrete, & Eirich, 2006;Zuckerman, 2010),从而有利于他们其后发挥人力资本优势。然而由于科技人员在人力资本积累期中付出了较多时间成本,最终导致多样化教育背景对科技人员总体成才时间的影响并不显著。文化资本指由机构文化(机构文化价值观、信念、行为规范和模式)以及文化的物质载体所构成的资本,文化资本作为一种资本的重要功能在于它是信息的载体,作为非正式约束来协调学术机构内外的人际关系(Caldwell, Herold, & Fedor, 2004)。STEM 学术人才的求学经历中所处的高校和研究院所有着不同的学术环境,也同时拥有迥异的文化资本,科学家在不同高校和研究所求学的过程中也同时经历着文化冲突和文化积累的过程,在科学文化积累中具有不同类型和地区的科研院所的经历即所谓的异质文化,异质文化的增加代表着科学文化发展的新阶段,对文化积累起到积极的作用,没有新的科学文化元素的增加,文化便失去活力,旧文化的保留是基础,新的科学文化元素的增加和旧文化元素的保留都是有选择的,文化冲突的结果或相互吸收或融合或替代,随之产生新的科学文化模式或类型,对于科学家的学术创新有着积极的作用(Stephan, & Levin, 2001)。

(二) 中国 STEM 学术人才的案例研究

以 1994—2013 年国内 311 名杰青科学家为研究对象,收集整理每位杰青科学家的基本信息及产出信息,其中 4 人因资助撤销、资助中去世、出国未归等原因未计入研究对象,另外有五人未获得博士学历,本研究中选择放弃,实际分析人士为 302 人。本研究从 NSFC 获得杰青项目申请书 47 份(1994—1998 年),杰青结题报告 240 份(1994—2010 年),结合杰青科学家个人主页,构建数据集,内容包括出生年月、教育层次、主持参加项目情况等。教育背景多样性是指一个人在两个及以上单位(含高校和科研院所)完成从本科到硕士、博士的高等教育,接受过不同学术氛围、校园文化的熏陶。杰青科学家的教育经历有本科、硕士和博士就读于国内同一机构,也有就读于国内不同机构或国内外不同机构。根据吴坚(2010)和国外学者(Youtie, Rogers, Heinze, Shapira, & Tang, 2013)的研究,采用杰青科学家经历高等教育培养机构(含高校和科研机构)的个数来衡量其教育背景的多样性,将在同一机构完成本科、硕士和博士学习的杰青科学家编码为"C_1";在两家不同机构接受完整高等教育的编码为"C_2";在三家及以上不同机构接受完整高等教育的编码为"C_3"。高等教育背景多样性如表 2-6 所示,其中 C_1 的教育背景多样性程度最低,C_3 最高。编码为 C_1、C_2 和 C_3 的杰青科学家人数及分别有 60 人、154 人和 88 人,占比分别为 19.8%、51.0% 和 29.1%。其中,毕业于两家不同机构的杰青科学家中本硕贯通(本科、硕士就读于同一机构)的人数为 71 人,占全部杰青科学家人数的 33.3%,硕博贯通(硕士、博士就读于同一机构)的人数为 142 人,占全部杰青科学家人数的 66.7%。

表 2-6　每种教育机构多元复合分类对应杰青科学家人数和比例

多元复合情况	本硕博在同一单位 C_1	本硕博在两个不同单位 C_2	本硕博在三个不同单位 C_3
人数	60	154	88
比例	19.8%	51.0%	29.1%

通过方差分析(ANOVA)检验了教育背景多样性对成才时间的影响(见表 2-7)。结果显示:教育背景多样性程度不同的杰青科学家在科研训练阶段和独立科研阶段上所花时间均存在显著差异。其中,本、硕、博毕业于同一机构的杰青科学家在科研训练阶段平均花费时间最短(7.5 年),而在独立科研阶段平均花费时间最长(10.983 年);毕业于三家及以上不同机构的杰青科学家在独立科研阶段平均花费时间最短(8.943 年),而在科研训练阶段平均花费时间最长(9.966 年)。然而,教育背景多样性程度不同的杰青科学家在总成才时间上的差异不显著。在同一机构和两家不同机构接受高等教育的杰青科学家平均成才时间分别为 18.483 年和 18.377 年,低于杰青科学家全体平均总成

才时长（18.553 年），而三家及以上不同机构的平均成才时间为 18.909 年，高于杰青科学家全体平均总成才时长。虽然教育背景多样性程度最高的杰青科学家在平均总成才时间上比其他杰青科学家长 0.536 年和 0.426 年，但是这个差距没有统计学意义（F 检验不显著）。可见，教育背景多样性对科研训练和独立科研阶段所花时间的影响截然相反。两个阶段的时间呈现此消彼长的关系，即多样化教育背景在增加科研训练时长的同时缩短了独立科研阶段的时间。具体来说，杰青科学家的高等教育经历中每增加一个培养机构，其科研训练阶段的时间平均需要延长一年左右，而独立科研阶段的时间平均缩短一年左右。科研训练阶段属于高等教育投资阶段，也是人力资本存量积累的阶段。人力资本理论指出，人力资本的投资一般要经过较长时间才能发挥作用；但人力资本存量一旦形成，可以长时间发挥作用，使所有者终身受益。因此，拥有多样化教育背景的学者在不同机构完成高等教育，有利于他们接受更长时间的科研训练，积累更多人力资本存量，从而使其在独立科研阶段能更好地发挥人力资本优势，更加快速地取得高水平科研成果和学术地位，显著缩短博士毕业后的成才时间。反之，在同一机完成高等教育的学者接受的科研训练时长较短，可能面临人力资本积累不足的问题，需要在独立科研阶段继续补充人力资本，导致独立科研阶段花费时间加长。

表 2-7　教育背景多样性与平均成才时间　　　　（单位：年）

教育背景多样性	总成才时长（T_1）	科研训练时长（T_2）	独立科研时长（T_3）
杰青科学家全体	18.553	8.924	9.629
C_1：同一培养机构	18.483	7.5	10.983
C_2：两家不同培养机构	18.377	8.883	9.494
C_3：三家及以上不同培养机构	18.909	9.966	8.943
F 统计量及其显著性水平	0.592	9.076***	4.805***

注：*** 表示 $p<0.01$。

为进一步分析不同学科领域中多样化教育背景对成才时间的影响，描述性统计了地学部分类及杰青科学家的人数（见表 2-8），并对 10 个学科领域杰

表 2-8　基金委地学部学科分类及杰青科学家在一级学科中的人数

申请代码	D01	D02	D03	D04	D05	D06	合计
一级学科名称	地理学	地质学	地球化学	地球物理学和空间物理学	大气科学	海洋科学	
二级学科数量	12	19	9	12	13	11	76
三级学科数量	34	7	0	11	0	0	52
杰青科学家人数	76	80	42	48	29	27	302
比　　例	25.2%	26.5%	13.9%	15.9%	9.6%	8.9%	

青科学家的成才时间分别进行了方差分析和事后检验(见表 2-9)。结果呈现出两个特点:第一,与总体分析结果相比,多数学科领域中,教育背景多样性对成才时间的影响主要体现在对科研训练时长和独立科研时长的影响上,而对总成才时间的影响只有在 D05 学科中的 C_1、C_3 之间以及 C_2、C_3 之间显著;第二,不同多样化教育背景的杰青科学家在平均成才时间上的差异主要体现在多样性程度 C_1 和 C_3 之间,有 4 个学科领域杰青科学家在多样性程度 C_1 和 C_3 上存在显著的成才时间差异,而 C_1 和 C_2、C_2 和 C_3 之间的差异为少数情况,仅出现在 D01 和 D05 两个学科领域中。多样化教育背景对成才时间的影响存在较大学科差异,各学科的具体情况如下:(1)多样化教育背景同时影响科研训练时长(T_2)和独立科研时长(T_3)的学科只有 D01。该学科中,多样化教育背景对成才阶段的影响均体现为科研训练时长和独立科研时长的此消彼长。具体地说,在同一机构完成高等教育的杰青科学家与在两家不同机构完成高等教育的相比,科研训练时长显著缩短 3.643 年;在同一机构完成高等教育的杰青科学家与在三家不同机构完成高等教育的相比,科研训练时长平均显著缩短 4.15 年,但独立科研时长显著延长了 4.026 年。(2)多样化教育背景仅对科研训练时长(T_2)产生影响的学科有两个,分别为 D02、D03,在同一机构完成高等教育的杰青科学家与在三家及以上不同机构完成高等教育的相比,科研训练时长显著缩短,两个学科缩短的年限分别为 1.376 年、4.233 年。(3)没有学科在多样化教育背景方面仅对独立科研时长(T_3)产生影响。(4)多样化教育背景对总成才时长(T_1)产生影响的学科只有 D05,在同一机

构完成高等教育的杰青科学家与在两家不同机构完成高等教育的相比,总成才时长显著缩短 4.743 年,在同一机构完成高等教育的杰青科学家与在三家及以上不同机构完成高等教育的相比,总成才时长显著缩短 3.496 年,而多样化教育背景对科研训练时长和独立科研时长的影响均不显著。(5) D04、D06 两个学科领域中,多样化教育背景对科研训练时长、独立科研时长和总成才时间均无显著影响。

表 2 - 9　分学科领域不同多样化教育背景杰青
科学家的成才时间均值比较　　　　(单位:年)

多样性程度两两比较	平均成长时间差异	学科领域	成才阶段
$C_1 - C_2$	3.643	D01	T_3
$C_1 - C_3$	-4.150	D01	T_2
$C_1 - C_3$	4.029	D01	T_3
$C_1 - C_3$	-1.376	D02	T_2
$C_1 - C_3$	-4.233	D03	T_2
$C_1 - C_3$	-4.743	D05	T_1
$C_2 - C_3$	-3.496	D05	T_1

注:上述平均值差异均在 95% 置信度水平上显著。

多样化高等教育背景对杰青科学家成才时间的影响存在较大的学科差异。在探索 STEM 人才培养模式的创新时,应该更加充分、全面地考虑学科规律和学科差异,不能将 STEM 人才培养模式的差异简单归结为基础学科和应用学科的不同。本研究检验了多样化高等教育背景对杰青科学家的科研训练时间、独立科研时间和总成才时间的影响。发现多样化教育背景对杰青科学家的总成才时间不存在显著影响,但对杰青科学家的两个成长阶段存在此消彼长的显著影响。多样化教育背景一方面增加科研训练阶段的时间,从而延长了人才培养周期;另一方面,有利于缩短独立科研阶段的时间,提升科研成果的产出效率。这一结论与已有研究结论有很大不同。我们认为,多样化教育背景对于科技人才的成长速率并没有预期的显著影响,其影响仅局限在科技人才成才过程中的部分阶段;同时,这种影响机制也符合人力资本理论的基本观点,多样化教育背景有利于科技人员积累人力资本存量,从而有利于他们在其后发挥人力资本优势。然而,由于科技人员在人力资本积累期中付出了较多时间成本,最终导致多样化教育背景对科技人员总体成才时间的影响并不显著。

本研究的另一重要结论是虽然仅有杰青科学家总成才时长在不同学科间有显著差异,科研训练时间、独立科研时间和高等教育背景多样性程度在不同学科间并不存在显著不同,但是具体到不同学科的教育多样化背景层面,发现多样化教育背景对杰青科学家成才时间的影响存在较大的学科差异。其中,多样化教育背景不利于 D05 领域杰青科学家的总成才时间,而对 D04、D06 领域的杰青科学家总成才时间的影响均不显著。此外,多样化教育背景对其他多数学科的影响主要局限在对科研训练和独立科研阶段时间的影响,而对总成才时间的影响均不显著。显然,每个学科领域的杰青科学家均有各自的成长经历。因此,在探索 STEM 人才培养模式的创新时,应该更加充分、全面地考虑学科规律和学科差异,不能将人才培养模式的差异简单归结为某一学科。

第四节　基于管道理论的 STEM 教育

STEM 被认为是增强国家经济竞争力的重要手段,党的十八大提出实施创新驱动发展战略,科技人才成为科技创新的关键因素。国际发达国家 STEM 教育的目标是提高学生四个学科及其整合方面的知识和素养,并打造一支拥有 21 世纪能力、具有创新精神、能进行高层次研究和决策的从业者。STEM 教育能够培养学生的跨学科思维、优化利用多学科知识和技能、具备超越单一学科的创新精神,面对 STEM 人才的短缺,如何培养大量的能够胜任的从业者成为当今欧美发达国家科学教育的研究焦点。研究人员和政策制定者通常使用一个越来越窄的"管道"来比喻获得 STEM 学位或走上 STEM 职业生涯的轨迹。多年来,该理论在众多学术文章中被提及,多位学者探讨过管道的"漏水"问题,是理解和制定 STEM 职业生涯政策的主要框架。本书在第一章基础理论部分已经辩证地分析了管道理论的研究,本部分主要根据国际已有研究梳理基于管道理论的 STEM 教育研究成果,从学校学习和校外科技竞赛两个维度探讨管道流失问题的多项研究,并对基于管道理论的课程开发经验进行综述。

一、学校学习重塑管道的动力

美国奥巴马政府对 STEM 给予了很大的关注,美国国家科学委员会(National Science Board,简称 NSB)对学生在国际性调查和评估项目中的表现进行了总结,自 1990 年来美国学生的数学成绩有所提高,但科学成绩却是波动的。在最近的国际比较中,美国学生在 TIMSS 中的表现高于平均水平,在 PISA 测试的成绩低于平均水平。这些报告都是基于美国学生对数学和科学的掌握程度来评估的,而忽略了哪些因素会影响学生对学习 STEM 的坚持性。因此,本部分主要概述欧美国家对维持 STEM 管道理论学校学习阶段的实证研究。

(一) 高中经历和课堂经验

总体来讲,STEM 管道的学习路径分为离开 STEM 相关领域和进入或继续学习 STEM 相关领域的课程。综合美国高中纵向研究数据(Longitudinal Study of the High School Class of 1972,NLS:72)和高中及以后项目(High School and Beyond,HS&B:82),关于学生科学成就的调查研究表明在高中阶段对 STEM 失去兴趣和得到兴趣并希望继续学习的学生比例基本一致(Hilton,& Lee,1988),STEM 学习兴趣的转变大多发生在高中毕业到进入大学期间,之后的转变比例会减弱。自 1988 年起,国家教育纵向研究结果显示,大多数(80%)接受过 STEM 课程培训的学生都升入高中或在大学继续学习 STEM 相关课程。目前影响力较大的研究通过建立持续学习的多级模型完成了大学生学业影响因素的分析,模型的所有阶段都表明高中的学业完成情况对于大学学业的完成有很大的预测作用,但是这种影响对于高中毕业后继续学习的学生会逐步降低(Adelman,2006)。研究指出这是符合逻辑的,因为随着学生的成熟,各种不同的因素会共同影响他们。目前有关维持 STEM 管道学生动力的研究集中在高中经历和课堂经验两个方面。

　　第一,高中 STEM 学习经历的研究。大部分研究关注高中生的参加人数、成就和个人志向,研究者重点研究学生参与 STEM 课程的影响和结果,他们指出在考试中得分高、有很少动作问题、家长教育程度较高的学生比其他同学更容易完成数学和科学课程(Schneider, Swanson, & Riegle-Crumb, 1998)。研究指出,学习高水平科学课程的学生比其他学生在科学上更加精通,而且课程的深度比所学课程的广度更加重要,在数学学习的研究上也得出相似的结论(Madigan, 1997)。2002 年的教育纵向研究表明,学生的数学成就与 10—12 年级课程的学习十分相关,但作者也指出这些影响相比于学生的个性背景来说几乎可以忽略(Bozick, & Ingels, 2007)。还有学者(Lee, & Burkam, 2003)以不同的方法就数学、科学和外语课程的学习发展进行了研究,他们发现愿意持续学习数学的学生多是基于个人兴趣,并且更希望持续学习 STEM 课程。另外一些学者(Adelman, 2006; Horn & Kojaku, 2001)研究了高中课程对学生毕业后的持续影响,他们发现高中课程的逻辑性越强,学生在大学里的学业成就表现越好。女性比男性完成高级课程的人数更多,但最高级的课程(例如高等物理或高等积分)男生完成的较多;另外,黑人和西班牙裔学生的高级水平课程完成情况不如白人和亚裔(Tyson, Lee, Borman, & Hanson, 2007)。在高中学习高等数学(微积分初步)的女生和物理学的男生此后继续学习数学和科学的比例较大,在高中学习高级数学和科学课程的学生更容易取得 STEM 学位(Trusty, 2002),那些对 STEM 有兴趣和经历过 STEM 学习过程的学生更容易对数学和科学产生兴趣(Federman, 2007)。

　　除了高中的课程体系之外,高中的平均学分绩点(GPA)和高等教育期望对学生选择 STEM 有影响(Ware, & Lee, 1988)。对于女生而言,学习数学的信心和 STEM 相关数学课程的学习数量会起到作用;对于男生而言,家庭社会经济背景、学习成绩和学习科学课程的数量的作用比较明显。也有学者(Maple, & Stage, 1991)完成了类似的分析,但重点在于种族间的研究,而且得出学生在高中参加的数学和科学课程的数量和 STEM 职业期望及学生是否在大学继续学习 STEM 专业都密切相关。美国之外的其他研究也探讨高中生进行大学专业选择和高中学习经历(比如课程选择、学习兴趣)对于促进维持STEM 学习路径的研究。还有研究者(Kidd, & Naylor, 1991)跟踪研究了三组澳大利亚的 10 年级学生,每门课程的持续学习和职业兴趣都对大学专业的选择有很大的导向作用。为了研究大学生选择 STEM 专业的影响因素,研究者(Cleaves,2005)在三年内对英国 9 年级学生进行了四次采访。有趣的是,希望继续进行 STEM 领域学习的学生,提到了很多他们在高中时负面的科学学习经历(例如无聊,对职业选择的不满)。但是因为职业期望或 STEM 提供的灵活的学习机制,他们打算继续学习科学。他们的同学也提及了相似的学习经历,这些经历其实足以使得他们不再进行科学和数学的学习。通过分析国际招生数据发现,申请和学习 STEM 相关大学学位的学生几乎都有 STEM 相关的学习经历,因此,中学和高中阶段整合的 STEM 学习为他们继续 STEM 专业提供了更多的可能性(Van Langen,& Dekkers,2005)。

第二,课堂学习经验。尽管以上讨论表明课程学习和学业成就影响 STEM 专业的选择,但是不同课堂中的学生会有不同的体验。回顾以往研究(Osborne,Simon,& Collins,2003)可知,虽然大部分学生在课堂上有积极的态度努力学习科学,但是他们对于课堂上学习的科学本质并不感兴趣,课堂环境的研究极少去分析激发学生学习热情的教学本质和风格。研究者(Myers,& Fouts,1992)认为课堂经历是指学生在高中数学和科学课上体会到的教师的教学法实践、教学重点和学业成就。STEM 课堂的学习经历会在很大程度上影响学生继续学习或者放弃 STEM,但是这些研究鲜有涉及课堂经历与持续学习的关系(Munro,& Elsom,2000)。教师可以通过设计更多的动手活动、与学生生活相关的话题、更好地运用合作学习策略、灵活运用教学方法以及为学生提供支持来端正学生的学习态度。其他研究者(Piburn,& Baker,1993)也得到了类似的结论:如果科学课上给学生提供积极有效的组织和支持,他们会很喜爱动手活动、团队合作、讨论和演讲。在研究影响学生继续学习科学的因素时也发现,具有显著作用的因素与学生在课堂中感受到的教师的热情、生活实例的讲解、激励型的课堂以及科学职业有关的讨论密切相关(Woolnough,1994)。

(二) 大学课程选择和职业期望

通过研究苏格兰学生对初级生物课程的选择时发现,学生之前的选择经

历和做科学的满意度影响了他们的选择(Robertson，2000)。通过对选择销售
课程的学生进行测试时发现：销售专业的学生更倾向于为了将来的职业发展
而学习该门课程，而非销售专业的学生更多为了完成学分要求(Gnoth，&
Juric，1996)。研究者(DeBoer，1984)试图了解学生选择 STEM 课程的原因，
他对大一学生的调查发现，继续学习 STEM 课程的想法与自身的能力水平呈
正相关，与所谓的"好学生学的容易"呈负相关。换句话说，如果学生觉得他们
在科学方面有很强的能力，有一定难度的课程更容易激发他们继续学习。他
在 1986 年继续调查了性别对学生自我评估的影响以及自我评估与课堂表现
和课程选择的关系。总体上来说，男女生在课程选择和学习成就方面相似，但
是男生通常认为更强的能力是他们完成了第二阶段科学课程学习的原因，而
女生则认为是她们比班上的男同学努力才得以完成学业。高中阶段的科学课
程越多，学生越会觉得自己具有的科学水平越高，也会进一步促进他们学习更
多的大学科学课程。除了考虑个体在课程方面的选择，另外一系列研究重点
在学生大学专业的选择。研究表明，所学课程、学业成就和学习态度决定了学
生继续学习 STEM 课程的可能性，在高中时期对 STEM 积极的学习态度，较高
的学业成就和提前学习高级课程都会对 STEM 专业选择有帮助(Maple，&
Stage，1991；Trusty，2002)。学生对科学入门课程的兴趣与他们之后选择
STEM 专业密切相关，对女生而言，高等教育水平、SAT 数学成绩和强烈的控
制欲、对名誉的追求影响她们对 STEM 专业的选择。对于男生而言，大学之前
对科学专业的追求和在科学入门课程中的良好成绩与 STEM 专业选择关系较
大，而与高等教育水平无关。有趣的是，在所选样本中，男女生的教育经历几
乎相同，但只有 31% 的女生认为科学课是她们最喜爱的课程，男生则有 49%。
已有研究(Federman，2007)总结了学生选择 STEM 专业的可变因素，包括早
期的数学和科学成就、预科课程的学习、学生对科学未来有用性的体验都与学
生在大学能否完成 STEM 领域的学位有关。就在大学继续学习而言，研究者
(Tinto，1993)认为高中阶段的 STEM 学习中学生的学习期望对于 STEM 专业
的持续性学习作用较大。研究者(Sullins，Hernandez，Fuller，& Tashiro，
1995)调查了生物专业的学生，发现学习兴趣是继续学习的重要原因。

　　同时，定性研究也阐释了学生在大学阶段学习 STEM 课程的波动状况

（Seymour, & Hewitt, 1997）。很多学生表示大学选择 STEM 专业是因为高中积极的学习经历，但是被录取后，很多学生因为失去兴趣或在大学的消极经历而选择了放弃。通过分析了高中数学课程的完成情况如何影响职业取向，研究发现完成高等数学课程的决心与大学学业的完成情况密切相关，其他学科包括科学也同样适用（Rose, & Betts, 2001）。研究者（Astin, 1993）调查了超过 2.6 万大学生继续学习 STEM 课程的原因，发现学生是否打算学习 STEM 专业并是否从大一时开始积累，对将来完成科学和工程学科的学位有很大的预测作用；较强的科学职业倾向、较高的数学成就，较多的学习 STEM 专业的同伴以及以学生为中心的院系老师，会使学生更容易完成 STEM 专业。在大学期间或在大学之前结婚的学生比没有结婚的学生完成学业的可能性低。另外，参加贷款的学生和勤工俭学的学生在大学的表现和拿到学位的时间会受到很多因素的影响（Ishitani, 2006）。荷兰的一项中等教育队列研究（Cohort Studies in Secondary Education, VOCL'99）将行为决策理论作为分析框架，它是建立在传统方法基础上的多属性效用理论。这项研究集中在那些有资格进行 STEM 研究，但是没有选择在高等教育阶段继续学习的学生。为什么这些合格的学生没有继续 STEM 专业？研究认为 STEM 专业的学生会根据他们的学习态度做出最合适与实用的选择，非 STEM 专业的学生在技术研究中的实用分数一般高于科学研究（Korpershoek, Kuyper, Bosker, & van der Werf, 2013）。

（三）个人背景和学习兴趣

性别和种族等个人背景会影响学生 STEM 学习的持续性，比如在高中课程学习中，女生会比男生完成更多的课程，但对于更高阶课程的完成状况则往往不如男生。尽管研究数据显示，自 2005 年起各国基础教育阶段有更多的女生完成了高中 STEM 课程，但是课程分布并不均衡，女生普遍完成生命课程较多，但是男生在完成物理、地理、数学和计算机以及工程等学科的比例更多（van Langen, & Dekkers, 2005）。为了男女平等的历史传统，应该有更多女性参加 STEM 课程的学习。女生退出 STEM 学习的比率比男生少，但男生学习 STEM 的人数仍是女生的三倍（Hilton, & Lee, 1988）。在种族方面，白人和亚裔学生在美国获得了更多的 STEM 学位，但近 30 年来，越来越多的女性和少数族裔学生完成了 STEM 学业（Adelman，2006）。另外，也有数据表明白人、黑人和西班牙裔学生完成 STEM 课程的比例几乎相等（Tyson，Lee，Borman，& Hanson，2007）。在各个种族之间都有学生中途退出 STEM 学习，未被重视的群体较容易退出。一旦学生进入大学，退出 STEM 学习的人数就会增加，因此，在中学阶段提高弱势学生的 STEM 兴趣更重要（Hilton，& Lee，1988）。

之前的研究表明从早期（比如小学）开始树立 STEM 职业兴趣可能会提供给学生通过管道的动力（Cleaves，2005；Kidd & Naylor，1991）。美国的纵向研究表明，在众多的因素中，教学数量、学生成绩和科学态度与科学职业期望有着显著的联系（Wang，& Staver，2001）。性别和种族、数学自我效能和科学学业成就对 STEM 职业期望有着重要影响（Mau，2003）。研究者（Tai，Sadler，& Mintzes，2006）在调查学生学习兴趣与大学专业选择的关系时发现，如果考虑到学生的背景和数学学业成就，具有 STEM 职业期望的学生最终获得科学学位的人数是不具备学生的 2—3 倍。课堂体验、学生兴趣和持久性的相互作用是影响学生 STEM 学业成就的关键。教师可以通过以下活动来增进学生对科学的态度：增加动手活动的数量（例如材料），组织更多与学生相关的学习主题（例如选择科学主题进行研究，强调数学在生活中的重要性），更多地使用合作学习策略（例如经常参与学生讨论），使用不同的教学方法（例如讲座、经常使用计算机、写科学实验室工作报告），以及职业生涯问题（例如讨论科学领域的职业）的讨论（Myers，& Fouts，1992；Piburn，& Baker，1993；Woolnough，1994）。综合来看，这些研究指出了特定的课堂实践和教学方式可以提高学生对科学的持续性态度和学习热情，以促进他们进一步完成 STEM 学位。多项研究（Maltese，& Tai，2011；National Academy of Science，2005）利用 NELS：88 数据库约 4 700 名学生样本，涉及从八年级（1988）到他们中年（2001）的成绩单。学生在 50 个州受教育，97% 来自英语是主要语言的家庭，大多数学生（87%）上了公立高中，相同比例的家长受过一定程度的高等教育。研究变量涉及早期对数学和科学的态度、9—12 年级班级变量、计划专业、大学变量等，逻辑回归模型研究表明，种族、性别和社会经济文化背景都没有同学生的 STEM 学位获得具有统计学上的显著关系，虽然少量来自非亚裔少数民族群体的学生完成了 STEM 专业,可是一旦学生进入大学阶段,他们获得 STEM 学位的可能性不因种族背景而存在差异,最终模型发现在高中完成科学课程的数量与 STEM 学位获得存在正相关。学生对数学和科学的学习兴趣和个人能力判断在每个评估模型中发挥了显著和积极的作用。八年级的学生表示他们对科学事业感兴趣,那些相信科学在未来很有用的人更有可能在 STEM 中获得学位。那些在八年级时具有科学职业期望,认为科学对自己未来有帮助的学生更有可能获得 STEM 学位;12 年级学生对大学专业的期望是他们最终获得学位的强大预测因子。研究还发现,某些课堂环境的因素对 STEM 学位的预测存在显著影响,但由于数据的局限性,他们未能明确影响机制,而且研究者提出今后的研究应该侧重于剖析学生在大学入学之前的正式和非正式 STEM 学习经验的相关因素,以及它们与管道入口和维持性的关系。这也是本书的撰写初衷,因为大量的 STEM 教育研究针对的是校内科学教育的因素影响,而非正式 STEM 学习环境对学生的影响也意义深远。

二、科技竞赛补救管道的渗漏

国外对青少年科技竞赛非常重视,科技竞赛活动的开展也十分广泛,例如美国的英特尔国际科学与工程大赛(Intel International Science and Engineering Fair,简称 ISEF)、头脑奥林匹克竞赛、欧盟的科技竞赛(European Union Science Olympiad,简称 EUSO)以及瑞典的斯德哥尔摩青少年大奖竞赛等。美国一直强调通过多样化的努力来提高学生的 STEM 兴趣,使得学生做好进入 STEM 领域工作的准备,各种举措已得到世界学界的关注。美国国家研究委员会(NRC,2011)认为非正式科学学习机会是增加学生 STEM 学习兴趣的重要方法。非正式 STEM 学习机会包括博物馆、动物园、课外俱乐部、科技竞赛等。我国的青少年科技竞赛活动主要集中在全国青少年科技创新大赛、“明天小小科学家”奖励活动、中国青少年机器人竞赛、奥林匹克学科五项(数学、物理、化学、生物、信息)竞赛等。科技竞赛作为校外科学教育的重要形式,有利于培养学生科学兴趣和学习热情,对 STEM 职业期望和选择,科学素养提升等都具有积极作用。我国胡咏梅、李冬辉、郭俞宏等人(2012)对青少年科技竞赛进行了国际比较,完成、筛选、审查和激励机制的综述类研究,也从经济学视角对科技竞赛的影响效应进行了量化评估,需要进一步剖析科技竞赛案例的教育功能和效果,本部分以国际可持续发展项目奥林匹克竞赛(I-SWEEEP)为例,探讨以科技竞赛为样本的非正式 STEM 学习环境的评价机制。

(一) I-SWEEEP 的研究背景

国际可持续发展项目的奥林匹克竞赛(I-SWEEEP)是由宇宙基金会(Cosmos Foundation,简称 CF)和美国国家航空航天局(National Aeronautics and Space Administration, 简称 NASA)共同主办的面向中学生的可持续发展科研项目竞赛。I-SWEEEP 是全球同类赛事中等级最高、参与面最广、规模最大的科学赛事。其长期赛事主办城市为美国第四大城市、美国太空及能源中心城市得克萨斯州休斯敦市。这项竞赛的目标是:(1) 就全球可持续发展所面临的挑战,激发学生的兴趣和意识;(2) 培养学生的科技创新能力;(3) 帮助学生把握相关议题;(4) 探寻解决问题的可行性方案;(5) 引起青少年关注;(6) 加快世界可持续发展进程。宇宙基金会是航天基金会(Space Foundation)全资开设的致力于以可持续发展教育与航空航天教育为主的青少年科学技术教育机构。美国国家航空航天局(National Aeronautics and Space Administration)是美国负责太空计划的政府机构。主赞助商有 KBR 集团(凯洛格布朗路特集团公司)、Shell 集团(英荷皇家壳牌集团)、Halliburton 集团(哈利伯顿集团公司)、BP 集团(英国石油集团公司)、Hertz Furniture 集团(赫兹运输设备集团公司)、Wells Fargo 银行(富国银行);赞助机构有莱斯大学、德州农工大学、奥斯汀德州大学、休斯敦大学、阿灵顿德州大学、圣安东尼奥德州大学等。参赛项目类别有三类,能源,包括可再生能源研究、生物能源研究、不可再生能源研究、能源政策研究、清洁能源技术研发、能源效率研究、能源节约技术研发等;工程,包括生物工程研究、土木工程研究、机械工程研究、工业工程研究、材料工程研究、电气工程研究、计算机工程研究等;环境,包括土地管理研究、生态系统管理研究、生物修复技术研发、空气污染对策研究及空气质量研究、土壤污染对策研究及土地质量研究、水污染对策研究及水质量研究、减少——回收——再利用 3R 研究。中小学生参与工程教育的经验影响着他们选择工程类的职业,这些经验多来自非正式科学学习环境,具有非学校、超越课程、家庭式和媒体式等特征;研究也表明学生的专业选择很多来自学科老师,但是在很多发展中国家的中小学里是没有工程学科的教师的,因此,学生很少会有工程学习的经验和兴趣(Kutnick, Chan, & Lee, 2012)。通过调查 345 名成年人在高中时参与数学、化学和物理奥林匹克竞赛的经历发现,对于他们的学术专业成长和从事科技类公司工作都起到了积极作用,而且与传统的学习环境相比,科技竞赛的学习环境对于学生的学习动机、积极参与 STEM 相关学科学习的兴趣以及环境关注等方面都有着相对优势(Campbell, & Walberg, 2011)。

(二) I-SWEEEP 研究方法

I-SWEEEP 旨在激励学生从事 STEM 学习的兴趣和发展相关技能,使他们在这个迅速变化、多元文化、多民族、多语言的世界更好地解决各类工作问题。测评科技竞赛的 STEM 学习效果对后续更好地开展这类非正式科学教育有着积极的贡献,比如可以探讨来自世界各地的中学生如何培养自己的科学兴趣,以及科技竞赛在鼓励 STEM 学习兴趣和 21 世纪的技能的发展方面的认知。土耳其的研究者(Top, Sahin, & Almus, 2015)利用社会认知理论对参加 2013 年 I-SWEEEP 的 31 个国家的 172 名参与者进行调查,了解认知因素对其职业期望、学科兴趣和 21 世纪能力的影响,并探讨了性别差异。调查结果表明学生的职业期望分别受到他们的老师、个人利益和父母的影响,科技竞赛加强了他们在大学选择 STEM 专业的计划,并帮助他们发展和提高了 21 世纪能力。比起工程,女生更愿意选择环境或能源类别的专业,科技竞赛在职业选择和提高女生参与学习 STEM 专业方面起到重要作用。该研究开发了一套 12 个问题的问卷,该问卷包括多选和开放式问题,用以收集 I-SWEEEP 参与者的人口学信息、与科技竞赛相关的先前经验以及对他们后续学业和工作计划相关的影响因素。开放式问卷采用了混合编码的方法,大多数受访者($n=123$)来自美国,而剩余的($n=49$)来自在欧洲、亚洲、南美和北美的其他 30 个国家,男性和女性的比例是 44.8%($n=77$)和 55.2%($n=95$),来自美国的参赛者除了 5 个是 14 岁的学生,其他都是 15—18 年龄段,其他国家的选手年龄介于 14—20 岁。

(三) I-SWEEEP 的 STEM 教育效果

从对参与者的职业兴趣影响来看,四分之三(74.5%)的受访者认为有三个方面的因素:科学教师(31.1%)、个人兴趣(23.7%)、父母(19.7%)。另外四分之一的受访者选择的影响因素包括参与科技竞赛等科普活动,与专家工作或实习以及可能的工作和薪水。研究表明学生第一次参与科普活动的经验对其 STEM 学习兴趣有着显著的正面影响,近一半(49%)的学生在高中阶段首次参与科技竞赛,46%的学生认为个人兴趣决定他们从事 STEM 职业;超过86%的学生参加了 I-SWEEEP 中两个以上科学活动,73%的学生参加了至少3 个主要活动。从对参与者职业期望的影响来看,66.9 的学生认为参加I-SWEEEP 活动增强了他们的 STEM 职业期望,9.3%的学生认为改变了他们的职业期望,5.8%的学生认为与他们的职业期望相悖,其余 18.03%的学生认为没有改变他们的职业期望,更多研究需要鉴别 I-SWEEEP 在哪些方面引起了学生职业期望的改变。性别与学生选择的学习科目有很大关系,41.6%的男生喜欢学习工程,69.1%的女生喜欢学习环境相关课程,在所有的课程中女生最不喜欢的是工程。研究结果表明学生的职业趋向是受到老师、个人兴趣和家长等多方面影响的,学生参与科技竞赛进一步明确了他们对大学所学专业的选择,同时帮助他们全面发展了 21 世纪能力。问卷请参与者就 21 世纪能力提升的情况进行判断,共列出了包括交流能力、表达能力、问题解决、科学思维、合作能力、创新能力、创造力、技术能力、批判性思维、生活和工作技能 10 个方面(见表 2-10)。参与者均有认可自己在这些能力方面的提升,尤其是交流能力和表达能力的提升幅度最大。很大比例的学生表示在科学项目和科技竞赛中收获很大,这类项目的高参与度为学生提供了很多在课下与老师互动的机会和外出比赛的机会,而且老师也十分愿意帮助学生,引导他们准备科学项目,这就为学生提供了很多跟随老师通过观察、模仿、制作模型的学习机会,同时在教师和竞赛两个方面对学生 STEM 职业兴趣产生了巨大的影响。学生的兴趣会随着年龄和经历而发生变化,最终将他们指向最后高中的职业取向。

表 2-10　参与者判定科技竞赛提升 21 世纪能力

21 世纪能力	描　述　性　统　计			
	平均值	中位数	众　数	标准差
交流能力	4.5	5.0	5	0.64
表达能力	4.5	5.0	5	0.66
问题解决	4.1	4.0	5	0.89
科学思维	4.3	4.0	5	0.87
合作能力	4.1	4.0	5	0.92
创新能力	4.4	5.0	5	0.82
创造性	4.4	5.0	5	0.82
技术能力	4.0	4.0	5	1.03
批判性思维	4.3	5.0	5	0.82
生活和工作技能	4.3	5.0	5	0.83

　　家长也对孩子 STEM 课程选择产生影响。家长是孩子非正式学习的启蒙者、第一任老师,孩子在幼年的大部分时间都是和爸爸妈妈在一起,他们会受到父母做事方式、职业相关的经历和指导等方面的影响。研究也证明家庭对帮助学生参与和发展对科学的兴趣和学业成就有很大的帮助,父母对于科学的态度比对孩子在学校的生活和学习期望影响更大(Archer, DeWitt, Osborne,Dillon,Willis, & Wong, 2012)。另一方面,调查结果显示只有 19.7% 的学生认为父母影响了他们对 STEM 职业的选择,52.2% 的学生反映至少有 1 个 STEM 项目是与家长一同完成的。因此,并不是所有父母参与的 STEM 课程都会对孩子的兴趣产生影响。微软公司(2011)的调查也支持了这个发现,只有 37% 的大学生家长是从事相关职业的。通过分析,参加 I-SWEEP 有利于加强学生 STEM 的兴趣,学生的满意度很高得益于 I-SWEEP 发展了他们 21 世纪必备的能力。最后,强调性别对选择的影响,女生中选择了工程的人数只占男生的一半。国家科学局报告称 19% 的女性科学成绩为不及格,得到工程师学位的女性比例自 2008 年一直没变,2011 年只有 18.4% 的女性获得了学士学位。研究表明 23.2% 的女性在 I-SWEEP 中选择了工程项目,与国

家数据相符。这个结果或许能解释女性不喜欢选择工程专业源于她们认为这是一个属于男性的学科。所以扩大女性在工程领域的参与度仍是美国的一个重点目标,例如女性在总统大选中被认为是一个"未被充分代表的"群体,NASA 曾利用教育改革基金鼓励学校支持女生学习 STEM。美国学者的研究表明,科技竞赛可以培养学生的 STEM 兴趣和发展他们的 21 世纪能力,因此,美国政府和教育部推荐学校整合各种资源鼓励学生参与科普活动,学校应该鼓励和支持对科学有兴趣的学生和老师实践各类科学项目。美国本土的研究表明,女生看起来对工程项目不感兴趣,所以,要付出更大的努力来鼓励所有年级的学生参与到有趣、挑战性、创造性的项目中。所有老师,尤其是小学教师需要接受进一步的专业培训来克服他们在工程方面的障碍,以及开展STEM 课程设计和实践的能力,并且让教师关注 STEM 教育中的性别问题,鼓励教师提供更多动手和动脑的教学活动以吸引更多的女生参与,还可以邀请成功的女工程师进行演讲,作为榜样鼓励女生从事 STEM 职业。

三、基于管道理论的课程开发

以 STEM 为核心的国际教育改革与以往主要有三个不同点:(1)被视作应对全球经济挑战的重要杠杆;(2)反映 STEM 素养对解决全球科技与环境需求问题的战略性角色;(3)侧重于发展 21 世纪劳动力所需能力和知识(Bybee,2010)。STEM 素养要求培养学生相应的知识、态度和技能以解决现实世界中急需的问题,了解 STEM 的学科特征、培养学科整合意识和能力、解释自然科学和社会科学中的现象,同时扮演全球公民的角色参与、并思考与STEM 相关的问题,21 世纪的专业劳动力还需要团队合作和沟通以及领导技能来整合 STEM 内容(王卓,王晶莹,2018)。我国的 STEM 课程建设还刚刚起步,中小学特级教师团队、各地教育类公司等研发了一系列 STEM 教材和在线学习材料,却少见国家和地区教育主管部门或者教师培训机构的政府行为,STEM 教育如果想在我国基础教育阶段落地生根,需要加快课程和教材的学术研究,在实证研究基础之上的课程开发和与之配套的教材建设尤为关键。

（一）STEM 课程开发的原因

STEM 教育旨在将科学、技术、工程和数学进行跨学科融合,注重项目探究、动手实践、主动创造等学习方式,通过开设预修课程,以帮助学生根据兴趣确定大学的专业方向,为专业学习奠定基础。K–12 阶段的 STEM 教育是提升中小学生问题解决能力和自主创新能力的重要模式,目前美国各类 STEM 学校的课程设置都是以 STEM 项目式学习和问题解决为核心,针对管道理论所揭露的人才流失问题,优化美国 STEM 学校人才培养模式,提高学生的 STEM 学习兴趣。大学专业的选择是高中生最重要的决定之一,将会对学生近期和将来产生深远影响,但是学生在大学的专业选择方面却没有做好准备,他们缺乏对职业全面与合理的期望和规划,而 STEM 职业生涯类的课程将会有积极的帮助。很多因素影响了学生选择大学的专业和今后的职业,学生也需要衡量各种利弊,在学生进行专业选择的决策过程中有六个可能的影响因素:职业驱动、个人特质、真正的兴趣、预期的困难、他人的影响以及许多辅助性因素(Kuechler, McLeod, & Simkin, 2009)。这些因素也被划分为经济、社会和心理三个主要类别,经济因素指与职业相关的方面,包括工资、奖金、晋升机会、毕业后的雇佣机会和最初的薪酬水平等;社会因素也是指对学生专业选择过程有影响的社交圈的信念、归因和经验,社会主要是指熟人的影响,他们可能是家庭成员、朋友或者老师;心理因素与个人特征有关,包括个人技能、自我概念、个人兴趣和预期困难等;其他辅助性因素则包括进入具体班级的机会、学生的选科情况、大学之前的课程学习、某一学科工作后预期的生活质量、较少存在性别歧视的专业等(Kimweli, & Richards, 1999; Noel, Michaels, & Levas, 2003)。许多研究表明,影响拟从事 STEM 学习学生的因素与非 STEM 的一致,而且影响学生 STEM 职业路径选择的最显著因素是兴趣(Calkins, & Welki, 2006)。研究者认为学生对专业的选择与是否参与过该专业的实践活动有关,在早期教育中涉及更多与 STEM 学科相关的实践活动对于学生学习兴趣和专业选择有着积极作用(Sahin, 2013)。

另一影响学生 STEM 职业选择的显著因素是校内外的学习经历。学校的课程学习经历对学生的 STEM 相关学科的学习兴趣有着很大影响,通过对超过 9 000 名小学生和家长历时五年的调查研究表明,学生对科学的学习期望和态度形成并固化于 14 岁之前(Archer, DeWitt, Osborne, Dillon, Willis, & Wong, 2012;Archer, DeWitt, & Wong, 2014),中学生的学习经历成为 STEM 专业选择的主要预测因素。因此,K－12 阶段 STEM 课程的开设对学生的 STEM 学习兴趣、整合学科素养和职业期望的培养有着很大的实践价值。

(二) STEM 课程开发的方式

第一,充分利用地域优势,整合当地资源。工商业圈、自然地理环境、政府基础设施等都是与 STEM 课程相关联的环境资源,能够为学生提供接触 STEM 学习的真实情境,促成真正的 STEM 知识和技能的学习(吕伟妮,王晶莹,何静,2018)。社区资源环境为 STEM 课程内容的教学提供了理想的环境,促使教师将注意力集中在与教学内容相一致的环境上,培养教师整合环境资源的能力。即便是在不同的地域,也不会受到地区条件的限制,使基于地域环境的 STEM 教育(Place Based STEM,简称 PB-STEM)成为一种可能。充分利用当地资源与 STEM 教学结合,方便师生接触 STEM 职业和应用设施。基于 STEM 教学与当地相关资源整合的愿景,纳德尔森等人(Nadelson, Seifert, & McKinney, 2014)进行了为期四年的研究项目:K－12 阶段 STEM 教师专业发展计划,该项目将 PB-STEM 课程作为重点内容,研究成果浓缩为历时一周的综合 STEM 中小学教师专业发展项目(i-STEM PD)的培训。2013 年首次培训为 400 余名教师提供较为深入的综合性 STEM 短期课程,课程结束后,全体成员进行讨论、评价,确定最终的实践标准,随即在爱达荷州的五个社区大学实施并卓有成效。该教师培训项目提供基于主题的综合 STEM 短期课程,整个小组全体成员都要围绕基于地域的 STEM 教学进行工程设计,开展共同核心课程和 21 世纪能力的标准和实践。这个 STEM 短期课程重在激发教师对 STEM、市政水利系统、健康、农业、食品安全、矿物开发、林业以及能源开发等诸多领域产生兴趣;此外,短期课程还包括实地考察,具体为教师提供实地考察 STEM 行业和业务的基地,如制造厂、废水处理系统、矿山、自然公园、食品加工厂、研究所、医院和实验室等,旨在促使 STEM 教师充分挖掘当地可用资源,综合利用这些资源教授 STEM 课程。与此同时,当地资源也为 STEM 内容的教授提供环境支持。在实地考察过程中,由地方 STEM 专家进行工作场所介绍,加深教师对地域环境和条件的理解,从而更好地利用资源教授课程。通过短期课程的培训及实地考察,参与教师不仅对基于地域的 STEM 教学有了更深的理解,其相关知识、能力以及整合地方资源进行 STEM 教学的意识大幅提升。

第二,重视调整各学段 STEM 课程,加强课程衔接力度。学生是否选择 STEM 专业以及未来是否从事 STEM 职业不仅取决于学生自身学习态度和兴趣,也与学生 STEM 相关学科的成绩相关。STEM 管道理论的研究表明,STEM 人才的保留将会对世界各国的科技竞争力起到至关重要的作用,"管道"从学前到高等教育等不同阶段组成,各学段间 STEM 课程的衔接程度,则可能会影响学生对 STEM 学习持久的关注力。为此,肯塔基州的路易斯维尔大学工程学院开展了一个 K‑12 拓展项目,其目的在于增加对 STEM 领域感兴趣和有能力的学生的人数,为那些没有进入"管道"的学生提供机会。该项目选定当地的小学和初中开展工程预科课程,即桥梁项目/工程引路项目(Project Lead the Way,简称 PLTW),为学生高中阶段的学习做准备。小学阶段采用的是波士顿科学博物馆开发的小学工程学课程"工程基础"(Engineering is Elementary,简称 EiE),中学阶段采用的是由本地中学科学教师开发的"中级工程学"(In the Middle of Engineering,简称 IME)。经过四年的实践,有 2 000 多名学生参与了该管道拓展计划所开设的相关课程,壮大了 STEM 人才培养队伍(Ralston,Hieb,& Rivoli,2013)。小学阶段旨在增加进入 STEM 领域的学生数量,后续教育过程中更要注重 STEM 的课程质量。在奥巴马政府的推动下,美国传统的高中 STEM 课程(科学、技术、工程和数学)正在被更新为综合应用型的 STEM 课程,注重增强与高校专业选择之间的联系,提高课程在科学领域的适用性,进而增强学生从事 STEM 职业的可能性。

第三,丰富学生的实践体验。美国 K‑16 的研究性学习项目计划为高中生提供机会,提前参与高校本科生的研究课题,也为高校 STEM 专业的学生提供机会与 STEM 教师进行互动,接触从事 STEM 行业的成功人士。该项目有效弥补了 STEM 管道理论的不足,激发并保持学生对 STEM 课程的兴趣,提高从事 STEM 行业的动机,减轻"管道"连接处的人才流失程度。同时,学生在参与拓展活动时,能有效吸引其他学生参加 STEM 活动,形成整体,促使非 STEM 学生的转型与进修,增加 STEM 人才的生源量。

第三章

多元学习环境的研究进展

　　学习环境的研究日益受到国际学界的关注,成为西方社会学、教育学和心理学领域的研究热点之一,并已经形成专门的研究领域。本章聚焦多元学习环境的研究进展,从课堂学习环境的研究出发,探讨了学习环境和课堂学习环境的研究历史与进展,明确了课堂学习环境的研究方法,并对科普场馆和家庭这两大非正式学习环境对学生学习的影响进行了系统的分析和探讨,为后续章节的调查研究和案例分析奠定了理论基础。

第一节　课堂学习环境的研究概述

　　课堂学习环境(classroom learning environments)也称课堂环境或课堂气氛。对课堂学习环境的研究始于 20 世纪 30 年代,发展于 70 年代,90 年代至今研究很活跃,是西方社会学、教育学和心理学的研究热点,为课堂教学改革作出了积极贡献。以下首先追溯多元学习环境的研究进展,然后系统地阐释课堂学习环境的研究历史,最后深入阐述其研究进展。

一、学习环境的研究进展

　　近年学习环境的研究领域有四大类:学业成效与学习环境、学习环境的认识论、学习环境的影响因素、跨文化研究。以 Web of Science 核心合集数据库为检索源,采用精确检索标题为"学习环境"(learning environment)的英文文献,时间范围设定为 1986 年—2017 年(检索时间为 2018 年 3 月 1 日),文献类型精确为文章,共得到文献 1 474 篇,研究始于 1993 年,研究方向为教育和教育研究的有 705 篇。从排名前十的高产期刊发现,计算机与教育技术类刊物成为主流学术载体,医学也成为高产学科的研究载体(见表 3 - 1)。自 1993

年以来学习环境的 SSCI 发文量逐年递增,尤其在 2009 年后,年发文量百篇以上。

表 3-1 学习环境研究前十位高产期刊统计

排名	载　文　期　刊	发文量	百分比	分区
1	《计算机与教育》(Computers & Education)	73	4.953%	一区
2	《教育技术与社会》(Education Technology & Society)	43	2.971%	二区
2	《交互式学习环境》(Interactive Learning Environments)	43	2.971%	二区
4	《今日护理教育》(Nurse Education Today)	31	2.103%	一区
5	《人类行为研究中的计算机》(Computers in Human Behavior)	29	1.967%	一区
6	《计算机辅助学习杂志》(Journal of Computer Assisted Learning)	26	1.746%	二区
7	《英国教育技术杂志》(British of Education Technology)	24	1.628%	一区
8	《工程教育教学杂志》(Instructional Journal of Engineering Education)	24	1.628%	四区
9	《学术医学》(Academic Medicine)	23	1.560%	一区
10	《教育技术研究与发展》(ETR & D-Educational Technology Research and Development)	20	1.357%	三区

从研究机构的发文量看,我国台湾地区的四所高校以绝对优势位居首位,台湾师范大学成为学习环境领域世界第一的学术机构(见表 3-2)。研究热点为学生感知、学习过程、虚拟学习环境、社会环境、学业成就、课堂环境、问题导向学习、在线学习环境、协作学习环境、学习经验等方面。个人学习环境、泛在学习环境、交互学习成为当今学习环境领域的研究前沿。随着年代发展,研究主题呈现一定的规律,教育技术的影响清晰可见。

表 3-2 SSCI 学习环境发文量前十位的研究机构

	所　在　机　构	所属地	篇数	比例	TGCS
1	台湾师范大学(Taiwan Normal Univ)	中国台湾	36	2.31%	279
2	南洋理工大学(Nanyang Technol Univ)	新加坡	26	1.67%	360

续　表

	所　在　机　构	所属地	篇数	比例	TGCS
3	中央大学（Cent Univ）	中国台湾	20	1.28%	364
4	台湾科技大学（Taiwan Univ Sci & Technol）	中国台湾	20	1.28%	258
5	佐治亚大学（Univ Georgia）	美　国	19	1.22%	816
6	新竹交通大学（Chiao Tung Univ）	中国台湾	18	1.16%	312
7	科廷科技大学（Curtin Univ Technol）	澳大利亚	15	0.96%	220
8	印第安纳大学（Indiana Univ）	美　国	15	0.96%	301
9	宾夕法尼亚州立大学（Penn State Univ）	美　国	15	0.96%	461
10	特温特大学（Univ Twente）	荷　兰	15	0.96%	229

在中国知网以"学习环境"为篇名检索 1992 年—2017 年的期刊文献共计737 篇,随着年度呈现上升趋势。该领域研究分为三个层面:(1)学习环境的理论概述(范春林,董奇,2005;孙汉银,2010;陆根书,杨兆芳,2008);(2)学习环境的设计和建构(叶新东,陈卫东,张际平,2014;王牧华,靳玉乐,2011);(3)学习环境的调查和评价(李广凤,2014;李子建,尹弘飚,2010)。研究主题存在很大差异,前两个主题所占比重较大(45%和36%),调查和评价研究很少(7%);以信息技术为主(46%),语言学为辅(15%),STEM 学科涉及较少(3%),29%的文献没有涉及学科;近年来研究主题关注多元化学习环境,如泛在学习环境、网络学习环境、翻转课堂学习环境、移动学习环境以及个性化学习环境等的构建研究。总体看来,技术和互联网营造的虚拟学习环境的理论思辨研究和案例分析较多,学校学习环境的调查、测评和影响因素的实证研究较少。从发文总量来看,我国关于学习环境的研究在 1995 年之前年发文量都在 10 篇以下,2007 年出现高峰,达到 60 篇以上,2014 年和 2015 年是发文量最高峰的两年,2011 年之后发文量都在百篇以上,进入了学习环境研究的高产期,而且其增长趋势还在持续。进一步利用 CiteSpace 可视化软件对这 25 年的 737 篇学习环境研究文献进行关键词共现分析,得到表 3 - 3。通过对排名前十位关键词的分析可以看出,我国学习环境研究主要聚焦于学习环境、网络学习环境、泛在学习、虚拟学习环境、智慧学习环境、自主学习、设计、个人学习

环境、建构主义和学习环境设计等。可以看到,从 1998 年—2017 年研究热点
呈现多元化分布,而且随着年份有所变化,这 20 年的研究主题聚焦热点依次
为学习环境、建构主义、学习环境设计、教学设计、网络学习环境、网络教育、协
作学习、自主学习和课堂学习环境、数字化学习环境和学习共同体、网络学习、
学习科学和泛在学习、信息共享空间、个人学习环境、教师专业发展、云计算和
非正式学习、电子书包和课堂环境、移动学习、智慧学习环境。自 2000 年以后,
学界比较热衷于网络学习环境、虚拟学习环境、学习环境设计、数字化学习环境、
个人学习环境、信息技术等研究,而对学科课堂学习环境以及非正式学习环境的
其他类型,诸如科普场馆、家庭环境等的研究甚少;对学习环境的理论思辨较多,
实证调查较少,构建研究较多,测评研究较少(张宇,张林,王晶莹,2015)。

表 3‐3　我国学习环境研究前十位高频关键词

序　号	关　键　词	频　次	平均发表年份
1	学习环境	165	1999 年
2	网络学习环境	35	2000 年
3	泛在学习	34	2013 年
4	虚拟学习环境	30	2000 年
5	智慧学习环境	28	2014 年
6	自主学习	25	2011 年
7	设　计	24	2010 年
8	个人学习环境	22	2008 年
9	建构主义	22	1999 年
10	学习环境设计	20	2000 年

二、课堂学习环境的研究历史

社会心理学家早在 20 世纪 20 年代,就开始了有关课堂学习环境的研究,
课堂环境的研究可以追溯到 1920 年(Chavez,1984)。起初,社会心理学家采

用的是由第三者对影响课堂学习环境的因素进行了观察、记录的办法，即所谓的低推论测量(low inference measures)①。最早开发相关技术的是社会心理学家多萝西·斯温·托马斯(Dorothy Swaine Thomas)，托马斯(Thomas,1929)认为课堂行为评价的第一步是要明确外显的行为指标，他在对幼儿的社会行为进行观察和记录时，将记录的材料进行标准化和科学化，从而研究出了相应的指标体系。虽然托马斯仅关注学生、教师的行为和清晰的课堂现象，且忽视了行为及事件的内在心理意义(Dorman,2002)，但是他所研究和确立的指标思想仍然对此后的课堂行为研究具有很大的启示作用。随着社会心理学、社会教育学、教育心理学等学科领域的发展，众多专家对课堂环境的相关研究日益完善。纵观西方对课堂学习环境研究的发展走向，大体可以分为四个阶段：首先是侧重教师领导行为的课堂环境研究阶段；其次是从言语行为分类过渡到非言语行为分类的研究阶段；然后是侧重课堂参与者主观角度的研究阶段；最后是多角度构建研究阶段。

（一）教师领导行为研究阶段

自 20 世纪 30 年代到 50 年代末期，以库尔特·勒温(Kurt Lewin)、亨利·默里(Henry Murray)、罗纳德·李皮特(Ronald Lippitt)、拉尔夫·K.怀特(Ralph K.White)和哈罗德·H.安德森(Harold Anderson)等为代表的西方学者，对课堂学习环境的研究侧重于教师领导行为角度。在 1939 年勒温、李皮特和怀特，以及 1940 年李皮特的研究中，将 4 组 5 名 10—11 岁的儿童组成小组进行观察。调查的经典之处是他们将专制型、民主型、自由放任型三种领导角色的作用和与之相随的课堂气氛进行研究。观察的内容涉及：组内成员相互作用、领导和成员间作用关系、显现出的侵犯行为以及小组工作效率四个部分。经研究发现民主型领导的课堂气氛在这三种领导类型中最好。在课堂表

---

① 查维斯的研究(The use of high inference measures to study classroom environments: A review of Educational Research)对低推论测量(low inference measures)和高推论测量(high inference measures)做出了明确具体的论述。他将课堂环境的研究区分为低推论测量(low inference measures)和高推论测量(high inference measures)两种研究倾向。所谓低推论测量指的是采用观察者对课堂环境中具体的、可见的及外显的环境现象和行为进行客观、公正的观察、记录。而高推论测量则是从处于课堂环境中的教师和学生的感知角度出发进行测量，这被认为是更有效率、更科学的。

现上,民主型教师并不像专制型教师那样过于保守、权威和严肃;也不像自由放任型教师那样过于放纵。小组成员都喜爱民主的领导风格,在民主型教师领导的课堂中,无论教师是否在班,都体现出学生不良行为较少,班级凝聚力较强的特点。安德森等人(Anderson, Brewer, & Reed, 1946)很早就开始了教师课堂行为对学生影响的研究,他认为教师的课堂行为对课堂环境的影响可以分为存在极大不同的两大类,即"整合型"和"支配型"。其中"整合型"行为"是灵活的、适应的、客观的、科学的行为",教师的整体表现为尊重、赞赏、接受、从学生角度考虑和出发,可以起到"促进创造力"的作用;"支配型"行为则"以目标的严格性或不灵活性为特征",教师的整体表现更趋于偏执、强硬和专制,使学生的独立性更差、创造性更少,并且压制其他行为。他采用整合型和支配型来阐述勒温的民主型和专制型的领导风格,虽然并没有很大的突破,但从整体上给人的感觉更加温和。勒温和安德森等人的研究都是建立在对实验控制的基础上,与实际的课堂环境还有很大程度的差异。此外,这一阶段的研究者所认识到的课堂环境过于狭隘,仅仅认为教师是课堂环境的影响者。但是,他们在研究过程中都探讨了不同课堂学习环境里学生的表现,这也为下一阶段的研究提供了有力保障。

(二)从言语行为过渡到非言语行为研究阶段

1950年前后,人们对课堂学习环境的理论研究产生浓厚兴趣,最具有代表性的研究来自约翰·威塞尔(John Withall)1949年的成果。他首次将学生之间和师生之间的相互作用定义为"社会情感气氛",并对其概念进行了详细阐述,他认为这种所谓的"社会情感气氛",无论是对每一个体的内心世界、群体的集体精神、价值观及个人的目标和行动、解决问题的客观性,抑或是对群体中人际相互作用的类型和程度都具有影响。他认为营造这种课堂社会情感气氛的主体是教师的语言活动。此外,威塞尔基于上述研究,将教师言语行为作为描述课堂气氛的指标,并划分为七个方面:支持学习者的陈述、接受与使用学习者明白的陈述、形成问题的陈述、中立的陈述、指导或督促的陈述、责骂或驳斥的言论、教师自我支持的言论。50年代末,课堂学习环境的研究开始由分析师生言语行为向非言语行为过渡。到20世纪60年代初期,西方学者开始倾向于测量课堂的社会结构,同时对课堂中的师生非言语行为进行归类。研究者(Medley, & Mitzel, 1963)设计了观察计划和记录(Observation Schedule and Record)的总括性量表,采用低推论测量的方法,要求观察者从情感气氛、言语行为及社会组织角度出发进行记录和测量。量表共有 14 个项目,将其规划为情感气氛、语言行为和社会组织三个范畴。这一量表的研究结果远远超出了预期,情感气氛对于教师能力和师生关系有着重要的作用。此外,研究结果还证明了对非语言行为和课堂社会结构分类的可能性。随后研究者(Hughes, 1973)对非言语行为和课堂社会结构进行分类,针对小学课堂中的社会相互作用,提出了控制、灌输、促进、内容展开、个别反应、积极情感和消极情感七个综合性范畴来分类教师行为。此外,还将研究结果直接用于课堂气氛的研究中,并得出以上七个范畴在课堂上所占用的百分比分别为: 20%—40%、1%—3%、5%—15%、20%—40%、8%—20%、10%—20% 和 3%—10%。这同时标志着社会相互作用对教师和学生行为的积极影响。内德·弗兰德斯(Ned Flanders)在此基础上进行了更深入的总结,他沿用托马斯所提出的低推论测量方法,吸收了安德森"教师领导"概念和威塞尔"社会情感气氛"的精华,发展了师生互动分析技术——弗兰德斯相互作用分析系统(Flanders' Interaction Analysis System)。他在分析课堂中师生间言语相互作用时,将教师对学生的影响分为"指导的影响"与"非指导的影响"两部分。实证研究发现,其中教师"非指导的影响"在班级中产生的效果远比"指导的影响"要好。如教师"指导的影响"引起的是学生的消极反应,而"非指导的影响"则使学生更主动,学生会对教师做出积极响应。

如图 3-1 所示,弗兰德斯认为,"接受情感、赞赏或鼓励、教授或运用学生的想法、提出问题、讲解"属于教师对学生非指导性的言语影响;"要求、批评或维护权威"则属于教师对学生指导性的言语影响;"学生反映言语、学生自我言语、安静或混乱"指的是学生自己的"声音"。在此套分析系统中,每相隔三秒钟就由第三者客观的记录师生在课堂中的言语及行为,然后计算出课堂中各种活动所占的比例。弗兰德斯试图用以上 10 个指标去描述课堂环境中教师与学生之间的相互关系(张引,1989)。遗憾的是观察者仅对学生、教师言语和课堂情境做出记录,整个过程中观察者都无法对师生之间的交流和沟通做出了解。不得不提到的是弗兰德斯相互作用分析系统是采用低推论测量方法研究课堂环境的杰出代表,在20世纪60年代得到了十分广泛的应用,同时这种局外人(第三者)参与、观察、记录的做法也成为当时研究课堂环境的一大方法取向(Fraser,2007)。另外,可以看出,弗兰德斯将影响课堂环境的主要原因归结为教师的影响,同时也注意到了"学生言语"对课堂环境的影响。虽然对"学生言语"方面仅仅是涉及层次,但是这也并没有撼动弗兰德斯相互作用系统,以及以此系统为基础的一系列研究结果在当时的地位。在此研究阶段中,威塞尔和弗兰德斯等人,认识到了教师的言语及非言语行为对学生的影响,也基本确立了其在课堂学习环境中的地位。从相互作用分析系统中,弗兰德斯已经开始了学生言语活动对课堂学习环境影响的研究。但是在这一阶段的研究者,无论是威塞尔还是弗兰德斯都只是将研究局限于师生的言语互动,仅仅涉及社会心理环境层面,所展现的并不是课堂学习环境的全貌。

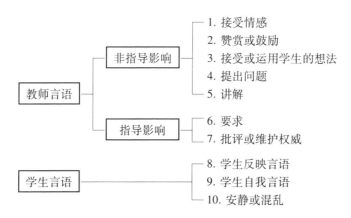

图 3-1 弗兰德斯相互作用分析系统

（三）课堂参与者主观角度研究阶段

无论是将教师作为领导者的调查,还是对课堂中师生言语行为的研究都过于片面,因此,在课堂学习环境研究的第三个阶段,逐渐有学者意识到第三者参与到课堂中进行客观记录、观察和评价的方法存在弊端,不如参与其中的学生或教师的感觉来得更加直接和清楚,故此阶段的研究开始倾向于从课堂参与者的主观角度出发,采用高推论测量的研究范式。首先是勒温和默里在本阶段课堂学习环境研究中的贡献,他们的理论对课堂学习环境的研究有着深远的影响。勒温提出了影响课堂环境研究的场论(Field Theory)。在他的观点中,人的行为是人和环境两者相互作用而得到的产物。由此,他用 B 代表行为,P 表示人(个人因素),而 E 则是人所属的环境,并模拟出了人类的行为是人和其环境的函数关系式 B＝f(P,E),即著名的勒温公式。默里则运用需要——压力模型(Need-Press Model)重新阐述和定义了勒温公式中人和环境的概念。默里所提到的需要是勒温公式中的个人因素 P 驱使个体朝着某个目标方向的内在动机和倾向;压力指的是人的内在需要得到满足的外在因素或者对其内在需要起挫折作用的外在因素。同时,勒温还将外界环境压力分为个体观察到的客观环境和个体的社会心理环境,个体都具有趋向感知到的优质环境而远离感知到的危险环境的倾向。

在勒温和默里理论的启示下,亨利·R.穆斯(Henry R. Moos)在斯坦福大学建立了社会生态学实验室(Social Ecology Laboratory),他对人类环境的研究涉及军队、医院、工厂、大学等更为广泛和全面的范围,并且发展出相应的环境测量工具。穆斯等人(Moos,& Trichett,1974)认为要借助师生对不同课堂中的知觉反馈来研究中小学课堂中的心理环境,由此编制了《课堂环境量表》(Classroom Environment Scale,简称 CES)。此量表分为真实式、理想式和期望式三种不同的形式,根据九个维度,可以分为不同的课堂环境。经过对人类环境的全面研究,穆斯将默里需要——压力模型中的 β 压力划分到人类的社会心理环境。穆斯将人类环境分成:关系、个人发展或目标定向以及系统维持与变化三个大的维度。评价人们卷入环境的程度、相互支持和帮助的程度及自由和公开表达意见和观点的程度,即为关系维度;评价环境中的个人发展、发挥方向、自我增强的基本方向,以及在环境中提升的可能,即为个人发展或目标定向维度;描述空间中的秩序程度、组织程度,以及环境对变化的敏感程度等,即为系统维持与变化维度(范春林,2012)。由于穆斯三维度划分的全面性和权威性,此后有关课堂环境的研究都遵从此框架。

赫伯特·J.沃尔伯格(Herbert J. Walberg)强调在课堂环境中最有发言权的是深有体会的教师和学生,所以在其与加里·J.安德森(Gary J. Anderson)

1968 年一起从事的有关 10—12 年级物理课程的"哈佛物理学项目"(Harvard Physics Project)实验研究时,采用的就是调查学生和教师感知的方法。作为研究中的一部分,二人共同设计出了《学习环境量表》(Learning Environment Inventory,简称 LEI),该量表是本阶段另一重要成果。调查结果显示:有经验的实验教师、没经验的实验教师以及有经验的控制教师对于课堂环境的影响不同;相比于控制教师,其他两种类型教师授课班级中的学生感知到实验课更容易、更多样化一些。穆斯和沃尔伯格从环境知觉的角度出发,为之后的课堂环境研究提供了理论基础和研究取向。受他们二人研究结果影响的一大批学者,针对小学、中学、大学阶段,从注重从教师和学生的知觉这一更有效的角度出发,利用参与者的主观感觉角度来进行研究和测量。

(四)多角度构建研究阶段

经历以上三个阶段的研究,学者们的研究对象不仅仅是课堂中师生对环境的感知,也不再局限于对课堂社会心理因素的研究,他们逐渐从多个角度进行多元学习环境的构建研究,使用的方法除了调查问卷以外,还包含课堂观察、访谈等多种形式,也利用技术支持的环境获取了大数据的研究素材,开展计算教育学研究范式的创新。因此,多元的学习环境除了现实的课堂学习环境之外,也包括技术支持的网络和智能化学习环境等。例如,美国学者(Fraser, & Tobin, 1989)采用质性研究和定量研究相结合的方法调查优秀班级和普通班级,并测量了学生的社会心理感受。近年来,人工智能备受全社会的关注,更被提升到国家战略的高度。《教育信息化 2.0 行动计划》提出实施"智慧教育创新发展行动",加强智能教学助手、教育机器人、智能学伴、语言文字信息化等关键技术的研究与应用。教育机器人的出现推动了计算机辅助学习时代的变革,在基于计算机的讲授、操练、模拟和工具等四大类型的信息化教学手段受到了来自机器人的挑战,从计算机辅助学习、移动学习再到教育机器人,技术支持学习环境也发生了多维度的变化。研究发现(Van den Berghe, Verhagen, Oudgenoeg-Paz, van der Ven, & Leseman, 2018),与人类教师讲授或同辈学习相比,在机器人辅助儿童语言学习环境中,也可以达到高质和高效的学习结果。整体来看,机器人辅助语言学习对学习结果的影响是积极的,在辅助词汇学习和口语技能方面显示出差异化的结果,而在语法技能、阅读技能和手语技能等方面均表现出了良好的辅助功能。机器人辅助语言学习环境对学生情感的影响体现在学习者出现新奇效应、机器人对学习动机的影响和机器人社会行为等方面。机器人对学生学习语言的动机具有促进作用,动机可能部分地源于机器人的新奇效应,但在机器人的社会行为方面较为复杂,性别可以在有利或不利的影响中发挥作用。

如今,许多学者从事多媒体和互联网科学技术的课堂环境研究、建构主义的课堂学习环境研究,并发展了相应的问卷,以促进教学质量的提高以及教师的自我提升。随着计算社会学的发展以及计算教育学研究范式的出现,可以在教育计算的背景下辅助测评多元学习环境中学生认知和行为的养成。一项比较计算机学习游戏教育效果的研究(Lamb,2016),在科学课程学习环境中对三维严肃教育游戏、二维在线实验室和传统的讲授教学形式的学习效果进行了分析。该研究使用分层抽样技术随机选择研究对象,对潜在的作用机制进行了计算建模,并比较了二维和三维学习环境,研究发现三维严肃教育游戏的学习环境可以提高学生对科学概念的理解。总之,从 20 世纪 20 年代至今,学者们对课堂学习环境的研究经历了教师领导阶段、从言语行为分析到非言语行为分类过渡阶段,以及课堂参与者主观角度阶段,已经发展到以技术为支持的多元学习环境的构建研究阶段,利用多种研究范式综合了以往各阶段的多维研究视角。

三、课堂学习环境的研究进展

在 Web of Science 的核心集刊的 SSCI 刊物检索到 2017 年底篇名为 *Classroom Learning Environment* 或 *Classroom Environment* 的文章共有 391 篇,最早始于 1946 年,国外课堂环境研究一直比较活跃,近两年研究数量达到高峰。经文献计量学分析(见表 3 - 4),前七位高产国家/地区是美国、澳大利亚、加拿大、土耳其、中国、英国、以色列;高产学者有澳大利亚科廷理工的三位学者,莫纳什大学、加拿大萨斯喀彻温大学、美国普渡大学、马里兰大学和伊利诺伊大学各一位学者。前八位的研究领域有教育学、心理学、康复学、社会工作、公共健康、语言学、环境科学和社会学其他学科,社会工作和社会学其他学科的 20 篇文献最早产生于 1976 年。

表 3 - 4　课堂学习环境的高产作者和国籍

研　究　领　域			高　产　国　家			高　产　作　者			
方　向	数量	%	国家/地区	数量	%	作　者	数量	国　籍	%
教育研究	238	60.87	美　国	198	50.64	Fraser, B.J.	35	澳大利亚	8.95
心理学	139	35.55	澳大利亚	57	14.58	Fisher, D.L.	6	澳大利亚	1.54
康复学	23	5.88	加拿大	15	3.84	Aldridge, J.M.	5	澳大利亚	1.28
社会工作	13	3.33	土耳其	15	3.84	Ranhawa, B.S.	5	加拿大	1.28
公共健康	12	3.07	中　国	13	3.33	Dorman, J.P.	4	澳大利亚	1.02
语言学	8	2.05	中　国	13	3.33	Patrick, H.	4	美　国	1.02
社会学其他主题	7	1.79	英　国	12	3.07	Trickett, E.J.	4	美　国	1.02
环境科学	7	1.79	以色列	7	1.79	Ryan, A.M	3	美　国	0.77

　　从期刊分布情况来看,《计算机与教育》《国际科学教育杂志》《科学教学研究期刊》《教育技术与社会》《教学与教育》的发文量位居前五,发文量分别是 355 篇、87 篇、81 篇、78 篇和 61 篇,占总发文量的四分之一;从期刊被引情况来看,《计算机与教育》与《科学教学研究期刊》的 TICS 值与 TGCS 值明显高于其他期刊,说明这两个期刊被学界认可程度较高[①]。对比来看,相比其他期刊,《计算机与教育》无论是发文数量还是发文质量均遥遥领先,在国际课堂研究领域具有极大影响力(见表 3 - 5)。进一步使用聚类分析发现:《计算机与教育》《教育技术与社会》主要聚焦于课堂教学、真实学习环境、电子学习、感知能力、自我认知、内在动机、成就目标等方面的研究;《国际科学教育杂志》《科学教学研究期刊》的研究主要聚焦科学知识、学生论证等方面的研究;《教育与教学》主要聚焦探究式学习、教师知识、学习环境、同行评价、课堂差异、课程学业情绪、自我效能等方面的研究。

---

① TICS 值与 TGCS 值反映文献在当前数据和整个 Web of Science 数据库中的被引情况,值越高,说明该期刊或文献被学界的认可度越高。

表 3－5　国际课堂学习环境发文量前五位期刊统计

载　文　期　刊	发文量	百分比	TICS	TGCS
《计算机与教育》(Computers & Education)	355	11.89%	425	5 549
《国际科学教育杂志》(International Journal of Science Education)	87	2.91%	126	976
《科学教学研究期刊》(Journal of Research in Science Teaching)	81	2.71%	257	2 633
《教育技术与社会》(Education Technology & Society)	78	26.1%	51	636
《教学与教育》(Teaching and Education)	61	2.04%	39	847

　　中国期刊网检索篇名为"课堂学习环境"或"课堂环境"的文献共有 825 篇,最早出现于 1990 年,纵观 1990—2017 年文献数量,随着年度呈现上升趋势,2006 年开始数量较多。我国课堂学习环境研究可以分为三个层面:课堂学习环境的理论概述、课堂学习环境的设计和建构、课堂学习环境的调查和评价,聚焦于学习环境设计、网络学习环境、虚拟学习环境、数字化学习环境、个人学习环境、课堂环境等主题;智慧学习环境、电子书包、虚拟现实、课堂环境、MOOC 等关键词成为研究热点。我国课堂学习环境研究可以分为三个层面:课堂环境的理论概述、课堂环境的设计和建构、课堂环境的调查和评价。研究主题存在很大差异,前两个主题比重较大(43%和 38%),调查评价很少(7%);以语言学科为主(45%),信息技术为辅(16%);近年研究主题关注多元化学习环境,例如泛在学习、网络学习、翻转课堂和移动学习以及个性化学习环境等的构建(公丽云,王晶莹,2016)。国内课堂学习环境的研究主要聚焦于英语和数学课堂环境与学习过程、师生关系、课堂氛围、教学效果、自主学习、教学或学习活动、师生心理、学生认知、学习成果、课堂参与之间的关系研究,以及课堂教学环境、课堂心理环境、课堂环境的构建和优化等方面。从时间维度上看,1990—1995 年间的研究热点集于课堂环境、课堂教学环境、教学活动、教学效果等方面;1996—2000 年间聚焦于课堂教学、心理环境、互动环境等方面;2001—2005 年间聚焦于教学环境、学生认知、学习活动等方面;2006—2010 年间的研究热点主题主要集中于课堂学习环境、大学英语、教学过程等方面;

2011—2017 年间聚焦于学习成果、高中英语、小学数学、学习效率、资源设计等方面。

第二节　课堂学习环境的研究方法

课堂学习环境对学生的行为、态度和学业成绩会产生强有力的影响,尽管课堂环境是一个内涵复杂的概念,自 20 世纪 70 年代以来,在课堂环境的概念发展及其评价方面还是取得了非同寻常的进展。在课堂环境研究中,以澳大利亚和美国为代表的众多学者进行了大量研究,积累了丰富的专业化研究方法。目前大多数的课堂学习环境实证研究都是由西方学者开展,且研究区域也大都集中在西方国家,由亚洲学者开展或针对亚洲国家课堂学习环境的研究相对较少。自 2001 年实施新课程改革以来,课堂学习环境研究在中国逐渐受到重视并取得了一定的进展,但利用实证研究方法对国内课堂学习环境的研究较少,本节主要探讨国际主流的课堂学习环境的实证研究取向和测评方法。

一、课堂学习环境的实证研究取向

课堂学习环境的研究以实证研究取向为主,把定量研究与定性研究结合起来,使课堂学习环境研究方法从对立走向统一与多元,这是该领域研究方法发展的必然方向。欧美学者开发了从小学到大学,从适用于一般课堂到特定学科课堂的系列测量问卷,相比起课堂观察法,高推论的方法更经济、更准确,对于学生的学习结果具有更强的解释力。

（一）低推论与高推论的研究取向

课堂学习环境的研究曾被区分为低推论测量(low inference measures)和高推论测量(high inference measures)两种研究取向(Chavez,1984)(公丽云,王晶莹,彭聪,2016)。国内有学者(屈智勇,2002)也称之为客观的方法和主观的方法。低推论测量是从第三者的角度对课堂环境因素进行客观观察和记录的方法,具体指标以可见的、具体的、外显的环境现象为基础,如教师提问同一个学生的次数;高推论测量是通过师生对课堂上所经历的一系列事件笼统的主观感受来评价课堂环境的方法,具体指标往往以被试对课堂事件意义的判断以及他对这些事件的感受为基础,更多地强调课堂环境的心理社会意义(孙汉银,2010)。如让学生回答"你的老师很和蔼吗?"与低推论测量相比,高推论测量更加关注课堂环境的心理社会意义(屈智勇,2002)。课堂环境研究早期,研究者主要运用低推论测量的方法即观察法来进行研究。低推论的方法取向最早可以追溯到 1929 年托马斯对课堂行为的研究,他首先开发了用于观察和记录幼儿课堂行为的指标体系。此后,安德森、威塞尔和弗兰德斯等学者沿用这一思路设计了多种用于观察课堂行为的指标体系,并且取得了较大成就,其中以弗兰德斯最为著名,他 1945 年提出的"课堂互动分析系统"是课堂观察最为成熟的方法之一,是课堂环境低推论测量方法取向的顶峰。20 世纪 60 年代以来,研究者开始从课堂参与者(教师和学生)的角度来考察课堂环境,于是以问卷法为主的高推论方法孕育而生,其理论思想最早可以追溯到 1936 年勒温的场理论与 1938 年默里的"需要-压力理论"。此后,以沃尔伯格和穆斯为代表的学者沿着这一思路在开发各类学校(小学到大学)的课堂环境测量工具方面做出了较大成绩(孙汉银,2010),巴里·J.弗雷泽(Barry J. Fraser)是后期影响力颇高的代表性学者。由于纸笔测验比课堂观察和访谈更方便,测量范围更广,且学生感受到的课堂环境比真实课堂的决定性作用大,因此,高推论的方法取向比低推论的方法取向更经济、准确,对于学生的学习结果具有更强的解释力(Fraser,2014)。

(二)混合研究方法的发展

观察、访谈等定性的研究方法曾在早期课堂学习环境研究中风靡一时;20 世纪 70 年代,以问卷法为主的定量研究方法取而代之,成为当时课堂学习环境研究的主要方法。研究者编制或选择合理的、具有针对性的测评问卷对学生或教师的知觉进行评价,获知当事人对课堂环境的主观体验和感受,但这种单纯运用问卷调查法获得的数据并不能全面、深入地了解课堂环境的全貌(公

丽云,王晶莹,彭聪,2016)。于是,20世纪80年代末,弗雷泽等人(Fraser,&
Tobin,1989)对22个优秀教师的班级和相应数目的普通班级进行了长达500
小时的课堂观察,同时还用问卷法测量了学生对于课堂心理社会环境的感受,
这标志着课堂学习环境的研究方法逐渐由一元的定量方法向二元的定性与定
量相结合的综合方法演变。这种综合研究方法使得课堂环境研究从一元走向
多元、对立走向统一,迄今为止,仍备受课堂学习环境研究者们的青睐。例如,
研究者(Zandvliet,&Fraser,2005)在对澳大利亚和加拿大课堂学习环境的比
较研究中,运用三套课堂环境问卷分别测试,再结合个案研究和访谈的方法对
定量数据进行合理解释,最终得到课堂物理环境、课堂心理环境与学生对课堂
环境满意度之间关系等研究结果。大量实践证明,定性、定量研究相结合的方
法可以有效规避文化差异和民族界限的影响,成为课堂学习环境研究广泛使
用的研究方法。早前的课堂学习环境研究采用多元回归分析技术,但是在实
际研究过程中发现,课堂学习环境的很多研究问题,都体现了多水平、多层次
的数据结构。在这些问题之中学生嵌套于班级之中,班级又镶嵌于学校之中,
忽略这个嵌套结构会导致集合的偏见和误差。由于传统的线性分析不能将涉
及两层或者多层数据的问题进行综合分析,因此,近年来,学界开始使用多层
线性模型(Hierarchical Linear Models,简称HLM)进行分析,在调查新加坡高
中学生对化学的态度与他们对实验室课堂环境的感知之间的关系时,同时使
用了多元回归分析和分层线性模型方法,研究发现,这两种方法都显示学生对
化学课程的态度与化学实验室课堂环境之间存在积极的联系(Wong,Young,&
Fraser,1997)。

二、课堂学习环境的测评工具

纵观课堂学习环境研究的发展脉络,在相关理论形成的过程中,研究者
也编制了大量不同类型的有效、实用的测评工具,为课堂学习环境的工作提
供了科学、有力的途径和手段。通过对已有文献进行梳理,以时间为主线,
下文重点介绍萌芽期、发展期和成熟期三个阶段国际课堂学习环境的典型
测量工具。

（一）萌芽期：20 世纪60—70 年代中期

20 世纪60 年代中晚期,研究者们更加注重从课堂环境的参与者(学生和教师)对课堂因素的主观感受出发来收集研究数据,范春林和董奇(2005)以高推论及定量的研究方法对课堂环境展开了测评,其中比较典型的测评工具包括安德森等人(Anderson, & Walberg, 1968)编制的学习环境量表(Learning Environment Inventory,简称LEI)和穆斯等人(Moos, & Trichett, 1974)编制课堂环境量表(Classroom Environment Scale,简称CES)。特别是,穆斯在进行人类研究时,将人类环境的社会心理氛围划分为三个维度即分别是关系维度(Relationship dimensions)、个人发展维度(Personal development dimensions)和系统维持及变化维度(System maintenance and change dimensions)(Moos, R. H., 1979),在多数环境(教育环境和非教育环境)测量中都被反复证明是符合实际情况的(田友谊,2003),即使是一些事先无结构的测量,在通过因素分析后,也大都与其维度一致。尽管穆斯的三维度课堂学习环境架构仅关注了课堂的社会、心理两个方面(刘丽艳,马云鹏,刘永兵,2009),但也为后来其他测量工具的建构提供了重要的理论依据,从此测量工具研究进入了一个新的发展时期(Fraser,1998)(见表3－6)。

表3－6　萌芽期具有代表性的测量工具

测量工具	理论依据	适用学段	各项题数	穆斯(Moos)构架三维度			时间
				关　系	个人发展	系统维持和改变	
学习环境量表	课堂社会系统理论	中学	7	凝聚力、冲突、偏爱、小团体、满意、冷漠	进度、困难、竞争	多样性、物质环境、目标取向、组织散漫、民主	1968年
课堂环境量表	需求-压力理论	中学	10	参与亲和力教师支持	任务、取向、竞争	秩序与组织、规则明晰度、教师控制、创新	1973年

（二）发展期：20 世纪80—90 年代中期

20 世纪80 年代后期,课堂环境越来越受到重视,进入快速发展时期,众多有质量的文章和测量工具出现,研究范围和规模进一步扩大。国际专业期刊《课堂环境研究》(*Learning Environments Research*)的问世,标志着课堂环境成为一个单独的研究领域。在此阶段关注教师互动问卷(Questionnaire on Teacher Interaction,简称 QTI)、科学实验环境问卷(Science Laboratory Environment Inventory,简称 SLEI)、建构主义学习环境问卷(Constructivist Learning Environment Survey,简称 CLES),以及课堂环境问卷(What Is Happening In This Class Questionnaire,简称 WIHIC)等。这一时期的特点是以高推论测量工具为主,低推论的观察和访谈法为辅对课堂学习环境展开研究。在这一时期,涌现出了一批颇具代表性的课堂环境测评工具,如弗雷泽分别在 1982 年、1986 年、1990 年、1995 年和 1996 年编制的《我的课堂量表》(My Class Inventory,简称 MCI)、大学课堂环境量表(College and University Classroom Environment Inventory,简称 CUCEI)、个性化课堂环境量表(Individualized Classroom Environment Questionnaire,简称 ICEQ)、科学实验环境问卷(SLEI)和课堂环境问卷(WIHIC)。还有研究者(Wubbels,& Levy,1993)编制的教师互动问卷(QTI),建构主义课堂环境量表(CLES)也得到了广泛应用(Taylor,Fraser,& Fisher,1997)编制的(见表 3-7)。总之,这些量表推动了课堂环境的研究。

表 3-7　发展期具有代表性的测量工具

测量工具	适用学段	各项题数	穆斯(Moos)构架三维度			时间
			关　系	个人发展	系统维持和改变	
我的课堂量表	小学	6—9	凝聚力、冲突、满意	困难、竞争		1982 年
大学课堂环境量表	大学	7	人格化、参与、凝聚力、满意	任务取向	创新个性化	1986 年
个性化课堂环境	中学	10	人格化、参与	独立性、调查研究	差别化/分化	1990 年
教师互动问卷	中/小学	8—10	友好、理解、不满、惩戒		领导、自主、严格	1993 年

续　表

测量工具	适用学段	各项题数	穆斯(Moos)构架三维度			时间
			关　系	个人发展	系统维持和改变	
科学实验环境问卷	高/大学	7	学生凝聚力	开放、综合	规则明确、物质环境	1995 年
课堂环境问卷	中学	7	学生凝聚力、教师支持、参与	探究、任务取向、合作	平等	1996 年
建构主义课堂环境量表	中/大学	7	个人相关经验、不确定性	批判意见、分享控制	学生协商	1997 年

(三)成熟期: 20 世纪 90 年代后期至今

20 世纪 90 年代后期,课堂环境的研究方法和测评工具已经日趋成熟,适用于数学、物理、化学、英语、地理等多种学科,跨文化的比较研究也日益增多,这一时期,涌现出大批远程教育和电化教育课堂学习环境测评工具,如杰格德和弗雷泽(Jegede, & Fraser, 1995)编制的远程与开放学习环境量表(Distance and Open Learning Environment Scale,简称 DOLES)、泰赫和弗雷泽(Teh, & Fraser, 1995)编制的地理课堂环境量表(Geography Classroom Environment Inventory,简称 GCEI)、泰勒和毛尔(Taylor, & Maori, 2000)编制的构建主义在线学习环境量表(Constructivist Online Learning Environment Survey,简称 COLES)、张和费舍尔(Chang, & Fisher, 2001)编制的网络学习环境量表(Web Based Learning Environment Instrument,简称 WBLEI)、乔伊(Clayton, 2002)编制的在线学习环境量表(The Online Learning Environment Survey,简称 TOLES)、沃克和费舍尔(Walker, & Fraser, 2005)编制的远程教育学习环境量表(Distance Education Learning Environment Survey,简称 DELES)、奥尔德里奇和弗雷泽(Aldridge, & Fraser, 2008)编制的以技术结果为核心的学习环境量表(Technology-Rich Outcomes-Focused Learning Environment Inventory,简称 TROFLRI)(Fraser,1998),这些测评量表为课堂教学改革与学习环境提升作出了很大贡献(见表 3 - 8)。

表 3-8　成熟期具有代表性的测量工具

测量工具	适用学段	穆斯(Moos)构架三维度			时间
		关系	个人发展	系统维持和改变	
远程与开放学习环境量表	大学	学生凝聚力、教师支持	个人投入、适应性、任务导向、物质环境	家庭环境学习中心、信息技术资源	1995 年
地理课堂环境量表	中/大学	性别	探究	创新资源	1999 年
建构主义在线学习	大学	反思、反应、互动、情感支持	职业相关认知需求	意义阐释	2000 年
网络学习环境量表	高中/大学	共同参与活动	态度	解放活动、信息结构与设计活动	2001 年
在线学习环境量表	大学	学生合作、教师支持	反思、主动学习、使用电脑的能力	物质环境、秩序与组织、信息设计	2002 年
远程教育学习环境量表	高中/大学	教师支持、学生互动与合作	主动学习、真实性学习、个人相关经验	学生自主愉快学习	2005 年
技术结构为核心的学习环境量表	中学	学生凝聚力、教师支持、参与、气质	任务取向、合作	平等、差别化、计算机试用能力	2008 年

　　我国对于课堂环境的测评研究起步较晚,比较大规模的量化研究也多集中于台湾和香港地区,所采用的测量工具均源于上述西方课堂环境测评工具的改编,题目的设置也更符合西方国家学生的认知特点。我国学者也有开发基于本国的课堂学习环境测评体系(田慧生,1996),尽管大多数国外量表或工具都已被翻译成汉语、韩语、西班牙语等多国语言用于跨文化的国际比较研究,但受文化背景差异的影响,相同年龄阶段的学生在认知特点和认知能力上存在不同程度的差异。因此,这些问卷工具中的有些问题并不完全适合于非英语国家和地区的课堂环境研究,甚至会出现超出学生认知范围的现象。同时,由于缺乏本土特色的内容,使得这些问卷工具在国际比较研究中有失偏颇。因而,课堂环境本土化测评工具的开发势在必行。

三、课堂学习环境的测评研究

自我国台湾学者吴武典将"课堂环境"概念翻译为中文以来,课堂学习环境研究在我国迅速发展起来,相继出现了黄台珠(台湾)、黄毅英(香港)等课堂环境研究领域的国际权威人士。21 世纪后,我国课堂环境相关研究逐渐增多,但是对学习环境的关注度仍然不够,尚未形成较为完善的研究体系,没有深入、系统地明确学习环境对学生学习与发展产生的影响,特别是关于学习环境的测评标准,至今仍没有明确的定论。其次,国内学习环境的研究过于重视对国外研究成果与学习环境的理论思辨,少有针对国内本土化的实证研究,对于课堂学习环境机制的探讨更少。相对于本土化的课堂环境研究,能够为中国教育改革提供借鉴与参考的测评研究更是凤毛麟角。

(一)研究内容和样本

早期的课堂环境国际比较研究大都只关注课堂的心理和社会方面,近年来,课堂环境的物理方面逐渐获得了研究者们的关注,人体工程学的研究结果逐渐被应用到课堂学习环境的研究中来。对澳大利亚和加拿大课堂环境的比较研究中,研究者(Zandvliet, & Fraser, 2005)运用 WIHIC 和科学相关态度测试(Test of Science Related Attitudes,简称 TOSRA)两种工具分别测试了学生对课堂心理和社会环境的知觉和满意度,同时使用计算机教室人体工学量表(Computerized Classroom Ergonomic Inventory,简称 CCEI)和计算机教室人体工学工作表(Computerized Classroom Ergonomic Worksheet,简称 CCEW)评估计算机课堂的物理环境,最终得到课堂物理环境、心理环境与学生对课堂环境满意度之间的关系等研究结果。随着课堂环境国际比较研究的发展,这些研究工具逐渐被翻译成英语、汉语、韩语等多国语言,并广泛应用于多国间的课堂环境比较研究中,通过在不同研究环境的实践,这些研究工具也暴露出了很多的问题,例如,研究者(Aldridge, & Fraser, 2000)指出中文版的 WIHIC 问卷并不能准确表达英文原版的意思,这些问题的暴露也促进了研究工具的分析与发展,同时为以后的研究提供了可供参考的发展脉络。

课堂学习环境的测评研究主要集中在三个方面,即开发问卷和验证问卷的信度和效度、对比不同国家课堂环境的异同、分析课堂学习环境的影响因素。早期的课堂学习环境国际比较研究大多是为了检验新研制问卷工具的信度和效度。弗雷泽和麦克罗比(Fraser, & McRobbie, 1995)在美国、加拿大等六个国家对 SLEI 的可靠性进行了最初的现场测试和验证,研究发现 SLE 的维度可靠性和内部一致性都令人满意。有研究(Dorman, 2003)以澳大利亚、英国和加拿大的 3 980 名高中生为研究对象对 WIHIC 进行了验证性因子分析,该研究验证了 WIHIC 的先验因子结构,并且发现其具有较高的稳定性,不因调查对象的国别、年级和性别的差异而改变,可以有效应用于国际比较研究。因其研究范围的广泛性、研究对象的代表性、研究结果的可靠性,该研究被认为是对 WIHIC 最全面、最具影响力的验证。此外,在美国、澳大利亚等六国开展的 QTI 可行性的国际比较研究表明,当研究区域和对象发生变化时,该问卷的结果表现出很高的不稳定性,并指出教师互动问卷并不适合在国际比较中使用,其跨文化研究的有效性有待进一步明确(Brock, Fisher, Brekelmans, Rickards, Wubbels, Levy, & Waldrip, 2003)。

课堂学习环境测评研究通常选取初中阶段 13—15 岁的学生为样本。由于各国学制不同,初中阶段的年级范围稍有差别,例如,中国绝大部分地区七至九年级为初中阶段,而澳大利亚初中阶段则为八至十年级。针对这种差别,大部分研究者采用忽略年级差异,力求保证各国学生样本的年龄的一致性的方式。文献分析发现,所有学习环境的测评研究均考虑了样本来源的典型性和代表性,例如,在我国台湾地区与澳大利亚某些地区的比较研究中,分别选取了台北市、彰化市与高雄市共 25 所学校 50 个班级的 1 879 名学生为台湾学生样本。同时选取了西澳大利亚州 25 所学校 38 个城市班级和 12 个乡镇班级共 1 081 名学生为澳大利亚学生样本,所有样本学校都是男女同校的公立学校。在对学生进行问卷调查的同时,研究者还对教师和学生进行了访谈,访谈教师的选取依赖于教师个人的意愿(Aldridge, Fraser, & Huang, 1999)。因此,如何保证不同国家抽样的一致性,仍然是进行国际比较研究时需要面对的难题。

（二）国际比较和影响因素

对比不同国家间的学习环境差异，为课堂教学改革提供参考与对照是课堂环境国际比较研究最重要的目的，也是其意义所在。近些年来，为开展更有效的课程改革提供依据，众多学者致力于探索课堂环境的国际差异。例如，研究者（Giallousi，Gialamas，Spyrellis，& Pavlaton，2010）针对化学课堂学习环境研究开发了"化学课是如何进行的"（How Chemistry Class is Working，简称 HCCW）问卷工具，并用于希腊和塞浦路斯两国间化学课堂环境比较研究。研究发现，相较于希腊学生，塞浦路斯学生对化学课堂环境的感知更积极。此外，弗雷泽等人（Fraser，Aldridge，& Adolphe，2010）基于WIHIC，对澳大利亚与印度尼西亚中学的比较表明，相对于澳大利亚，印度尼西亚课堂环境在"参与"和"探究"两方面更令学生满意；然而，在"任务取向"与"公平"两方面，澳大利亚课堂环境具有相对的优势。这在一定程度上表明：印度尼西亚的教育体制更注重学生在教学过程的自身参与，而缺乏课堂任务取向的明确性以及课堂环境的公平性；相反，澳大利亚的教育体制虽注重课堂任务取向的明确性以及课堂环境的公平性，但学生对课堂教学的参与度却较低。

不同国家的课堂学习环境存在一定程度的差异，而这些差异的产生必然是受到某个或某些因素的作用而形成。因此，探索课堂环境差异的根本内在原因，分析不同因素对课堂环境的影响是课堂环境国际比较研究的又一重要目的。基于已有研究可以得出，课堂学习环境的主要影响因素如下：教师教学压力、师生关系、文化背景、课堂心理环境、课堂物理环境。在对澳大利亚和中国台湾地区课堂环境进行对比研究时发现：教师的教学压力和师生关系都会在一定程度上影响课堂环境（Aldridge，Fraser，& Huang，1999）。在应试教育的背景下，教师在教学过程中扮演了相对更为重要的角色，因此，良好的师生关系以及相对宽松的教学压力有利于形成轻松的课堂环境；相反，紧张的师生关系及教学压力会导致课堂环境变得异常严肃，给学生造成一定的心理压力，不利于教学过程的有效进行。同时，该研究还发现，人们对自然观察的诠释与理解受到其社会和文化的影响。换言之，即使将不同文化背景的人安排在同一个课堂环境中，两者对课堂学习环境的感知情况也会有所差异。研究者(Zandvliet, & Fraser, 2005)针对课堂物理环境与心理环境的影响机制进行了研究,结果表明,学生对学习环境的满意度与课堂心理环境显著相关,而与物理环境没有直接关系;但是,课堂物理环境可以通过影响心理环境,从而间接影响学生对学习环境的满意度。

第三节　非正式学习环境的研究概述

非正式科学教育是目前研究最多的校外科技教育主题,它主要是指发生在校外环境中,对学习者进行科学知识、技能、方法和科学本质的教育。它有着最开放的结构,无竞争、无成绩评定、无时间和地点限制,同时也有着最广阔的学习环境,大量的日常活动都是非正式教育的表现形式,如日常交流、参观展览、阅读书籍、电视广播、大屏幕电影以及网络学习等。

一、科普场馆开展科学教育的研究

作为科普基础设施之一的科普场馆是以提高公众科学素养为目的,常年对公众开放,实施科普教育活动的场馆,是公民科学素养建设和实施科教兴国战略的重要基础设施。科普场馆主要包括各类科技博物馆和青少年科技活动馆(站),科普场馆是校外科学教育的主要渠道,构成了非正式 STEM 学习环境的主要来源。为了解我国对科普场馆开展科学教育活动的研究现状,本部分首先利用内容分析法研究我国非正式科学教育的状况,进一步利用文献计量学方法分析我国科普场馆开展科学教育的研究经验。

(一) 非正式科学教育的研究现状

从狭义上讲,校外科学教育在国际学界被称为非正式科学教育,将中国知网所检索到的文献期刊作为主要分析对象,以对国内研究现状进行梳理。以"非正式科学教育"作为篇名检索到最早的一项研究《美国的非正式科学教育》的发表时间为 2006 年,内容为美国科学基金会非正式教育项目主管在城市科普国际论坛所做报告的要点摘录,全文对非正式科学教育项目的基本问题作出了解读,如非正式科学教育基金的用途,非正式科学教育为什么会受到重视?"非正式的"科学教术语的由来,非正式教育的学习者是哪类人等。《非正式环境下学习的研究》《正式环境与非正式环境在外语学习中的作用》《展品设计与观众学习的关系:一个关于非正式环境中学习的案例研究》等是以"非正式环境"为篇名的检索结果,后两篇为微观的案例研究,第一篇是综述类文章,作者对非正式环境下的学习进行了辨析,并界定了非正式环境下的学习领域,将其分为了现实的非正式环境和数字技术支持的虚拟环境,同时也介绍了非正式环境下学习研究领域中几个比较重要的研究机构,是一篇较完整的综述。

就已有研究文献来看,非正式科学教育的理论基础以及测评方法的研究比重较少,因此,王晶莹和刘青(2015)通过检索非正式学习的研究来管窥非正式科学教育的发展,他们基于已有文献梳理,将我国非正式学习研究分成三个时间段,第一阶段(2006 年以前):非正式学习的萌芽阶段,主要对非正式学习开始进行初步的理论探讨,基于终身学习的基础讨论其重要性和意义,理论成果也被实际应用到了成人教育和社区教育,整体说来相关研究相对较少;第二阶段(2006—2009 年):2006 年发表第一篇非正式科学教育的文献,也标志着非正式学习的研究开始关注学科,该时间段的研究持续增加,理论研究开始深入,我国学者开始引入非正式学习的相关理论如长尾理论、隐性知识等,同时随着网络、社会性软件的繁荣,非正式学习的研究成果开始被大量运用至虚拟技术领域,评价体系和资源建设也开始被纳入研究范畴;第三阶段(2010 年至今):对非正式学习的研究集中在这个阶段,国外理论研究受到国内研究者的关注,欧盟和英美的研究被相继引入,实证研究开始出现,以大学生、研究生和教师的非正式学习现状为主;虚拟技术也不再局限于传统技术,微博、手机等移动终端及网络学习开始出现,资源建设方面的研究呈现上升趋势,学习共同体、学习社区等的设计和建设成为主流方向。

(二)科普场馆开展科学教育的研究经验

截至 2017 年底,全国共有科技馆 488 个,科学技术类博物馆 951 个。科普场馆是重要的课外学习场所。在科普场馆中,一方面可以通过技术手段参与一些动手做以及利用交互式展品等方式完成科学学习,另一方面也可以通过静态的展品观察完成科学学习。我国近些年加强科普基础设施建设,各级各类科普场馆也日渐增加(王康友,2017)。为了解科普场馆开展科学教育的研究经验,分析国内科普场馆教育领域的学术进展和研究趋势,通过中国知网的期刊数据库检索了主题为科普场馆的期刊文献共计 356 篇(1995—2017 年),利用文献计量学软件通过引文和知识图谱可视化分析的方法,探讨该领域的主要学者流派、研究团队和机构、核心主题及演进过程。利用时间纵向的图例对年度发表文献数量进行统计,分析科普场馆教育领域的研究进展(王念,2017)。国内科普场馆教育研究起步于 1995 年,2008 年开始引起越来越多的学者关注,虽然存在一些波动,但该研究领域仍在稳步发展,2013 年和 2016 年更是迎来了研究的小高潮。

表 3-9 为关键词共现与聚类分析,显示国内科普场馆研究的前沿热点问题主要集中在以下十个方面:(1)作为一种公益性活动的科普教育,应包含海洋科学、农业科技知识等,开拓文化广场,提高艺术创意,增强科技交流,丰富公民的文化生活;(2)中国科协牵头的追溯中国文明起源研究,通过开发动漫玩具、体验馆等互动教育平台,开展科普场馆科技教育;(3)科普场馆的意义研究,探讨科普事业的人文性与科普性,利用地方特色内容建设科普教育基地,切实提升公众的科学素养;(4)结合科普场馆的使用效果,对如何将先进的科学技术普及,通过巡回展览服务公众开展讨论;(5)从科普旅游的角度进行展览策划设计,提升青少年的探索欲望,探讨科普旅游文化建设问题;(6)青少年的人才成长问题,从展演活动的设计安排入手,关注综合性科学的思想传播和全球影响力等问题;(7)技术发展规划研究,从学术交流活动、基础设施动态展示等角度落实科技强国政策;(8)城乡建设规划研究,发掘信息技术在科普场馆建设中的作用,重视现场体验,不屈从于学术权威;(9)科普场馆教育形式的探讨,围绕科普画廊、体验活动、科技交流等途径开展技术推广、资源共建共享建设;(10)科技馆发展问题,从创新设计、嘉年华的开发、专业人员的提升等视野展开学术探索。

表 3-9 国内关键词共现与聚类分析

聚类	聚类大小	平均年份	标 签 值		
			TFIDF	LLR	MI
0	40	2007	公益性活动、文化广场	科普教育、海洋科学、文化生活、试点市、农业科技知识	科技交流、艺术创意
1	39	2008	中原大地、中国文明起源	中国科协、综合科技、动漫玩具、体验馆、互动功能	现场考察、教育平台
2	37	2008	科普性、人文性质	科普事业、展览内容、主动参与性、科普教育基地、地方特色	素质纲要、公众科学素养
3	36	2007	使用效果、巡回展览	公益性事业、科技进步、公众服务、科技发展规划、先进科学技术	科学技术普及、科学技术进步法
4	34	2006	占地面积、新型旅游	旅游文化、探索欲望、互动方式、社会科技、科技实践	展览策划、展览设计
5	33	2003	设计安排、青少年宫	设计安排、展演活动、全球影响力、综合性科学、思想传播	人才成长、研究计划
6	31	2002	弹指一挥、科技强国	学术交流、动态展示、基础设施、科协系统、学术活动	技术发展规划、人类科学技术
7	30	2005	家电设备、信息之窗	信息交流中心、科学技术知识、学术权威、现场体验、人民群众	城乡建设规划、基本建设计划
8	29	2003	科普画廊、技术推广	科技综合实力、第一生产力、科技交流、公众传播、体验活动	资源共建共享、农村科普
9	27	2010	科技馆、创新	设计、改进、嘉年华、专业人员、评价	科普资源、科普教育

二、家长参与学生学校学习的研究

家长参与学校教育对于构建家庭和学校沟通协作机制、促进学生学业发展具有重要的意义(Epstein，1992)。最近几十年国际学界的实证研究表明，父母参与在学生的学术成就以及认知、社会和情绪发展中扮演着重要的角色。比起其他家庭背景，比如社会阶层、家庭规模和父母教育水平，家长参与对学术成功而言是一种更有力的力量(Flouri, & Buchanan, 2004; Kellaghan, Sloane, Alvarez, & Bloom, 1993)。

(一) 家长参与同学业成就的关系

家长参与是一个多面向的概念,迄今为止并未有父母参与的一致维度。但众多学者皆认同家长参与是一个用于描述家长实践的宽泛术语,包含从教育信念和学术教育期望到用于提升学生学术成绩和其他教育结果的多元行为(Seginer, 2006; Hong & Ho, 2005; Toren, 2013)。研究者(Hill, Castellino, Lansford, Nowlin, Dodge, Bates, & Pettit, 2004)从互动的角度界定家长参与,认为家长参与是家长通过与学校及其子女的"互动"促进其学术成功。通过进一步的元分析研究(Hill, & Tyson, 2009)区分了三种与学生成绩相关的参与方式:学校本位参与(父母参与学校本位的活动,比如参加父母-教师会议、在学校做志愿者或参与学校管理)、家庭本位参与(父母在家的参与,比如作业协助、参观博物馆或者给孩子阅读)以及学术社会化(家长对孩子的教育目标和期望以及他们和孩子关于教育期望的价值及效用的交流)。由于学术社会化是父母与子女在家庭中进行学术交流的一部分,因而也有学者将其归入家庭本位的参与(Pomerantz, Moorman, & Litwack, 2007)。

众多研究发现,家长参与对学生的教育产出有积极的影响(例如,Fan, & Chen, 2001; Singh, Bickley, Trivette, Keith, Keith, & Anderson, 1995; Christenson, Rounds, & Gorney, 1992)。但也有相反的结论,认为父母的教育参与对儿童的教育结果没有重要影响,甚至存在负相关(Okpala, Okpala, & Smith, 2001; Fan, 2001; Milne, Myers, Rosenthal, & Ginsburg, 1986)。这种不一致启示之后的研究需要同时考虑家长参与的不同维度以及不同年龄学生的不同产出。家长参与对学生学业成就影响的不一致,除了因为所选择的家长参与维度、学生年龄及学习结果的内涵不同外,还可能受到家庭和父母特征、子女特征和学校特征等因素的影响(安桂清,杨洋,2018)。在家庭和父母特征方面,家庭社会经济地位、家庭结构、父母性别与种族以及父母参与态度等都会对家长参与与学生学业成就之间的关系产生影响。

就学校本位参与和家庭本位参与的影响而言,虽然众多研究表明家庭本

位的参与比起学校本位的参与对学业成就有更重要的影响(Lau，Li，& Rao，
2011；Fantuzzo，McWayne，& Perry，2004；Christenson，& Sheridan，2001；
Hickman，Greenwood，& Miller，1995；Izzo，Weissberg，Kasprow，& Fendrich，
1999；Trusty，1999)，也有研究发现，家长参与学校活动对学术成就的影响特别
重要(Chen，& Gregory，2009；Gordon，& Cui，2014；Hill，& Craft，2003；
Wang，& Sheikh-Khalil，2013)。亦有研究削弱了父母学校参与的传统，表明
学校本位的参与最终与学生的学术表现无关(Domina，2005)。元分析研究进
一步显示了家长参与影响路径的复杂性(Hill，& Tyson，2009)，即学术成绩与
学校本位参与的联系比较弱，但与家庭本位参与的关系也不一致；在家庭本位
的参与中，学术社会化与青少年的学术表现有强烈的相关性；家长参与不仅在
上述维度上呈现出不一致的研究结果，在家庭本位参与或学校本位参与更具
体的下位维度上，研究结论的分歧亦清晰存在。以家庭本位参与为例，仅有父
母的教育期望这一维度总体上显示对子女的学术成长有积极的影响
(Madigan，1994；Astone，& McLanahan，1991；Carranza，You，Chhoun，&
Hudley，2009)。

（二）影响学生学业成就的家长参与因素

有研究超越了人口统计学要素，检验了能够预测家长参与的父母态度变
量。比如，当家长认为自己是有效率的并且视自己的角色为教师时，他们更有
可能投入子女的学校教育。也就是说，当他们相信自己对子女的学习过程发挥
作用时，他们可能会变得更投入(Grolnick，Benjet，Kurowski，& Apostoleris，
1997)。根据已有研究(Hoover-Despseyet，Bassler，& Brissie，1992)观点，相信
自己能够"有所不同"的父母更可能规划和参与需要他们积极参与的活动和事
务。换言之，家长参与子女的教育过程部分地依赖于家长关于自己作为父母
以及自己在子女学习中的作用的信念(Georgiou，& Tourva，2007)。有学者
(Kim，2009)曾就此强调资源的低水平不应被看作家长参与儿童教育生活的
缺陷，在家长参与模式中很少取决于绝对的家长特征，而更多的归因于具有这
些特征的父母所面临的障碍。教师的理解、项目的多元化和弹性、学校政策和
领导、家庭和工作的复杂性、父母对自我效能的信念、交流方式以及先前对参

与的否定体验才是真正阻碍父母参与的因素（Cooper，2010；Hornby，& Lafaele，2011）。

在影响家长参与的子女特征方面,研究者（Tan，& Goldberg，2009）探索了家长的学校参与与儿童所在的年级（K‒6年级,即5—12岁）之间的关系,研究发现儿童的年级表现与父亲直接的学校参与有重要联系,并且一个令人感到意外的趋势是:年级越低的儿童,其父亲越直接地参与学校事务。也有研究者（Ho，& Willims，1996）指出,有更低的学术成就的儿童更可能接受额外的帮助,并且有学习或行为问题的儿童的父母更可能与学校相联系。通过测量学生是否有学习或行为问题,我们能够估计独立于学习或问题行为影响的家长参与的影响。最新的研究（Yap，& Baharudin，2016）检验了自我效能在父母参与和学生主观幸福感关系中的中介作用。结果显示:学术自我效能和社会自我效能是调节父母参与和青少年积极情感关系的独特中介。此外,学术自我效能是父母参与和青少年生活满意度之间关系的唯一中介,情绪自我效能并不是父母参与和青少年积极情感和生活满意度的唯一中介,没有可荐的调节父母参与和青少年消极情感关系的中介变量。

学校特征亦会影响家长参与同学生学业成就的关系。通过考察学校所在的社区特征对学校本位家长参与和学生学业成就之间的作用关系,研究者（Gordon，& Cui，2014）发现学校本位的家长参与对富裕社区青少年学术成绩的积极影响比起对贫困社区的青少年来说要小,这一发现表明贫困社区学校本位家长参与对学生学术成绩有更重要的影响。已有研究（Addi-Raccah，& Ainhorenken，2009）探索了学校管理和教师态度对父母参与学校教育的影响。持抵制和否定态度的学校采取的是家长赋权模式,持有矛盾态度的学校,在家长参与方面采取专业主义和官僚主义的管理模式;持积极态度的学校被发现采取了伙伴关系的管理方式,该管理模式被认为是家长和学校迈向共同体的必由之路。也有研究者（Ho，2009）选取布迪厄的实践理论,采用扎根理论的方法,对三所小学的教育领导与家长参与之间的关系进行了考察。结果表明三所小学的校长领导呈现出三种主要的类型:官僚主义、功利主义和社群主义。三种类型的领导风格对家长参与的观念以及对家长的认识是不同的,相应的建构了三种形式的家校关系:疏远的、工具性的和信任的。

通过梳理已有的家长参与元分析研究,可以将影响学生学业成就的家长参与的因素分为七类:(1)家长的总体参与,即被研究者所界定的家庭参与的若干具体方式的统称;(2)家长同子女在学校议题方面的交流,一般是家长同子女交流学校议题的频率;(3)作用(家长对子女家庭作业的辅导),一般是家长指导或帮助子女完成作业的频率;(4)家长期望,这方面的研究处于最高水平;(5)同子女阅读,父母同子女一起阅读的频率与规律;(6)家长出席和参与学校活动,家长在行为上参与学校相关活动的频率;(7)家庭教育方式,家长对家庭教育中支持与帮助子女的态度和倾向,比如处理家庭作业和空闲时间分配的原则(Castro, Expósito-Casas, López-Martín, Lizasoain, Navarro-Asencio, & Gaviria, 2015)。该研究表明观察到的最大效应来自家长期望,这个结果与其他元分析(Fan, & Chen, 2001;Jeynes, 2007)一致。同时也发现,家庭沟通成为第二大影响因素,其次还有亲子阅读、家长总体参与和家长风格都是具有重要影响的变量,另一方面家长参与对学科成绩的影响由大到小依次是:美术与音乐、阅读、数学、外语和科学,并且科学学科的平均效应量并不显著。虽然家长参与学校活动是研究数量最多的参与类别,但是其效应非常小,且不显著。

(三)家长参与方式影响子女的 STEM 学业成就

目前,家长参与领域的互动论研究普遍采用家庭本位参与和学校本位参与这个二维框架作为分析路径(Epstein, 2001;Epstein, & Sanders, 2002)。虽然这些划分是在西方的情境中发展起来的,但也为一部分中国学者所接受。如:研究者(Ho, 1995)认同将家长参与概念化为家长参与的所在地(家庭和学校),包括家庭本位的参与和学校本位的参与,进一步的,她把家长参与概括为四种类型:家庭讨论、家庭监督、学校交流和学校参与。然而,也有一部分中国学者认为家庭本位和学校本位的参与并未全面反映当今中国家长的参与情况,缺乏家长对课外补习的投资态度和参与实践的检验很可能会限制对中国家长参与的理解(Lau, Li, & Rao, 2011)。这一观点得到了同属东亚国家的韩国学者的支持,他们强调私人补习作为家长参与的重要维度理应得到检验(Park, Byun, & Kim, 2011)。在许多东亚国家,学生在校外接受补习成为家庭促进学生学习的普遍举措（Bray，2009），私人补习由此成为家庭支持和介入子女学习的新形态。家长参与的所在地也由传统的家庭或学校扩展为社区中的各类补习场所和机构。基于此，有学者指出，在中国文化情境中，家长参与子女学校教育的分析框架有必要考虑家庭本位参与（Home-based Involvement）、学校本位参与（School-based Involvement）和社区本位参与（Community-based Involvement）三大范畴（何瑞珠，2002）。家长参与的三个维度因其各自的本质对儿童会产生不同的影响，但目前的研究只是聚焦于父母参与的特定维度与儿童发展之间的关系，很少有研究比较家庭本位的参与、学校本位的参与以及社区本位的参与这三个宽泛的维度与儿童发展的联系。

国内学者（An，Wang，Yang，& Du，2019a）认为，家长参与子女教育的方式可以分为认知、情感和行为三种类型，利用中国学校课程与教学数据库的样本对中国家长参与子女教育方式对其 STEM 学业成就的影响展开了系列研究。该数据库由教育部人文社会科学重点研究基地华东师范大学课程与教学研究所主持建设，包括家长问卷、教师问卷、校长问卷和学生问卷四部分，系列研究主要采用的是家长问卷的数据，家长问卷用于询问家长有关孩子在家时的基本信息，以及家长或其他成员参与孩子学习活动的情况。该课题组的系列研究分别进行了为家庭社会经济地位和家庭结构变量、行为参与、认知参与和情感参与四个模型的嵌套回归分析，研究结果表明，这四个模型均对学生 STEM 学业成就有正向的影响作用，作用效果依次加大，家长的情感参与子女学校教育方式对 STEM 学业成就影响最大，解释程度可以达到 25.1%，这与已有研究吻合，该研究还发现家长积极的情感参与还可以在很大程度上改善不良家庭结构（比如单亲家庭）带来的负面影响。已有元分析研究（Fan，& Chen，2001）表明，家长参与学校教育的方式能够解释 25% 以上学生测试成绩的变化，相对于家庭监督、家校沟通，家长教育期待对家长参与和学生测试成绩关系的调节作用最大。安桂清等人的研究区分了家长参与子女学校教育不同方式对 STEM 学业成就的影响，较之前的研究而言，关注了 STEM 学科特点以及家长参与方式不同对 STEM 学业成就的影响。

安桂清、王晶莹和杨洋的另一项研究（An，Wang，& Yang，2019b）选取中国东部某省不同社会文化和经济背景的学区，比较不同学区的家长参与方式及其对儿童数学和科学成就的影响。此外,研究还探讨了家长参与对不同家庭社会经济背景学区中学生的数学、物理、生物和地理成绩的影响。研究将家长参与子女学校 STEM 教育的方式具体为家长控制、家庭沟通、学校沟通、学校参与、影子教育和家长期望这六个最明显的方面,并将学区按照社经背景分为高等、中高、中等和低等四个类别。研究发现,家长期望对学业成就的影响最大,其次是家长沟通,学校沟通最低。低社会经济背景学区使用最多的是父母控制的方法,高社会经济背景学区使用最多的是父母沟通的方法。总的来说,父母期望在所有学区都有显著的正向影响,尤其是在物理领域,课后辅导只对中高社会经济背景学区的学生有积极影响,尤其是在数学方面。低社会经济背景的学生能够更大效度地获得学术资本。此外,与女孩相比,父母的学校参与对社会经济背景最高和最低学区的男孩有显著的负面影响。家庭沟通对女孩的影响大于男孩,而学校沟通对男孩和女孩的影响最小。

第四章

STEM 课堂学习环境的调查研究

本章在对课堂学习环境的内涵、国内外有关课堂学习环境的相关研究和理论进行梳理和研究的基础上,综合运用混合研究顺序法进行中学 STEM 课堂学习环境的现状调查和影响因素研究,进一步构建测评指标并拟定题目,确立研究工具,深入探究中学 STEM 课堂学习环境中各因素的差异与内在机制。本书作者在课堂学习环境方面开展了多年的实践研究,本章有助于深入了解我国中小学 STEM 课堂学习环境的基本状况和测评方法,并发现课堂学习环境的诸多影响因素和内在机制,对后续的追踪研究有着较为重要的借鉴价值。

第一节　STEM 课堂学习环境的研究方法

本章有关 STEM 课堂环境的研究采用混合研究的顺序法,先进行质性研究,后进行量化调查。本节主要介绍研究过程的各项要素、中小学 STEM 课堂学习环境量表的制定过程以及混合研究顺序法的具体实施。

一、质性研究方法

质性研究阶段为研究中小学 STEM 课堂环境现状和影响因素,在某直辖市选取六所中学(含 3 所小学)的物理/科学、数学、英语和语文课堂,一线物理教师和小学五年级、初二、初三、高一、高二年级的学生作为研究对象,分别进行课堂观察、教师访谈和焦点访谈。学科的选择主要是以有 STEM 教学经验的语数外主科和科学学科教师构成。

（一）研究对象

本研究的时间为 2016 年 9—10 月中旬,选取某直辖市 4 所完全中学和 2

所十二年一贯制学校(含 2 所小学)的十个班级,以及班级内的部分学生和各科目老师,分别进行课堂观察、焦点访谈和教师访谈的研究内容。其中 BJT、SY 校为市级示范中学和十二年一贯制学校,HS、SW 校为区级重点中学和十二年一贯制学校,SS、JYF 校为普通中学和十二年一贯制学校。课堂观察:北京市六所中小学的十个班级,包含 BJT 校和 SS 校的两个班级,HS、SW、JYF 校一个班级。其中包含三个实验班和四个普通班,对于 SY 校进行课堂物理环境的观察。焦点访谈是 BJT、SW、SS 校三所小学五年级、初二、初三、高一、高二年级的 39 名学生,分为 6 个组,每组 5—8 人。访谈的内容主要围绕学生对课堂自然环境、课堂物质环境、课程和教师的感知,以及教师的教学方法、学习态度、师生关系、同学关系等的看法。研究中选择了 4 名一线教师进行访谈,所选取学科为语文、数学、物理和品德与社会。

被访谈的教师为:(1)女,来自 BJT 校,任教十年以上,从高中一年级开始教授该班,现在任教高二年级数学老师。(2)男,来自 JYF 校,任教七年,从高中一年级开始教授该班,现在任教高一年级物理老师及班主任。(3)女,来自 SS 校,任教四年,从初中二年级开始教授该班语文,现在任教初三年级,从初一年级开始为该班班主任。(4)女,来自 SW 校,任教五年以上,从小学一年级开始教授该班小学品德与社会,现在任教五年级,从一年级开始为该班班主任。

(二)分析过程

在分析阶段,首先对观察记录和访谈记录进行再次阅读,仔细思考和推敲所记录内容的意义和联系,不掺杂个人的情感,不做个人的解释或评论;在反复读阅的基础上,将记录中重复出现的内容提炼出来,寻找其内在的联系,接着设置符号和字母将相关的内容进行分类和组合,即"编码",并在访谈记录和观察记录中进行标记,这个过程被称为"登陆";将被研究者反复提到或使用的词语、包含被研究者浓郁感情色彩的概念,以及吸引研究者注意力的概念定位为表达被研究者看待问题的方式、态度、情感的"本土概念"。随后,将编码登陆过的资料中具有相同意义的内容进行归类和命名。最后,把研究资料放在自然研究的情景当中,使得观察记录和访谈记录真实地呈现出来。

二、量表编制过程

《中小学 STEM 课堂学习环境量表》的指标建构经历了三大阶段：（1）借鉴已有研究的成熟理论，将已有研究经验作为构思指标维度的基础；（2）结合质性部分的研究结果进行深度分析，界定量表的基本指标；（3）采用德尔菲法（Delphi Method）对建立的初步维度进行评定和修改。

（一）已有研究基础

课堂学习环境的理论架构是基于教育学、心理学、社会学等诸多学科相关的理论发展而建立的。环境心理学理论认为通风、温湿度、照明、声音、色彩等物理环境对学生心理和活动有着广泛影响；建构主义学习理论注重师生之间的互动交流、教学方式和手段；人本主义学习理论要求教师将教学重点转向为学生创建良好的学习氛围，突显学生的主体地位，激发学生学习潜能和学习兴趣，让学生在拥有充足的学习资源的基础上，去充分享受课堂学习。众多学习理论也共同证实了物质环境、社会环境以及心理环境中的各因素对课堂学习环境的影响。研究者编制了一系列有效的测评工具，为课堂环境的实证研究提供了有力基础和方法。结合本研究的特点和最终目的，采用文献分析法、历史研究法和比较研究，对西方常用的且具有影响力的三种测量工具进行深度剖析，即修订版的《学习环境量表》（Learning Environment Inventory，简称 LEI）（Anderson，& Walberg，1968），修订版的《课堂环境量表》（Classroom Environment Scale，简称 CES）（Moos，& Trickett，1987），《个性化课堂环境问卷》（Individualized Classroom Environment Questionnaire，简称 ICEQ）（Fraser，& McRobbie，1995）。研究过程同时结合两套我国代表性问卷，即江光荣（2004）编制的《我的班级问卷（中文版）》，范春林（2013）编制的《中小学课堂环境问卷》。此部分将对测评工具的各个维度及其具体内容作对比分析。

（二）各量表维度的分析

第一，《学习环境量表》（LEI）的各维度意义。该量表关系维度包含六个项目:(1)内聚力,描述学生之间相处的模式,例如相互理解、相互帮助、友好的程度;(2)分歧和摩擦,学生之间出现的不和、不满、矛盾的情绪;(3)偏向,指教师对个别学生的偏爱程度;(4)团体意识,指在班级中出现反对、排斥与其他同学相处的小团体,团体中的学生拒绝与其他学生相处或者合作;(5)满意,学生对所处班级或集体的喜爱程度;(6)情感冷漠,指学生对班级活动或者周围同学表现出的漠不关心的程度。LEI 在个人发展与目标定向维度中包含三个项目,具体维度是:(1)进度,指学生完成任务的快慢程度;(2)困难,学生认为课堂内容的难易程度;(3)竞争力,课堂学习中学生相互比较、竞争的程度。LEI 在系统维持和改变维度中包含六个项目,具体维度是:(1)多样化,描述学生兴趣的差异程度和课堂为学生提供活动的多样化程度;(2)班规,描述学生的行为受班级规章制度的限制、制约程度;(3)物质环境,指课堂空间、教学仪器、教学设施、灯光、书籍等物质方面的内容是否能提供学生的需求程度;(4)目标取向,班级目标的规范、清晰程度;(5)组织混乱,指学生认为班级活动中无组织、混乱程度;(6)民主,指学生在参与和决定课堂活动中地位平等的程度。

第二,《课堂环境量表》(CES)的各维度意义。该量表关系维度包含三个项目:(1)参与,可以测试学生对课堂的喜爱程度,参与课堂活动的兴趣和程度;(2)亲和力,测试学生在课堂中的相处模式,相互帮助、学习、信任、沟通和理解的程度,以及学生愿意共同学习和活动的意愿;(3)教师支持,指的是课堂中教师为学生提供的帮助,无论言语、行为、情感等任何层次上对学生信任、关心、亲近的程度。CES 在个人发展与目标定向维度中包含两个项目,具体维度是:(1)任务取向,指学生认为完成任务和遵从活动要求的重要性程度;(2)竞争,课堂学习中学生为达到某些目的和目标或获取赏识而相互比较、竞争的程度。CES 在系统维持和改变维度中包含四个项目,具体内容分别为:(1)秩序与组织,考察课堂中学生是否有礼貌、遵守课堂秩序,以及考察课堂处于有组织的程度;(2)规则明晰度,测试课堂规则的透明程度,学生对课堂规范的理解程度,以及教师处理课堂问题的力度的一致程度;(3)教师控制,考察教师在课堂中如何实施规则,如何惩戒学生,以及测试课堂规则的数量;(4)创新,教师为学生组织创新活动、呈现创新教具的程度,及教师对学生提出的创新概念、创新思想的鼓励程度。

第三,《个性化课堂环境问卷》(ICEQ)的各维度意义。ICEQ 是针对开放式、探究式课堂气氛较浓的中学课堂环境而设计的,在关系维度中包含两个项目,具体维度是:(1) 人格化程度,课堂环境中学生与教师交流、沟通的程度,课堂环境对学生个体人格发展和社会化关注程度;(2) 参与,鼓励学生参与课堂活动的程度。ICEQ 在个人发展与目标定向维度中包含两个项目,其具体维度为:(1) 独立性,指在课堂中学生独自完成任务、做出决定、自我安排和管理程度;(2) 探究,测试课堂环境中探究气氛的程度,以及探究方法在课堂活动中的运用程度。ICEQ 在系统维持和改变维度中包含区别项目,用于考察课堂中根据学生性格、能力、兴趣、成绩等多样化内容来安排学习活动的程度。

第四,《我的班级问卷(中文版)》各维度意义。江光荣在分析西方应用广泛的量表的基础上,结合我国课堂环境的特点,编制了该问卷。设计出有关班级环境的五个维度,维度内容是:(1) 师生关系,班主任对学生亲切、关心、支持、理解的程度;学生对教师喜爱、尊敬、信任的程度;(2) 同学关系,同学之间相互信任、关系、帮助、协作的程度;(3) 秩序和纪律,课堂活动的有序性,班级纪律的有效性;(4) 竞争,测试同学之间关乎学业和其他方面的竞争,以及班级中竞争气氛的程度;(5) 学习负担,考查学生主观感受到学业压力的程度,以及课业量的多少。

第五,《中小学课堂环境问卷》各维度意义。范春林在《课堂环境与自主学习》一书中编制了《中小学课堂环境问卷》,先后进行了多阶段工作:首先,通过回顾中西方有价值、有特色的问卷,初步确立问卷结构;然后,进行课堂观察和访谈,归纳我国中小学课堂环境的基本内容;接着,将理论与质性研究相结合初步归纳维度和项目;最后,进行预测、项目分析与修改,形成问卷的八个维度。三个分量表分别是教学行为、课堂目标和学习互动,依次包括4、2、2 个维度,即学习支持、促进合作、支持探究和支持自主,掌握性目标定向和表现性目标定向,学习环境和学习互助。

(三) 本章量表的框架

通过对上述五个量表的维度进行对比和分析,将各问卷含义相同或相近的维度进行归类(见表 4-1)。其中 A 代表"学生关系",B 代表"师生关系",C 代表"教师投入",D 代表"学生投入与态度",E 代表"课堂气氛与规则",F 代表"竞争",G 代表"物质环境",H 代表"学业相关"。量表的维度集中在课堂气氛、学生投入与态度、教师投入、学生关系和师生关系五部分,对课堂环境而言是较为重要的因素。因此,本章综合国内外已有研究和量表的测评维度,制定和开发了适宜的量表框架。

表 4-1　国内外五种常用课堂学习环境量表维度归类

量　表	各维度一致性归类							
	A	B	C	D	E	F	G	H
LEI	内聚力；分歧和摩擦；团体意识；情感冷漠	偏向；情感冷漠		满意；情感冷漠；多样化	民主；组织混乱；班规；目标取向	竞争力	物质环境	进度；困难；多样化
CES	亲和力		教师支持；创新	参与；任务取向	秩序和组织；规则明晰度；教师控制	竞争		
ICEQ		人格化程度	参与；区别	独立性	探究			探究
《我的班级问卷》	同学关系	师生关系			秩序和纪律	竞争		学习负担
《中小学课堂环境问卷》	学习互助		学习支持；促进合作；支持自主；支持探究	掌握性目标定向	学习环境	表现性目标定向		

三、混合研究顺序法

通过对国内外课堂学习环境量表的综合分析,得到五个主要维度,即课堂气氛、学生投入与态度、教师投入、学生关系和师生关系,通过借鉴国内外已有量表的特点,要进一步发展《中小学 STEM 课堂学习环境量表》的指标维度,还需要基于中小学 STEM 课堂学习环境的实际情况。

（一）量表的指标构建

在指标的构建阶段,本章采用扎根理论研究方法,对质性部分的访谈记录和课堂观察记录进行分析,具体步骤如图 4-1 所示。资料分析阶段,通过使用开放式编码、主轴式编码和选择式编码的三级编码方式,对所收集的资料进行研究。在开放式编码阶段,首先将通过访谈和课堂观察获得的相关资料打散、分解,进行定义和分类,然后对资料进行分析和归纳,逐步编码使其形成代码。接着对其中出现频次较高的代码转化为具体的概念。最后采用比较法,对各部分内容抽象化和提升,进而规划范畴;在主轴式编码阶段,寻找上一阶段形成的概念与归纳范畴间的关系,发展影响中小学 STEM 课堂学习环境的主轴范畴,随后对其进行深入分析,把握研究的主轴脉络;在选择式编码阶段,对研究的资料进行系统的分析,界定影响中小学 STEM 课堂环境的因素之核心范畴,并将调查、分析的内容归入核心范畴。通过质性阶段调查提供的真实、详细、有效的资料,进行扎根理论研究分析,最终发现学生投入、教师投入、课程喜爱和享受、教师关心、学生意见、学生互助、实验仪器、课时安排、知识难易以及知识与生活联系等出现的频次较高,可见以上几方面内容与中小学 STEM 课堂环境存在很紧密的联系。

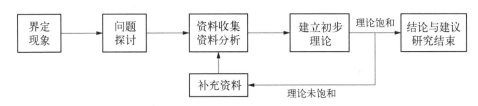

图 4-1　扎根理论研究方法的步骤

（二）量表指标的初步确立

第三章基于已有理论研究和文献综述详细分析了课堂学习环境的研究取向、测评工具和测评研究,本部分结合国内外已有问卷中的一致性维度,初步确定了本章的指标体系(见表4-2),包含物理环境、心理环境和社会环境3个一级指标,以及实验仪器、课时安排、知识相关、学生投入、教师投入、教师关心、愉快、学生意见、学生互助9个二级指标。进一步将量表二级指标的维度按照穆斯的关系、目标定向及系统维持和变化三个维度进行划分(见表4-3),利用西方主流课堂学习环境的测评维度来反思我国中小学 STEM 课堂学习环境的测评体系,还需要涵盖 STEM 的分科和融合等学科特色。

表4-2 初步确定量表各项指标的含义

一级指标	二级指标	指 标 具 体 含 义
物理环境	实验仪器	实验的物质基础、完好程度,使用情况等
	课时安排	每周有多少节,实验课的节数等,是否有下午第一节或上午最后一节
心理环境	知识相关	与现实生活的联系、探究的成分、任务量及难易程度
	学生投入	学生感知到其对 STEM 学科学习的态度、课堂参与、表现、表达意见等的程度
	教师投入	学生感知到教师对教学效果、促进学生合作、独立思考、探究所做的付出
	教师关心	学生感知到教师对其指导、关心、理解、鼓励、支持、帮助、平等及尊重的程度
社会环境	愉 快	学生感知其对课程的喜爱及享受程度,课堂气氛和谐程度,以及自由、有序程度
	学生意见	学生感知到教师征求学生意见,以及采纳学生意见的程度
	学生互助	学生感知到相互学习帮助的程度

表4-3 量表初步维度按照穆斯量表分类的结果

量 表	测量水平	关 系	目标定向	系统维持和变化
中学 STEM 课堂学习环境量表	中学	教师关心;学生互助;学生意见	知识相关;学生投入;教师投入	物理环境;愉快

(三)指标的修订与确立

此阶段采用专家德尔菲法,对前一阶段初步建立的指标维度进行评定和修改。选取 STEM 课堂环境相关研究领域的专家学者,通过征求各位专家的意见和建议后对量表作出最终的判断和决策。本过程采用了三轮德尔菲法,分别选取了初高中物理、化学、生物、数学、通用技术学科的中青年骨干教师和特级教师 12 人,分布在北京市 H 区、D 区和 X 区,并邀请了物理、数学、化学和通用技术学科教学法的高校学者 8 人参与其中,组成了《中小学 STEM 课堂环境量表》指标维度评定和修改的专家组,通过电子版指标体系的赋值判定、在线互动讨论和现场的焦点团体访谈等三个阶段的研究,最终确立本量表的指标维度。经过三轮德尔菲法的评定与修改,得出具体的修改意见。

第一,专家认为实验等物质基础、使用情况等和每周课时安排、节次安排对中学 STEM 课堂学习环境的影响,并不如其他因素重要,且这两个因素不应单独出现,可将两者合一,统称为"物理环境"。此外,专家还认为在质性阶段体现的学生座位的安排对学生学习效果的影响不能被忽视,应将其加入物理环境维度。

第二,专家普遍认为,心理环境中的教师维度描述的含义并不确切,应修改为"学生感知物理教师为教学效果所采取的教学行为:对学生学习的支持、促进学生合作、支持学生自主学习和独立思考的程度"。原本心理环境中最后一个维度"教师关心"的内容与"学生意见"和"教师投入"部分重复,可以划入以上两个指标体系中。

第三,专家建议将原有"教师关心"维度的部分内容划分进"社会环境"中的"学生意见"维度后,又考虑到理解、关心、尊重等层次不仅涉及教师对学生方面,学生对教师层次也存在,后又将扩充后的"学生意见"修正为"师生互动"。同时,考虑访谈中学生提及教师"偏心好学生"的问题,所以,将"公平"加入师生互动维度。最终维度修改为"师生互动",即物理课堂中,学生感知到师生之间互相交流合作、帮助、理解关心,以及公平对待的程度。

另外,在"愉快"维度中加入课堂气氛的和谐程度,以及自由、有序程度的内容,故将维度名称改为"整体气氛"更为贴切。对于"学生互助",考虑到我国教育的文化特征,学生之间除了存在帮助、交流的关系,还有竞争。所以,将该维度加入竞争,并将维度名称修正为"学生互动",即学生感知到课堂中互相帮助、互动、竞争的程度。《中小学 STEM 课堂学习环境量表》的指标如

表 4-4 所示,其中物理环境仅包含一个维度,心理环境包含知识相关、学生投入、教师投入三个维度,社会环境包含整体气氛、师生互动、学生互动三个维度。

表 4-4　量表各维度的情况

工　具	适用阶段	穆斯(Moos)三维度		
		关系维度	个人发展或目标定向维度	系统维持和改变维度
中小学 STEM 课堂学习环境量表	中学	师生互动;学生互动	知识相关;学生投入;教师投入	物理环境;整体气氛

　　最后结合国内外代表性问卷各维度指标设定的问卷题目数量,初定量表中物理环境的题目为 5 道;心理环境分别为 5、7、6 道,总数为 18 道;社会环境分别为 11、9、7 道,总数为 27 道,量表的题目总数为 50 道。为确保各维度题目的一致性,第四轮德尔菲法呈现的题目打乱顺序,请专家根据各维度的含义,将题目划入相应的维度中;此外,经过多轮讨论,剔除了问卷中内容重复的题目,修改了表述不当的题目,题目的详细修改意见如下:(1) 对于"物理环境"维度中第一题的内容改为"我们的 STEM 相关学科的实验室有充足的实验仪器和器材供我们使用和选择"。(2) 专家提出在质性研究阶段"学生座位的位置"对课堂环境的影响不能被忽视,所以在"物理环境"维度中加入"在课堂中,即使坐在靠后或者较偏的位置也对我的学习影响不大"。(3) 在"师生互动"维度的原 26 题的内容与 27 题都是教师对学生给予帮助,内容上重复,但原 27 题表述更易被学生接受,所以保留 27 题,删除 26 题。(4) 原 29 题和 30 题在内容上类似,都是教师支持学生自主探究学习,可做合并处理。(5) 原 31 题表述生硬,用"物理老师鼓励和支持我们参与课堂讨论和发言"来替代。(6) 原 33 题的内容与其他内容重复,应该予以剔除。(7) 原 34 题表述内容与"师生互动"不符,应调至"教师投入"维度。(8) "课堂气氛"维度中原 35、36、37 题涉及内容重复,在表述方面 37 题更为合适,仅保留 37题。(9) "整体气氛"维度的原 38、39、40 题和"学生互动"维度的原 46 题在表述内容和方式上进行修改,如原 40 题,本意是研究学生对教师的喜爱程度,修改后比修改前更容易理解。修改后的《中小学 STEM 课堂环境量表》

各维度题目数基本情况如表4-5所示,各维度题目数量均保证在5—7道,总题目数为46道。

表4-5 量表维度及各维度项目情况

一级	二级	题数	包含项目	含 义 和 样 题
物理环境	物理环境	6	1、8、15、22、29、36	学生感知到的实验物质基础:实验仪器的充裕、完好程度以及使用情况;学生感知到的课时安排和座位安排情况。如"在我们的物理课上,有充足的实验仪器供我们使用和选择"
心理环境	知识相关	5	2、9、16、23、30	学生感知到物理知识与现实生活的联系、探究的成分、任务量及难易程度。如"在物理课堂上我们可以学到一些物理课本以外的知识"
	学生投入	7	3、10、17、24、31、37、42	学生感知到其对物理学习的态度(预习、复习)、课堂参与、表现、表达意见等的程度。如"课下,我们会进行相应物理知识的复习或预习"
	教师投入	7	4、11、18、25、32、38、43	学生感知到物理教师对教学效果、促进学生合作、独立思考、探究所做出的付出。如"物理教师会根据我们的学习情况来调整教学进度"
社会环境	整体气氛	7	5、12、19、26、33、39、44	学生感知自身对课程的喜爱及享受程度,课堂气氛的和谐程度,以及自由、有序程度。如"在物理课上,我直接向老师询问问题或寻求帮助,敢于和老师进行交流与讨论"
	师生互动	7	6、13、20、27、34、40、45	学生感知到课堂中师生之间相互交流、合作、帮助、理解、关心,以及被公平对待的程度。如"在我们的物理课上压力较小"
	学生互动	7	7、14、21、28、35、41、46	学生感知到课堂中学生之间帮助、互动、竞争的程度。如"在物理课上,我们能相互交流看法,有不同意见,能够通过讨论,甚至争论获得共识"

根据穆斯和崔克特(Moos, & Trickett, 1987)的《课堂环境量表》(Classroom Environment Scale,简称 CES),本部分的研究也将问卷分为"现实课堂"和"理想课堂"两大部分,以进一步分析中小学 STEM 课堂中理想与现实环境的差异,以及学生对环境的适应程度。同时,采用李克特五点法,每个题目包含"从不这样""很少这样""有时这样""经常这样"及"总是这样"共五

个选项,问卷呈现的形式如表 4 – 6 所示。该调查量表还包含了学生的背景信息,如学生所在学校、班级、性别和年龄等。此外,为保证所测问卷的有效性,将第 44 题的语言表达顺序与另外 45 道题目的表达顺序反向安排,作为"测谎题"。

表 4 – 6　量表呈现的形式

在我的物理课堂中……	现　实　课　堂					理　想　课　堂				
	从不这样	很少这样	有时这样	经常这样	总是这样	从不这样	很少这样	有时这样	经常这样	总是这样
1. ……	☐	☐	☐	☐	☐	☐	☐	☐	☐	☐
2. ……	☐	☐	☐	☐	☐	☐	☐	☐	☐	☐
3. ……	☐	☐	☐	☐	☐	☐	☐	☐	☐	☐
……										

第二节　STEM 课堂学习环境的质性研究

学生、教师、情境三者因教学活动而交互作用成为一个整体,而课堂则是开展教学活动的重要场所。在教学过程中,除学生和教师这两大主体外,情境也是需要格外关注的问题。本研究探究的课堂环境即属于情境因素的范畴,课堂环境对教学效果起着极为重要的作用,成为一种隐性的教学资源。相较于学科知识的资源,课堂学习环境对学生的兴趣、意志、情感、态度、性格、动机等非认知方面的作用更为直接、有效和深刻。那么,中小学 STEM 课堂学习环境具有怎样的特点? 身处其中的师生对他们所处的课堂学习环境又具有怎样的感受及评价呢? 本节将具体探讨这些问题。

一、中小学 STEM 课堂学习环境现状

本阶段进行的质化研究将围绕学习环境特征和感知两个方面的内容展开,旨在基于对 STEM 课堂学习环境的观察,进一步对学生进行焦点团队访

谈、学科教师进行个别访谈,以探究 STEM 课堂学习环境的现状。

(一) 自然及时空环境

在对一线教师及学生的访谈中,我们会涉及课堂自然环境这一部分内容。师生反馈的有关教室自然环境的信息基本一致。由于各地实施标配的教育装备,因此在课堂学习环境的自然环境方面,同省市的相近区域基本保持一致,但在时空环境上存在一定差异。

教师 1[①]:为了让学生能够有一个相对优良的学习环境,学校的照明、温度以及墙壁粉刷都是遵从标准的……

教师 2:我们学校校址在 *** 胡同里,远离嘈杂,所以上课的时候基本不会受到外界环境、交通鸣笛等噪声的影响。

学生 1:学校的气味,没有什么特殊的。

也有教师和个别学生反映他们的教学和学习偶尔会受到气味、噪声、湿度、温度等因素的困扰。

教师 3:我们班就离学校的食堂比较近,西边的窗户又正好在食堂那一边。一般上午九到十点钟左右吧,就会飘来饭菜的香味。这个时候,估计学生多少已经饿了,有时候能明显感觉到学生有些躁动,多少都会影响到课堂的效率。

教师 2:如果下过雨,教室里潮湿、闷闷的,别说学生了,就连老师的精神也不会很好。

有同学反映教室外曾出现干扰他正常听课,使他心神不宁的嘈杂噪声。

学生 2:也不知道是怎么安排的,就周三下午第二节上物理课的时候,总是听见楼下一帮女生在那叽叽喳喳的(正好有班级在操场上体育课),根本没法静下心来学习。

有些同学反映,他们偶尔也需要忍受周围环境的糟糕气味,这严重影

---

① "教师"指的是参与访谈的教师;"学生"指的是参与焦点访谈的学生;"研究者"则指的是调查的研究者。笔者为了区分发言教师和学生,所以将他们按照发言顺序进行编号"教师1""教师2""学生1""学生2"等,但是"教师1"在不同段落里并一定是同一名教师,其他类似。

响到他们的正常学习。

学生 3：其实从上学期(文理)分班以后,我就期望离开这一层了,至少不在现在这个教室……

学生 4：对对对。

研究者：是什么让你们想离开这个教室呢?

学生 3：我们教室就在厕所边上,离厕所太近了,有时候到了下午就会闻到臭味儿,尤其是夏天那味道太难闻了,弥久不散,闻到我都恶心。

学生 4：我感觉我整个人都被臭气笼罩着,尤其(是)再一开窗户,就都吹我们教室来了,闻着我都恶心,把我们语文老师都熏得够呛……谁还能忍受? 也就 **(班里公认的学霸)意志坚定不受影响。

结合学校的课堂观察,发现课堂气味及噪声仅为个别学校和个别班级的情况,并不普遍存在。调查对象的学校均在同一城市,通过对课堂环境的观察,所处环境的温、湿度基本一致;教室均采用 6—8 只白炽灯照明,照明情况也相似;各教室的墙面以白色为主,暗黄色或浅蓝绿色为副色,课堂色彩情况基本一致。此外,我国香港学者郑燕祥系统地研究过学习环境中物理因素的作用,并提出对应因素的理想条件(见表 4 - 7)。各所学校课堂中的自然环境满足郑燕祥所提理想条件的标准。

表 4 - 7　自然环境因素理想条件

自然环境因素	理　　想　　条　　件
光　线	黑板和桌面要有光线分布均匀的足够照度;避免刺眼的光源设计;安全卫生;避免产生阴影;目标物(黑板)与周围环境的广度对比应高于 3∶1
色　彩	色彩柔和协调
噪　声	设置隔音设备,谨防校内外噪声干扰
通　风	教室应在对侧墙壁、门上设置窗户
温度/湿度	应设有遮阳伞、百叶窗或窗帘遮挡强光;屋顶填充隔热材料;保证通风;根据具体情况安置暖气或空调

注:由 CIE 国际照明委员会标准:课桌面照度为 300—750 勒克司;黑板面的照度为 300—750 勒克司;我国在 1982 年颁布的《保护学生视力工作实施办法》中提到桌面照度应不低于 100 勒克司。勒克司(Lx),为 1 烛光的光强垂直照射在距离 1 米初的照度,故又被称为米烛光。

随着课堂学习环境研究的兴起,课堂中的时空环境逐渐引起人们的重视。时空是课堂中无形,但又强有力的环境因素,采取不同分配方式和安排方法可以将课堂内的相关活动以不同的形式组织起来。通过调查发现,教师和学生对课堂中的时空环境尤为重视。首先,座位编排形式是影响课堂教学较为重要的时空环境因素。所访谈的学生认为,他们所处教室的座位编排方式虽然会有一些变化,但是整体形式却"一成不变"。

学生1:基本上不会发生太大的变化,我们会按照每次考试的班级排名排座位,成绩靠前就往前坐,但如果成绩好的个子很高,也不会让他坐太靠前,不然就影响大家了。

学生2:我们班座位的编排一直是这样的(秧田式),从我上学起,就没有发生过变化。

研究者:每个人的座位都没有发生过改变吗?

学生2:那倒不是,就是每两周最后一列变成第一列,然后原来的第一列就是第二列了。但是我认为座位的形式还是变一变的好,也会促进我们学习。

教师们也在教学中逐渐认识到,座位排列方式对学生的身心健康及学习效果有一定的影响。

教师1:排座位的时候我也考虑了很多,按照教室的大小、学生的多少、黑板的大小、采光等方面,去安排讲台和黑板与第一排学生的距离、每排人数。因为总坐一个位置对学生的身体影响也不好,所以我要求每过一段时间行排之间都会交换位置。当然学生座位的位置,对学生的学习习惯、态度、动机也都会有一定的影响,所以我会结合学生的具体情况来安排学生的座位。比如,上课好动,容易开小差的学生,我一般都会把他安排到靠前,各科老师关注点较高的位置。

此外,通过对21间教室的观察,发现座位的编排方式基本都采用传统的秧田式,或者在秧田式的基础上进行细微变动。这种座位的排列方式,使得所有学生在课堂教学过程中都能面对教师,对教师而言可以较容易控制全班和洞悉学生,同时也有益于师生之间的相互沟通。大部分学校和班级都采用秧田式的座位排列方式(音乐、计算机等课堂除外),在此次观察的 SY 校全部学科都打破了传统的秧田式,出现了小组排列式、圆形排列式以及 U 形排列式等学生座椅排列方式。

另外,学生反映在合理的课时安排下,他们的精力会更好地集中在课堂上,从而促进 STEM 学科的学习;相反,在相对不良的课时安排下,疲惫和困倦常常会使他们力不从心,从而降低学习积极性,影响到课堂学习效果。

学生 1: 我发现 YZY 老师一般都会安排在上午,我头脑比较清新,思路比较清晰的时候讲授新课。一般下午会安排讲授习题或者重要性相对较弱的课程,所以饥饿和困倦感以及它们带来的一切不好的效果都不会影响我的物理学习,我才能集中精力去学习新的知识。

学生 2: 上午最后一节课,是我又累又饿的时候,跟电影里演的"极寒交迫"一样难挨。

学生 3: 最不能忍受的是在下午第一节上物理课或者其他理科的课程,因为我们中午基本上没有午休,刚吃完饭,太阳一照,所以很容易犯困。虽然我也想过很多办法让自己打起精神,但是实在太困了,也会打一会盹儿。其实我们班(下午)第一节向来是"趴倒一片"。

另外在调查研究中,有一半的教师认为,在实际的教学过程中每周课时次数也是一个不容忽视的因素。需要统筹不同年级总课程量、课程难易程度以及结合学生的具体情况等来安排和规划。课时安排的类型要包含讲课课时(含学生随堂实验)、学生实验和实践活动课时、复习和学生自主学习的机动课时等多种类型。通过访谈,以物理课为例,现在学校课次安排都是在按照课程标准要求的基础上,结合本学校学生的具体特点进行规划,每周授课为 2—3 课时不等,其他为 1—2 课时。

(二) 课堂教学基本状况

作为课堂中不可或缺的一部分,教师的一言一行都在影响着学生。不同教学方式和教学手段会带来不同的教学效果;教师在课堂、生活中对学生的关注和鼓励,教师个人的性格也都会对课堂学习环境造成不同的影响,教师在课堂学习环境中"扮演"的是引导者的角色。

首先,在教学设计方面,多采用集体备课形式,或者同年级组内学科老师参与到课程设计中,或者是整个学校的学科老师一起备课。虽然有部分教师也在课下会征求学生有关教学设计的意见,但从整体来说教学设计仅是教师参与的过程。

> **教师 1**:为了避免一些不必要的问题,所以一直以来我们学校都采取集体备课的方式。开始是独立备课,然后一起讨论和展示。
>
> **研究者**:是整个年级还是整个学校一起?
>
> **教师 1**:都有。嗯,新的学年之前,我们各个年级的本学科老师一起集体备课。在总结之前教学经验的基础上,讨论和研究。这样呢,可以使各个年级段的知识连接起来,比如说牛顿定律在初中和高中都有涉及,那么通过集体备课呢,初中老师可以明确该阶段应该讲到什么样的程度才能与高中所学的内容衔接上,而高中教师呢也对学生具备的先前知识有具体的了解。开学后,每个周四都是我们年级物理组的集体备课时间,大家针对所教授学生的真实情况进行修改,一起解决出现的问题。
>
> **教师 2**:我也会征求学生的一些意见,去了解哪种教学方式或者哪种活动才是他们更容易或者更愿意接受的……课前,或者上节课的课后,我会问学生 ** 节(下一节课),这节课他们更喜欢怎么上;有时候上完一节课,我也会有意识地问一问学生,这样上课的方式他们的感受如何?喜不喜欢?觉得哪里需要改进。

为了吸引学生的注意,激发学生的探究精神和求知欲望,一些教师会采用学史、有趣的现象、生活中的实例来引入新课,也有一些教师是在复习旧知识的基础上讲授新课的。学生都比较喜欢学习新课,教师会提出"新奇的问题"是他们感兴趣的一大原因。例如,YLY 老师在教授"运动的快慢"这一节时,用两个视频(刘翔以 12 秒 88 的成绩打破了尘封 13 年之久的世界纪录,成为男子 110 米栏真正的第一人;牙买加选手博尔特以 19 秒 30 获得金牌,成为目前男子 200 米跑中最快的人)来引发学生思考:"你有没有想过,假如让两个'第一人'进行一场巅峰对决,谁会登上武林第一宝座? 谁的运动会更快一些?"用生活中的实例创设情境,这就把学生带进生活中的物理世界,采取设疑的方式引导学生进入课程的学习,激发学生探索的兴趣。学生想知道博尔特和刘翔他们谁才是世界第一人,谁跑得更快,所以就能自然地认真听课和思考。此外,在教学过程中,一些教师也会从学生的视角设置情境,让学生体验新的东西。例如,课堂中设置小组合作探究活动,可以激活学生的参与意识,使全班都参与到教学过程中去,真正达到学生在游戏中学习的效果。

教师 2:八年级的学生好奇心和求知欲望较强,有丰富的想象力,但注意力不容易集中,兴趣又不容易保持。在教学中我一般会抓住这些特点:一方面运用实例和多媒体手段引发学生的兴趣;另一方面创造条件和机会,让学生自主探究、讨论和发表见解,最大限度发挥学生的学习主动性。

学生 2:我们全班都很开心地参与到活动中去,整个过程都很紧张兴奋,也对整堂课很有期待。

当然,也有一些教师认为知识就是知识,所以始终会按书本一步一步地讲解概念和规律,最后依靠习题提高学生的成绩,这样的课会给学生枯燥的感觉。

学生 3:我们老师讲得不好,每天上课就让我们打开书,找出定义,往黑板上一抄,再让我们大声朗读一遍,最后让我们抄。

学生 4:听其他学校的学生说他们老师上课会放视频什么的,我们根本没有,就是讲书,做题,没意思,我好羡慕人家啊。

其次在学生投入和教师投入方面,教师 1 认为,在授课过程中,学生如果没有好的行为习惯和学习态度,即使教师准备得再精彩也是做无用功。对此大部分学生也表示赞同,他们认为良好的学习习惯和正确的学习态度有助于学业水平的提高,所以他们会积极地投入到学习中。

学生 1:我知道只有认真听讲才能知道老师讲得好还是不好。

学生 2：为了学明白，课上我会紧跟老师的进度，课下独立完成作业，遇到不会和不懂的问题及时向老师和同学请教。

教师 2：学生的行为习惯对课堂效果也是十分重要的。班里学习成绩比较优异的学生，都是具备在课堂中认真听讲，积极参与到课堂当中发言讨论；课下认真完成课业，会预习或者复习巩固所学知识等良好习惯。班里大部分学生的学习习惯都是比较良好的，课堂表现也都不错。

其次，物理学习困难在中学较为普遍，部分学生在学习过程中都产生"畏难"心理，于是放弃了物理的学习。大多表现出课上不认真听讲、做小动作或者交头接耳；课下采用抄袭作业作为应付老师的手段。"师者，所以传道授业解惑也。"教师不仅仅是传授知识的"教书匠"，在一定程度上也是学生心灵、行为塑造的改造者和工程师。教师 3 认为，教师还应积极关注学生的心理状态，多花费一些时间和精力去鼓励学生，促进学生养成良好的学习习惯、形成浓厚的学习兴趣，引导学生形成积极的学习态度，进而形成和谐的师生关系。

学生 3：如果成绩没有考好，老师就会找我们谈话，帮我们分析原因和制定学习方案，然后鼓励我们，让我们坚持学习，要对自己有信心。

学生 4：如果有一道题我没听懂，老师课下会一遍一遍地换方法给我讲很多次，直到我学会，我真的很感谢物理老师的，所以我期中、期末会以好的成绩回报老师。

学生 5：如果问老师问题，他会先给我一些提示，引导者我自己去解题。

有个别的教师并不理会学生是否掌握授课内容，一部分学生会求助于他人，另一部分学生只能"留下问题"。此外，由于班额较大，物理教师可能不是班主任，教师的工作量和生活压力较大等原因，也减少了物理教师和学生交流沟通的时间和频率。

再次，在实验教学方面，理科教学中实验分为演示实验、学生分组实验和随堂实验等几个类别。以下将调查和访谈中有关物理实验要素现状的内容进行具体梳理。近几年来,实验的重要性得到普遍认识,更多教师加强了实验教学的力度。所调查的教师都认同实验有助于教学的展开,有助于激发学生学习兴趣和探究精神,有助于学生综合能力的培养。

教师1反复强调:在理科教学中实验具有重要的地位,因为实验是一个严谨的科学探究过程,在实验研究中学生需要始终秉持实事求是、精益求精、努力钻研的精神,这无疑有助于学生严谨的科学态度和科学精神的培养,对提升学生的科学素质起着关键的作用。

教师2:现在的学生自主性比较强,大部分都喜欢自己动手去探究和学习。物理实验可以将一些难以理解的概念、定理和规律比较形象、生动、直观的展示到学生的面前,所以实验相比较其他教学手段来讲,更受到学生的青睐。另外,一些知识(对学生来说确实)比较抽象和"枯燥"采用实验教学可以更好地吸引学生的兴趣。

教师3:实验也确实可以培养学生自学能力、探究能力、合作能力等多方面的能力。

相对比其他教学方式,学生对物理实验更为感兴趣。对学生而言,新奇的实验现象,有助于他们集中注意力,激发求知欲和探索欲。但是,由于教师对实验看法和重视程度的不同,各所学校具体条件不同,所以在实际教学中,也广泛存在一些不同程度的情况和问题,使得一部分实验无法完成。

学生1:我是比较喜欢上有实验的课。

学生2,学生3和学生4:我也是。

研究者:为什么? 能说明一下原因吗?

学生1:因为感到新奇、出乎意料、好玩,就自觉地想去认真地学习。

学生2:感觉可以帮助我们更好地理解物理知识。

学生4:就像学生1所说的,开始的时候老师展示了一个实验,一般都不会告诉我们为什么,我就想知道为什么这么奇怪,有时候即使刚上完英语课(英语困难生)我也很有精神。

学生 2：我个人觉得实验比较有意思，因为我可以自己动手去做，在课上也就不会犯困了，要是每一节物理课都做实验就好了。

在具体实施中，一些学校的领导或教师并没有足够认识到实验的重要性，导致在教学过程中削弱了实验教学的部分必要内容，甚至用做题代替真实的实验过程。

学生 1：我们几乎很少做实验的。

研究者：教材中要求的实验也很少做吗？

学生 1：很少。我问我们老师为什么不做书上的实验？老师说我们到实验室就乱哄哄的，做了也不清楚为什么，浪费时间。

研究者：那本来应该做实验的课时，不做实验了，老师都是怎么讲解的呢？

学生 2：都是让我们看书，或者看视频、动画。然后就是做题了。

此外，一部分教师也表示由于课时紧张，做实验尤其是做学生分组实验得到的成效不如讲解、练习收获的成效高，所以有时候不得不将两个实验进行合并；教师 1 则认为仅将一节课中一小部分时间用来做实验就完全足够了。由于种种原因，使得教师很少有时间花费在实验教学中，最终导致不能保证应有的物理实验课时。

对于实验教学，教师 1 也表示无奈："人人都知道物理是一门以实验为基础的自然科学，显然实验在教学上的地位是十分重要的，大家都知道这一点。但是由于我们是'新办'的十二年一贯制学校，当时办校的时候还没有中学学生，也没有学科老师，但是实验室和实验器材却说置办好了。可是实际一上课的时候发现很多实验器材是没有的，所以我们不得不用一些视频和动画来代替（实验）了。"而其他学校的教师也曾反映，坏损或消耗掉的实验器材和材料，需要经过多次申请才能置办齐全，整个申请流程至少为一个学年，由于实验器材的缺乏，大大影响了理科教学的效果。

  教师 1：现在实验室里的很多仪器都不太符合标准，很多实验现象都出不来。

  教师 2：就拿刚刚讲过的光的折射现象来说，做实验用的激光笔坏掉了，我和张老师一起反复向学校申请，学校再向上面反映……

造成实验器材缺乏的原因有两大类，一种是校领导并不重视实验，另一种则是校方认识到实验的重要地位，但是出于学校的经济原因，无法给予实验室更多的投资，实验室内的仪器配置需要依靠上级教育部门的拨款，然而款项的落实又很难快速到位，这也是造成实验器材缺乏的主要原因。此外，所调查的大部分教师和学生表示学校物理实验室中的实验仪器使用也存在一定障碍。

  教师 2：因为我们现在手头的轨道做得有问题（轨道在中途凸出来一小块），所以现在验证动量守恒定律的实验室不会用仪器让学生做的，因为不仅做不出想要的现象，也浪费时间，这样一来对学生理解知识的情况必然产生一定的影响。

同时，通过对取样校高一年级的一节实验课——验证平行四边形定则进行课堂观察，发现此次所用的实验仪器大部分的弹簧测力计都无法调至零刻度线，仪器相对粗糙，虽然教师有所强调也采取了改进的办法，但是由于实验仪器的问题，仍有部分学生的数据出现较大误差甚至错误，导致学生对知识的运用和理解出现偏差。通过访谈了解到，现实中由于受到课时等种种原因的限制，学生并没有针对实验进行实际操作，在实际的教学过程中也缺乏对学生实验技能掌握的考察机制。所以，理科教师对学生实验技能的熟练和掌握程度并不十分了解，导致教师不能有针对性地采取措施。

（三）题海战术与合作式学习

所有被调查的学生都肯定了学科与现实生活之间存在着密切的联系，通过学科知识的学习使得他们对生活中的现象有了新的、更准确的认识,可以说"科学来源于生活,同样现实的生活也离不开科学"。此外,在日常教学中,理科教师也积极地将所授的知识与实际生活联系起来。采用日常生活中的实例进行新课程引入,这也是教师教学常用的手段之一。这种方式不仅能引起学生的兴趣,而且拉近了学生与科学之间的距离,受到大部分学生的喜爱。

学生 1:讲物态变化这一节的时候,GH 老师给我们播放了雨、雪、冰挂、叶子上的露水、冬天早上的雾气等很多我们平日在不同季节能看到的自然现象,然后再让我们去进行下一步的学习……

教师 1 在课前准备的时候,就努力从现实生活中寻找有关物理课堂中的教学资料,从而为学生搭建学科知识与现实生活的桥梁。教师 2 在课堂中设计了实践活动专题,鼓励学生亲自动手用所学的知识去解释生活实际当中的问题和现象。当然也有一些学生不喜欢动手类的活动,因为他们认为过于麻烦。也有教师担心这种类似的活动会浪费过多的时间。但是,他们也承认众多实践证明,有必要进一步加强学科知识与现实生活关系的重视程度。

一些教师认为,合作学习和实践活动的确可以激发学生的学习兴趣、加深课堂参与程度以及提高动手探究的能力,但是他们也担心这一系列的教学活动耽误过多课堂时间,对学生的解题能力、考试成绩并没有很大的帮助,甚至会影响学生成绩。

教师 1:在课堂中我们努力的调动学生的积极性,学生确实表现出对数学的热情,但只是存在于课堂活动中。大量的时间都在探究上,就减少了必要习题练习讲解的过程,没有操练,学生的学习成绩就不会理想。

对于采用"题海战术",一些教师也表示了他们的无奈,由于现实中应试教育现象依然严重,所以,为了让学生取得更好的成绩,他们会为学生安排大量的习题作业,以帮助学生查缺补漏和巩固知识点。也有教师会将不同的习题做分类总结,这样不仅可以更为全面地复习所学内容,而且也避免学生花费大量的时间在一类题型上。

> **学生 1**:总是做题,真的是太累了。
> **学生 2**:做的习题真是超级多,尤其是每逢考试,考前我们就会开始疯狂地刷卷子模式。

合作学习是学生的一种学习方式,通常以小组为单位互动学习、解决问题。20 世纪 70 年代以来,人们就尝试将合作学习融入教育领域,实践证明,种种尝试都取得了令人满意的结果。我国从 21 世纪初开始实施的新课程标准积极倡导在教学中开展合作学习,主张学生积极参与到合作学习中,去发现问题,提出问题,探寻和解决问题。在笔者所做的问卷和访谈中,所有的学生和教师都提到他们所处的课堂环境中,几乎每一节课都会涉及合作学习的内容。

> 访谈中教师 4 曾提到:"合作学习是课堂教学中不可缺少的教学方式。采用这种方式可以促进学生与教师间、学生与学生间的交流和互动,促进学生形成良好的品质,同时有助于学生学业成绩的提高。"
> **学生 1**:我们班的理科和文科课程,几乎每一节老师都会要求我们一起讨论学习。
> **学生 2**:比如,学习光的折射的时候,HY 老师先做了硬币现身的小魔术,然后让我们讨论和思考为什么;考完试,HY 老师一般都是先让我们互相讲错题和讨论。

合作学习取得了许多显著的成就,学生提高了学习兴趣,增添了自信心,促进了学生之间的沟通和协作,使得课堂不再仅仅是教师的舞台;改变了传统的教育方法,使学生充分发挥自身的主动性和创造性,但是笔者所调查的师生对课堂中的合作学习存在不同的看法。学生们首先肯定合作学习带给他们最直接的好处是可以促进彼此之间的相互沟通和了解,从而加深彼此友谊。通过合作学习,他们逐渐融入群体之中。最终,随着交流、协作的深入,在获得学识的同时也收获了珍贵的友谊。

    学生 1:不仅在(课上)讨论的时候,平时在家或者周末我们也会在微信上互相监督学习和讨论不会的题。

    学生 2:本来我对 WJJ 印象不是很好,总觉得她比较傲气。可是通过上语文课,C 老师把我和她分到一组,然后我们就一起学习,她对我的帮助很大,很无私地帮助我。

    研究者:所以你们现在是很要好的朋友吗?

    学生 3:对,我们现在是好朋友。

    学生 4:中午我们小组都是一块去食堂吃饭的,我们都坐一张桌子。

同时,教师对以上学生的观点也表示认同。

    教师 1:很明显,通过合作小组的形式,让学生之间更加"依赖"和信赖对方。

合作学习使学生充分体会到如果要得到提高,就要在大胆表达自己意见的同时互帮互助,虚心向他人求教,耐心倾听他人的意见。

    学生 1:对一个问题,我们组内的每一个人有可能都有自己不同的看法,老师要求我们在讨论的时候大胆说出自己的想法。我们每个人都会说出自己的看法,有时候 4 个人的看法都不一样,但是最后通过讨论我们可以一一求证和总结,这样也会帮助我们更好地理解知识。

    学生 2:通过相互合作我们沟通和交换意见,每个人都说明自己的想法,我也积极和大家讨论。

    研究者:如果遇到组员意见和自己意见不同的时候,你会怎么做?

    学生 2:那我也会认真地听完,并且思考,有可能我的意见并不正确。

总之,每个人思考问题的方式都不太一样,(不同的人表达的意见)都会有自己的道理。

学生 3:尤其是做大题的时候,每个小组的解题的方法都不一样。通过仔细的学习和沟通,我们就会比较得出最简单、最容易的解答和思考的方法。

课堂时间和教师精力是有限的,教师很难兼顾到所有学生,学生参与的机会相对较少。而合作学习可以让每一个学生都参与到课堂中去,给予学生发表自己意见的机会,即使他们的意见或见解并不成熟和完善,依旧可以得到他人的倾听甚至是赞赏,这无疑会大大增加学生学习的信心和积极性。

学生 1:老师要求我们在讨论的时候大胆地说出自己的想法。

学生 2:在讨论的时候,老师会走到我们身边。在我们没有思路的时候会稍加提点我们;在我们讨论不完善的时候会有补充。最后,对我们的意见、方法什么的都会给予鼓励。这个时候(我们)心里就特别高兴。

学生 3:本来自己的想法并不成熟,但是老师都会鼓励我们大胆说出来,无论说得正确与否老师都会说挺好的,这就让许多不太敢在课上发言的同学也有勇气讨论了。

虽然有些教师认为课堂合作学习存在着诸多局限和不尽如人意的方面,但是他们也不得不承认合作学习确实调动了大多数学生的积极性和学习兴趣。

教师 1:在教学中会采用合作学习来进行教学,利用合作学习去吸引学生的兴趣,调动学生的学习积极性。使学生变被动为主动,真正参与到课堂中去。学生之间互相帮助,师生之间良好互动,是学生比较喜爱的过程。

教师 2:几乎所有的学生都可以参与到小组的合作当中,显然学生对这种学习方式兴趣浓厚。

教师3：合作学习时常会扰乱正常的课堂秩序以及占用大量的课堂时间，但是她也承认"游戏""合作""活动"等这些合作学习的方式是深受学生喜爱的学习形式，学生乐于参与其中去发现、探究和寻求解决问题的方法。

合作学习有时候确实增加了学生表现自己的机会，但是也不能忽视极端的发展方向。一些成绩中等或偏下的学生往往会过于依赖成绩较好的学生，这样在合作中，成绩较好学生将会成为小组的"权威"，于是形成"形式上的合作"。

学生1：有时候老师的问题我们根本就不会，就只有WX会做。让我们想我们也想不出来，干嘛白费时间。

研究者：老师让发表意见的时候，你们如何应对？

学生1：就让WX自己说呗，反正就他会。

研究者：他曾经在小组中讲解他的思考过程吗？

学生1：开始讲，后来就不讲了，将也没用，我们都听不懂。

学生2：都不知道这样的讨论有什么用，完全是浪费时间。

教师在真实的课堂中很难顾及所有的学生，虽然教师尽可能让所有学生都参与到学习中去，但个别差异历来就是教学中难以处理的问题。一些教师在调查中反映，成绩较差的学生确实不能很好地参与到合作学习中去，他们很容易受他人观点的影响。

教师1：合作学习确实可以调动大部分学生的学习兴趣，被调动的主要群体是学习中等的学生，他们通过探究对所学知识的认识会得到提高，无论是认识还是应用方面效果都不错。但是，对于另外两种类型的学生的帮助可能就不那么大。成绩好的学生就认为没劲、没意义，因为有可能他一下子就能明白。而学习成绩差的学生，基本也不会发表意见，一般都会等现成的，他们也不想动脑筋。

教师 2：学习成绩差一些的学生有时候看着好像也做一些小组实验这些，但是往往他们就只是好奇，觉得好玩，出现一个现象，好玩，但是他们的心思可能只在有意思上，根本不注重探究和思考，所以对他们的学习并不会有帮助。

教师 3：合作这个吧，也不全好。如果学生太多就顾不过来，有的学生就不能很好地参与进来，一跟不上大家的节奏，他就觉得没有兴趣了，不是干别的就是给人捣乱。

教师 4：个人认为，合作学习对于行为习惯较好的班级比较适用，他们会和老师进行很好的互动，达到比较理想的效果。但是对于一些班级就不行了，由于他们在起始的时候并没有养成相关的行为习惯，所以在合作学习环节，不是表现得很躁乱，就是把讨论时间当成休息时间。

设计一堂精彩的课，需要教师课下花费很多时间和精力，课上同样需要时间和精力。原本教师直接讲授 1—2 分钟就可以解决的问题，如果加入合作探究，由发现、探究、交流、争论到最终结果，则需要 5—15 分钟的时间。这就有可能使得一些教师担心课程不能完整讲授。一些教师反映由于加入合作学习，使得最终压缩了小结或者练习的时间，于是造成学生应用所学知识解决问题的能力下降。有些学生也抱怨，在通过感觉良好的课上学习后，他们依旧面临不会解题的困难。

教师 1：让学生参与活动探究，确实可以提升他们各个方面的能力，但是这往往会需要占用课堂较长的时间，一节课 40 分钟，有时候加入小组活动、探究讨论，有些必要的教学过程就不能完成，对学生的学习也会有很多不良的影响。

学生 1：课上老师讲得很好，内容我也听懂了也很感兴趣，但就是不会做题。

21 世纪以来，新课程标准积极倡导合作学习方式，被认为是打破传统教学方式的新方法。越来越多的教师将合作学习融入课堂教学中去，取得了一定的教学成效。但是,并非所有的学习主题都适合采用合作学习的方式,对于一些内容来说,个体学习和接受学习的方式才是更为适合和必要的。中学生的思维相对比较活跃,对事物都会有自己的主见和见解,他们更为愿意向别人表达自己的见解。

教师 1:和以前的学生相比,感觉现在的学生都会有自己的主见,无论在课上还是在课下,都能大胆地表达自己的意见,而且他们也乐于表达出来,愿意分享出来让大家都听见。

教师 2:比如有时候,我们分析试题,我课上讲的方法和他的做法不一样,有的学生就会马上举手说,老师,我是这样做的,我觉得这样的做法比您的做法有怎样的优势……

通过访谈学生可以发现,现在的学生会主动向教师表达自己的见解。

学生 1:有一次老师讲题的时候,我感觉老师算错数了,我就举手告诉老师他的结果不正确。

学生 2:我会提出自己不同于别人的看法,无论在课上还是课下。

学生只要有机会就会发表自己的意见,想让教师和同学都能够听见自己的声音和得知自己的想法。教师能够耐心地聆听学生提出的建议,并接受学生的建议。即使学生的想法并不成熟或者存在错误,他们都会先给予一定的肯定和鼓励。这样增加了教师和学生之间的交流,无形中拉近了师生之间的距离。

学生 1:我们物理老师是鼓励我们在课上提意见的,即使是我们说的问题并不正确,老师不仅不会打断,还会给予表扬,最后都会很耐心地帮我们讲解和分析。所以,以后我们大家在课堂中都愿意发表自己的意见主动表达自己的见解。

学生 3:老师会听我们的意见,我们的交流像朋友一样。

教师 3：刚接触这个班的时候，都不熟，学生也不好意思发言，我主动征求他们意见，结果也不是很理想，于是我就让他们私下和我沟通，或者我直接找他们问，问他们对课程、教学、作业什么的有没有什么看法，或者要求他们提出意见，这样时间长了，我不需要这么做也能听到很多不同的想法。

但是，并非所有的教师都能接受学生提出的意见，或者说不能"接受"学生提出的所有意见。有的教师接受学生提出合理的、有建设性的见解；但是对于个别学生在课堂中的"意见"，他们认为是没有必要理会的，那些学生可能是在添乱和找麻烦。即便是有些学生站起来大胆地发表了见解，也有可能会得到一番斥责。而在课上不乐于发言或提建议的学生也说明了自己的原因。

学生 1：我的学习成绩又不好，我怕说错了，别人会笑话我。

学生 2：我要觉得自己很有把握了我才讲。

研究者：没有把握呢？

学生 2：没有把握我就不说了，我怕说不清楚，大家会不耐烦。

学生不乐于表达意见的原因分为几类，最明显的有两种：一是自信心不足，总怕说错；二是基础不扎实，不能表述清楚自己的意见。如果老师能够及时地给予关注，引导学生大胆发言，在之后给予鼓励和肯定，那么就会有更多学生表达自己的声音。

综上所述，通过对师生的访谈以及课堂观察，我国中小学 STEM 课堂环境存在以下八个特点：（1）自然环境标准基本统一；（2）时空环境的重要性逐渐被重视；（3）教学方式主要采取教师引导来启发学生的学科学习；（4）实验教学比较薄弱，有待改善；（5）学科教学与生活之间的联系逐渐加强；（6）"刷题"仍然是教学中普遍存在的现象；（7）学生间存在互动、合作学习的方式；（8）大部分教师鼓励学生发言或提出与学科相关的意见和建议。

在课堂学习环境中，除个别学校和个别班级在不同时期会面临噪声、气味的困扰外，其他课堂中的光线、通风、色彩乃至湿度和温度等自然环境都基本达到自然环境因素的理想条件。虽然教育者认识到座位的编排形式、课时安排和每周课次对教师教学、学生身心发展以及教学效果的影响,但具体的座位编排形式、课时安排仍旧需要教师和管理人员给予足够的重视和关注。部分教师会在课下征求学生有关教学设计的意见,但从整体来说教学设计仅是教师参与的过程;为吸引学生的兴趣和调动学生的主动性、积极性,教师教学中多采用将学史、有趣的现象、生活中的实例引入新课,教学形式更加的灵活多样;大部分物理教师会积极关注学生的心理状态,花费时间和精力去鼓励学生,引导学生培养良好的学习习惯和学习兴趣,促进学生形成积极的学习态度,与学生间形成和谐的师生关系;在实际教学中部分学生对物理学习会产生"畏难"心理,于是放弃学习;此外,教师对于课堂投入的多少会影响到学生的投入,从而影响到课堂学习环境。

我国中小学校的 STEM 课程还是以分科教学为主,对于科学和技术课程,实验的重要性毋庸置疑。总体而言,我国中小学 STEM 课堂学习环境的实验教学方面仍然存在诸多不足,急需改进。大多数教师在教学中力求通过教授学科知识使学生对生活中的现象有更为科学的理解和认识。他们会在课前准备时,努力从现实生活中寻找教学资料,会将日常生活中的实例作为新课程的引入,会在课堂中设计实践活动专题。为让更多的学生取得更优异的成绩,教师会为学生安排大量的习题作业,以帮助学生查缺补漏和巩固知识,题海战术仍是我国现阶段学科教育很难摒弃的。教师和学生都是课堂的参与者,师生之间能够就某一问题交换意见和看法,学生也乐于表达自己的见解。但是出于班额大、教师为主导等种种原因,并非所有的教师都能接受学生提出的意见。

二、STEM 课堂学习环境的影响因素研究

本阶段将观察、访谈的资料进行了更深入的整理和分析,并针对个别课堂、教师和学生进行追踪访谈,以深度探究课堂学习环境的成因,同时也为后续的量化调查提供基础资料。质性研究结果发现,影响中小学课堂学习环境的主要因素有课堂的物理环境、教师和学生的相互关系及教学内容。

（一）课堂的物理环境

在闷热的环境中,人比较容易冲动、烦躁、易怒或无精打采,注意力难以集中。人处在温度过高的环境中,容易倦怠,大脑反应迟缓。而环境的温度过低,人的动作会不灵活、身体会感到不适,同样光线与学生日常的学习也密切相关。光线的明暗、强弱对学生的阅读、听讲造成了直接的影响。强烈的照明度会造成学生的视觉疲劳和记忆力减退,而相对昏暗的环境也同样会引起学生的视觉不适,而且还会使他们感觉疲惫、提不起精神;另外,生理学和心理学的基本常识也使我们意识到,不同的色彩会给予人类不同的心理感受。例如,红色使人兴奋、黑色使人沉闷、蓝色使人冷静和黄色使人愉快等,对于学生来说,过于灰暗或鲜明的墙壁颜色都会对他们的学习造成困扰。很显然,教室合理的色彩布置会对学生的学习效果产生良好的作用;而噪声则会干扰到学生正常的听课或讨论,分散学生的注意力。

在对一线教师的访谈中都涉及课堂自然环境影响这部分内容。将这些一线教师的观点综合整理发现,参与访谈的教师都认同温度、光线、色彩、气味、噪声等无形的自然因素对学生的认知、情感和行为会造成一定的影响。此外,学生也同样认同,课堂自然环境对他们学习存在影响。虽然在先前研究阶段得出一般教室的自然环境的标准是基本统一的这一初步结论,但是并不否认先前研究证实的温度、湿度、光线、色彩、通风等对课堂环境的影响,因为教室内光线的恰当与否,不仅对学生的学习效率有影响,还直接影响到学生的视力。此外,灯光照明度的不同,也会对学生的心理造成一定程度的影响。人的正常活动需要消耗氧气,人类的身体和周围的物品、事物也会散发出各种人类可以忍受或不能忍受的气味,这就造成人类所处环境中空气的污染。身处空气环境污浊的课堂,学生会产生头痛、疲惫甚至头晕目眩和恶心的感觉。此外,在生活中我们可以体会到,周围环境的色彩、噪声、湿度、温度对人的情绪、思维、美感、学习和工作效率造成影响。同样,教室环境中不和谐的色彩、噪声、湿度、温度对学生的生理和心理也有较大的干扰。绝大多数教师已经注意到实验是中学教学阶段的重要基础,同时也意识到实验应该作为理科教学的重要内容,但是由于受到实验室仪器装备不齐、仪器精确程度低、不配套等多重因素的影响,而"迫不得已"减少物理实验教学时间。少部分教师则是认为

"成绩"来源于"习题",他们认为与其在物理实验上花费课时,还不如将时间花费在习题练习上,得到的效果更为直接。显然,中学阶段的实验教学现状并不乐观。

以物理学科为例,它是一门以实验为基础的自然科学,物理实验是物理学形成发展的源泉和动力。同时,物理实验也是检验和验证真理的唯一标准。首先,物理实验对提升学生的科学素养起着至关重要的作用,在教学中具有较高的地位。直观、形象、生动是物理实验最根本的特点,这有利于激发学生学习物理的兴趣和求知欲望。其次,学生需要一定的感性认识作为学习基础,而物理实验能为学生创造生动的物理学习情境,这可以使学生从中获得明确、具体和形象的认识。再次,通过实验可以发展学生阅读能力、自学能力、观察能力、手脑并用能力、思维能力、表达能力、合作能力和交往能力等各方面的能力。故而,实验是学生综合能力培养,使学生掌握科学方法的必要过程。此外,实验是一个严谨的科学探究过程,需要始终秉持实事求是、精益求精、努力钻研的精神,这有助于学生严谨的科学态度和科学精神的培养,对学生科学素养的提升具有重要作用(阎金铎,郭玉英,2009)。实验本身的特点及其在物理教学中的作用决定了物理教学必须以实验为基础,可见物理实验室中仪器的配置、完好程度、精准性等因素对中学物理为代表的 STEM 课堂学习环境的重要意义。胡卫平、孙枝莲和刘建伟(2007)对山西省临汾地区中学物理实验室进行走访调研,其中一部分内容就是针对实验室配制的物质基础、仪器的完整度、现有仪器使用率等情况。

除实验仪器外,桌椅、教学手段(教学设备、教学仪器)等也是课堂设施环境中包含的物质因素内容。田慧生(1996)阐述了桌椅、教学设备、教学仪器等对课堂学习环境的影响,认为这些是教学活动必不可少的基本组成部分,桌椅、教学设备及仪器等物质因素的完善、良好,直接关系到课堂学习活动是否能够顺利进行。

在访谈中师生也肯定了桌椅对课堂学习环境的影响:桌椅是学生在课堂中使用的基本设施,它几乎陪伴学生度过每一堂课。课桌面积要满足学生学习的需要,课桌的高度要适合学生身材。此外,课桌椅还需要坚固和实用。教师认为在课堂上适当、合理地运用教学设备,可以将复杂的原理、图像用动态图画的形式清晰地展现出来,化繁为简,降低教学的难度;也可以将无法表现的实物和学生难以理解的现象呈现出来,从而在很大程度上提高教学效果。另外,采用先进的教学仪器还可以充分吸引学生兴趣。

　　教师 1:其实我并不是在每一节课上都用 PPT 或者投影仪。根据需要,比如新课我在课上一般都会使用这些电子设备,或者(讲)一些学生难以理解的概念的时候也会用。因为现在的孩子你直接说霜、露水什么的他们根本不清楚,不知道你在说什么,直接拿书上的来讲他们即使能明白,也可能兴趣不大。PPT 就不一样了,我直接用小视频或者小动画播放出来,他们觉得好玩、有意思,就会继续跟着学习。所以,这些电子设备对教学会起到一些辅助的作用。

　　教师 2:我个人觉得使用教学仪器会更节省时间,有时候需要很久才能讲清楚、理顺的概念,用电子设备有可能一下就解决了,孩子们印象深刻。

　　教师 3:就拿我们之前做的用打点计时器测速度实验来说吧,如果不用相关的电子设备,我需要在黑板上一遍一遍地画清楚,讲清楚要测那一段的距离,为什么要测,一般要花费很长时间,学生到时候测哪的都有。就拿为什么第一个点颜色重,为什么前面一段要空出来不能用来说,说了他们还会有疑问或者出错。如果用了幻灯片,上面动态显示,到了关键时候还能突出重点,引起学生注意。我只需个别提醒,或在黑板上标注就问题不大。所以整体下来又清楚又省事儿,方便。

部分学生也表示对物理课堂中老师所做的幻灯片演示有很深印象。

　　学生 1:总觉得有时候老师的 PPT 很神奇,可以演示很多我们不理解的实验。

　　研究者:具体都有什么?

　　学生 1:就比如说学习电路的时候,本来我们班的很多同学都不理解什么是电流,怎么小灯泡就亮了,即使做了实验我也挺疑惑的,用(幻灯片)动画演示我就明白了;怎么看那乱起八糟的电路,就小灯泡串联了,又并联的,然后老师就用 PPT 给它一步一步地拆开了,分开看就很清楚。

教学设施是课堂物质环境中必不可少的组成。课桌椅的选择不仅要满足学生书写、听课等学习和活动的需要,而且还要适合学生的身高、胖瘦以及为维持学生良好坐姿提供保障,使学生在相对舒适的环境中健康地学习;各种教学或学习活动都离不开相应教学仪器或设备的支持,合理的安排和使用教学仪器和设备是把握教学的关键。笔者通过对师生访谈和课堂观察,认为桌椅、教学手段(教学设备、教学仪器)等课堂设施环境中所包含的物质因素内容,也对物理课堂学习环境有着很大的影响。

座位的编排方式是制约教学活动的重要环境因素。在调查中,师生都认定学生座位的排列方式与物理课堂学习环境有着密切的关系。但是,在现实的课堂环境中,座位的排列方式仅在传统秧田式的基础上进行行或列的变动。事实上,座位的排列方式还有多种多样,不同的排列方式对课堂的教学会产生不一样的效果,对学生的课堂行为、人际交往、学习成绩以及学习态度都有着不同程度的影响。除传统的秧田式编排方式外,还有会议式、小组式、圆形式和 U 形式等排列方式(见图 4-2)。会议式的座位排列方式采用的是一般会议室的桌椅摆放形式,即将桌椅面对面摆放,这样可以增加了学生之间的沟通和交流,有助于课堂讨论;小组式的座椅摆放方式是将3—6 张桌椅为一组,整个教室中包含若干类似的小组,在西方的中小学较多采用这种桌椅的摆放方式,这样可以增大学生之间的相互影响,有助于讨论、课堂活动;对于圆形式的排列形式,教师可以根据实践情况将桌椅摆放成一个或多个圆,这样学生可以围坐一圈,不仅增加了生生之间、师生之间的言语、非言语的交流,同时也消除了主次之分;U 形式的排列形式兼具秧田式"教师主导作用"的特点,以及圆形式"增进师生、生生交流"的特点,但是其因所需空间较大,不适用于大班教学。各类座位的编排形式具有各自的特色和优越性的同时也具有一定的局限性,需要教师根据课程目标、授课的特点及要求自行安排和选择。

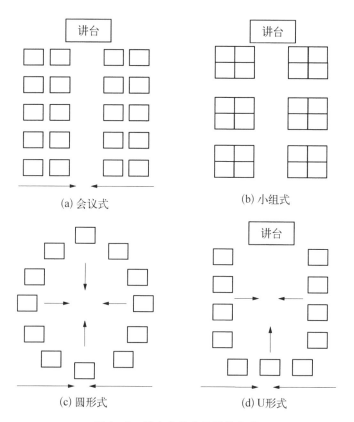

图 4-2   教室中的座位编排方式

　　每周总课时的多少和实验课课次对学生物理学习效果、学习态度、学习兴趣都有一定程度的影响,直接或间接地导致了不同课堂学习环境的出现。学生反映合理的课时安排可以促进他们学业的提高。同时,众多研究也表明科学合理地分配时间,不仅影响着学生的生理和心理,也对教师的生理和心理造成很大的影响。科学家们曾对人一天的心理活动程度做过追踪测试,研究表明,上午人的大脑处于最敏捷的时间段,适合安排相关的学习内容;而下午则是人类运动神经较为敏感的时期,适合安排运动类课程。所以,专家建议将较难的理科课程学习尽量安排在上午的二三节,下午尽量安排类似体育课等运动类活动课程(吴也显,1991)。这就要求学校管理者、班主任和任课教师在安排周内学时和课程顺序的时候,综合考虑学生的生理因素、思维习惯、课程特点等全方位的因素。

（二）作为课堂主体的师生

教师和学生作为课堂中的两大主体,他们的言语、思想、态度、行为以及情感都会影响到课堂学习环境。教师作为文化知识的传递者,学生成长的培育者以及教育过程中的主导者,他们为教学、教育做出的努力和付出,他们对学生的关心、帮助和鼓励,都会影响学生的发展,进而影响整个课堂环境。教师是课堂中的引导者,教师的投入程度直接影响着教学效果,课堂中的学习氛围;而学生是课堂中的另一主体,他们在课堂中可以感知教师为教学效果、促进学生合作、独立思考、探究所做的付出和努力,教师的投入也间接地影响着学生的学习态度、课堂表现及学习习惯。

学生1:每次上新课,我们老师都会先给我们创设一个情景,吸引我们的注意力;过程中也会用环环相扣的问题或者有意思的现象引发我们的思考,可以说老师为我们付出了很多。

学生2:老师每次提出一个问题的时候,都会要求我们先思考和讨论,有时候她也会参与到我们的讨论中来。

学生3:老师会为不同程度的同学安排难度层次不一样的作业,每次的作业都会很认真地批注,如果有人的作业问题较多,她课下还会给补习,物理老师都这么努力了,我必须用好的成绩回报她。

每位教师都会结合学生的不同特点调整自己的教学风格和教案,从而使其更有利于学生对知识的学习和掌握。

教师1:我会根据整个课堂的特点来安排和修改我的教学内容和教学风格。比如,针对比较沉闷的班级,为调动课堂,我会采取课堂互动的形式。

教师只有真正的关心、爱护和尊重学生,才能激发出自身对教育事业的高度责任感,从而积极投入到教学育人中去,才能收获优质的教学成果。教师1认为,只有让每一个学生都能从教师那里得到真正的关心、鼓励、尊重和支持,他们才会更加奋发图强,有助于营造出良好的课堂学习环境。

教师 2:处在中学阶段的学生具有很强的自尊心,所以教师在教学过程中必须做到尊重学生,做到对所有的学生都能公平对待,学生才能与你亲近。

教师 3:对待成绩较差的学生,我都是用私下谈心的方法,积极鼓励,软硬兼施,夸奖学生的优点;对待成绩较好的学生,我一般都是与他们面对面交流,遇到问题耐心的与他们沟通,让他们把我当成是朋友。

学生切实感受到教师的关心、鼓励和尊重,他们才能真正地喜欢这名教师,才能更喜欢、更关注教师所教授的学科和知识。

学生 1:遇到问题,老师总是积极鼓励我们动手去探究。

学生 2:老师经常会找我们谈话,关心我们的学习境况和生活上的一些问题。

学生 3:无论是在课下还是在课上,当我们有物理问题的时候,老师都能耐心地帮助我们解答。

学生 4:他会征求每一名同学的意见,也尊重我们的意见。即使我们表达得并不正确,他也会很耐心地听我们说完。

学生是课堂的主体,他们的学习习惯、学习态度、课堂表现都影响着课堂学习环境。教师和学生们都认为良好的学习习惯会使得课堂学习环境向积极的方向发展,反之则会严重影响课堂环境。教师们认为学生课堂上的行为习惯、回答问题的习惯、是否及时完成作业的习惯、复习预习与否的习惯都是导致课堂学习环境向不同方向发展的因素。

教师 1:在我从教的这些年里,遇到过在学习习惯上存在问题的学生,他们中的大多数都是很聪明的,但就是有作业拖拉、不仔细审题等不良的学习习惯,所以影响到他们物理学科的学习成绩,也会给整个课堂造成不好的影响。

　　教师 2：有的学生课堂习惯不好，比如在课上交头接耳、搞小动作等等，都会影响(课堂学习环境)。

　　教师 3：像课前预习这一学习习惯，可以提高学生在课堂中的学习效率。预习时标记不懂的知识，以便课上着重去听；而课下复习可以帮助学生消化课堂中所学知识，找出不足。

学生也认为，良好的预习、复习、整理笔记及错题的习惯，可以帮助他们将知识联系到一起去，有助于加深他们对知识的掌握，使他们轻松应对课堂中新的学习内容。

　　学生 1：如果我课下做到复习和预习，那么我在课堂中的学习就会感到很轻松。

　　学生 2：课上认真做笔记，有助于我学习物理知识，可以帮助我提升对学习物理的自信心。

　　学生 3：我发现将错题整理到一个本子上，然后经常复习，可以提高我对物理的理解。其实物理也不难，就是需要有好的习惯，不是说好的习惯就是成功的一半？

教师认为良好的学习态度可以使学生对学习更加感兴趣，可以使得学生具有较强的主动性和自觉性，这样学生在学习过程中才能专心探索、刻苦研究，从而得到较好的学习效果，带动周围同学的学习兴趣，为课堂营造出积极的学习环境；反之，学生则会对学习失去耐心和兴趣，缺乏主动性和自觉性，导致不良的学习效果，从而对课堂学习环境造成不良的影响。

　　教师 1：我认为学生对物理学科越重视，就会更愿意学习，也会自觉克服学习中遇到的种种困难，在经过坚持不懈的努力后，成绩上一定会有进步，这样学生的成就感就会得到满足，于是就会更注重这个学科，更喜爱这个学科，从而更努力。

一些教师表示,学生是否积极地参与到课堂中去,注意力是否集中,是否主动去合作、探究、回答问题,对课堂的学习环境有着直接的影响。

教师 1:如果一个孩子在课堂中积极发言,会带动其他孩子的表现欲望。

教师 2:学生注意力的集中程度会影响(课堂学习环境)。

教师 3:学生的课堂表现会直接影响整堂课的氛围。

(三)师生关系

教师和学生是课堂中的两大主体,在教育、教学和学习、合作过程中会形成相互的关系,即师生关系和学生关系。只有师生之间,生生之间和谐、友好相处,才能营造出良好的课堂环境。教师在教学上的全身心投入、支持和鼓励,生活中的关心、爱护、帮助和尊重,赢得了学生的认可和喜爱。学生潜意识里也会更尊重教师,更热爱学习,更乐于与老师沟通。

学生 1:如果我们班有同学生病了或者家里有事不能来学校,物理老师会专门找时间给讲解落下的课,感觉老师很负责。

学生 2:物理老师很温柔,很尊重我们,平时也关心我们,所以我和她的关系最好。

学生 3:我记得有一次放学,我有一些习题不会做,那个时间已经很晚了,我去问我们物理老师,老师还是很细心和认真地帮我解答,并没有不耐烦……后来我从同学那里才知道老师的家住得很远……

研究者:那知道以后你是什么感觉?

学生 3:特别的感动,特别感谢物理老师,私下里我也愿意和物理老师说一些事情,悄悄话或者开开玩笑。

当然也有一些教师,对待学生缺乏关心和耐心,他们或是在课下不愿意解答学生的问题,或是不能以公平的态度对待学生,或是对学生所犯的错误进行严厉斥责,所以造成师生关系的紧张,学生在课堂中表现的或是惧怕教师,或是默然对待。大部分教师注意到师生关系对课堂学习环境的影响,所以他们在教学、生活过程中做到主动与学生沟通、交流,在学生遇到困难时尽最大可能给予帮助,最终也得到了学生的信任和喜爱。

> **教师 1**:师生关系建立好了,可以对教学、沟通起到很大的助力。
>
> **研究者**:您是怎样建立师生关系的呢?
>
> **教师 1**:关注学生,课上鼓励他们积极发言,课下与他们做朋友。有时候我根本不用说清楚用意,学生也能领会,一个眼神一个动作,都是我们互动的途径。学生和我没有隔阂,他们才能更愿意上我的课,才能认真听讲,积极参与。

作为一名中学生,课堂是他们主要的活动场所,同学是他们在日常生活中接触最多的群体。学生之间的人际关系,是构成课堂学习环境的主要要素。在校园里,同学之间每天都会有大量的交流,只有同学之间真诚相待、理解、宽容、互帮互助、相互关心、相互尊重、友好竞争,才能营造一个和谐、积极向上的学习氛围。

> **学生 1**:在同学遇到挫折和苦闷的时候,我能够认真的倾听对方的诉说,细心地劝说和安慰,让同学走出"烦恼的阴霾"。
>
> **学生 2**:在学习生活中总是尊重朋友的意见。
>
> **学生 3**:朋友之间的竞争,是必要的,你追我赶,相互帮助对方进步。这样的竞争不仅可以提升我们的学业成绩,还能增进我们彼此之间的友谊,让我们在体会竞争的同时收获真挚的情谊。

构建和谐的课堂学习环境,首先要从和谐的人际关系开始。同学在相处的过程中难免会出现一些分歧、纠纷、误会或者摩擦,所以学生处理这些误会和摩擦,也是处理人际关系的重要内容,同时也是影响课堂学习环境的重要内容。

> **学生 1**:两个人相处总会出现一些误会和分歧的,大家坐下来说清楚,就能把误会解释清楚了。

学生 2：如果冷静下来发现我自己真的错了，我会主动求得别人的原谅。

研究者：如果是对方的过错呢？

学生 2：我会选择原谅他，主动和他沟通。其实有时候他也不会是有意这么做的，通过沟通误会就会过去，我们还是会一起学习、讨论、活动，互相开玩笑。

（四）教学内容和难易度

教学内容和难易度对课堂学习环境的影响也是不容忽视的。师生之间是在课堂中通过教学内容开展教与学的活动，因此，教学内容及其难易度对于 STEM 课堂学习环境的影响也是至关重要的。

教师 1：若教学的内容是探索性的、实践性的、任务量和难易程度适中的，那么课堂上的学生将表现得情绪激动，主动参与到课堂中去和教师、同学互动，整个课堂学习环境活跃、有意义；若是教学内容过于死板、枯燥、任务量较大和难度过高，那么课堂上的学生将表现得情绪低落和沉闷，出现抵触和厌烦的心理，会影响到整个课堂学习环境。

教师 2：为了使课堂气氛（课堂学习环境）活跃起来，我会结合所授课程的特点，将视频、实物投影、电影片段等现代化的教学手段引入课堂，以此激发学生的学习兴趣。

教师 3：对于较难设置情境的内容，我一般都会采用问答、讨论、辩论、演讲等一些形式，让学生互动起来，吸引学生的注意力，让他们真正参与到课堂中去，成为课堂的主人。

在中学阶段，学生通常认为物理是较难学习的学科，尤其是对高中学生而言。在学习物理的过程中，他们逐渐出现排斥、抵触、畏惧物理学习的心理，这对物理课堂学习环境造成极大的影响。一些物理教师认为这种现象是可以改善的或避免的。

教师 4：在课堂教学中可以采取多种措施去激发学生学习物理的兴

趣,以此来活跃课堂气氛。

教师 1:也可以适当降低每次课堂的教学任务量或者难度。

综合教师们的观点可以得出,首先,教学内容造成学生学习困难的主要原因取决于学生对学科的认识,学生之所以出现排斥心理,主要原因归结于教师讲授的内容过于理论化和抽象化,传授的知识偏离了实际的生活,使得学生对学科的认识出现了偏差。但事实上,各学科知识是来源于生活的,它与现实世界密不可分。所以,教师在日常教学过程中应该改善教学模式,重视实践教学,将抽象的理论具体化、生活化,逐渐培养学生的学习兴趣。其次,教材的内容编排是以知识模块为主线的,但是学生学习知识要遵从由易到难的原则,所以教师在实际的教学过程中要灵活、有序安排授课的顺序。再次,教师在课程设置上,给予学生自主思考探究的时间,让他们完整地经历发现问题、探究、解决问题的过程,锻炼学生发现问题、解决问题的能力。最后,教师应给予学生适当的鼓励和引导,培养他们的抗逆力和积极乐观的心态。

第三节　中学物理课堂学习环境的量化调查

在量化分析阶段,首先从量化角度考察问卷的信度和效度,然后针对中小学 STEM 课堂环境的性别、年级、现实与理想的差距进行差异分析,对量表的 7 个维度进行回归分析。以某直辖市三所完全中学 4 个年级 8 个班的 225 名学生为研究对象,兼顾不同区县教育发展水平、学校水平和班级情况,利用问卷展开调查,通过 SPSS 软件进行量化统计,由于我国尚无 STEM 必修课,因此以物理学科为例,考察中学 STEM 课堂学习环境,并基于量化结果,针对关键问题进行师生深入访谈,分析 STEM 课堂学习环境的现状和特征。

一、课堂学习环境的描述性分析

为保证量表的有效性和可信度,此部分笔者对量表题目的得分情况、问卷的有效回收率、信度及效度等充分条件进行阐述,并具体分析中学物理课堂环境的理想与现实的差异,为后续进行差异性分析、相关分析和回归分析提供支持。

(一)量表的信效度

《中小学 STEM 课堂学习环境量表》包含 46 道题目,分为现实与理想两个版本,每道题都具有"从不这样""很少这样""有时这样""经常这样"及"总是这样"共五个选项,依次赋值 1—5 分,其中第 44 题的语言表达顺序与另外 45 道题目的表达顺序相反。利用 SPSS 软件分析 211 个被试每个题目的平均值,从而获得学生感知的真实物理课堂环境和理想中的物理课堂环境的具体情况。采用可靠性统计中的克龙巴赫系数(Cronbach's alpha)来测评量表的可靠程度;通过对量表整体设计的分析,同时结合对量表的"物理环境""知识相关""学生投入""教师投入""整体气氛""师生互动""学生互动"7 个维度之间的相关数据分析出该量表的效度。信度测试的是数据的可靠性及一致性,《中小学 STEM 课堂学习环境量表》对 211 个样本,7 个维度的现实与理想两方面共 14 个项目的克龙巴赫系数为 0.898,基于标准化项的克龙巴赫系数为 0.931,两系数均在 90% 左右。真实版的《中小学 STEM 课堂学习环境量表》各维度的信度在 0.828—0.947 之间,理想版各维度的信度在 0.801—0.833 之间。无论是问卷的整体信度还是各维度信度系数都远高于 0.7,所以《中小学 STEM 课堂学习环境量表》具有很高的内部一致性及可靠性。量表设计问题涵盖了 STEM 课堂环境中的物理环境、心理环境和社会环境三个方面,用于测量学生感知到和期望的 STEM 课堂环境,具有较好的内容效度。

(二)理想的课堂学习环境与现实课堂学习环境的比较

由于"物理环境"和"知识相关"两个维度所包含的题目数与其他五个维度不同,所以采用维度总分比维度题目数所得的均分,代表维度总分进行描述性分析。《中小学 STEM 课堂学习环境量表》的现实部分每个维度的均分范围为 4.08—4.44,所有题目的平均分为 4.29(见表 4 – 8);其中,学生在所感知到的课堂环境中,物理环境的分值最低(4.08),学生投入的分值最高(4.44)。量表的理想部分每个维度的均分范围为 4.83—4.89,所有题目的平均分高达 4.86;在学生理想中课堂学习环境的学生互动分值最低(4.83),学生投入和师生互动的分值最高(4.89)。

表 4-8　现实部分各维度得分情况

课堂环境量表现实部分				课堂环境量表理想部分			
维　度	维度总分	平均分	标准差	维度总分	平均分	标准差	题目数
物理环境	24.51	4.08	6.63	29.18	4.86	2.76	6
知识相关	20.83	4.17	4.82	24.19	4.84	2.11	5
学生投入	30.34	4.44	8.77	34.23	4.89	5.94	7
教师投入	30.67	4.38	6.16	34.10	4.87	2.62	7
整体气氛	30.28	4.33	9.55	34.03	4.86	3.19	7
师生互动	30.55	4.36	6.10	34.25	4.89	6.13	7
学生互动	30.04	4.29	6.48	33.78	4.83	3.54	7

此外,现实部分的维度得分占维度总分比例最高的是"教师投入",比例高达 87.63%。最低的维度是"物理环境",比例为 80.70%(见图 4-3);理想部分的维度得分占维度总分比例较高的两个维度是"师生互动"和"学生投入",所占维度总分的 97.86% 和 97.80%。最低的维度"学生互动"所占比例为 96.51%(见图 4-4)。由此可见,学生在现实的物理课堂中感受到教师的投入和自身对于 STEM 学科的喜爱,对师生互动以及教师投入抱有很高的期望,但是对于物理环境的感受值和期望值都较低。

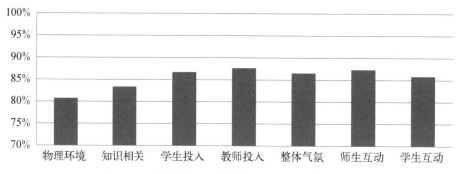

图 4-3　现实课堂学习环境各维度得分所占比例

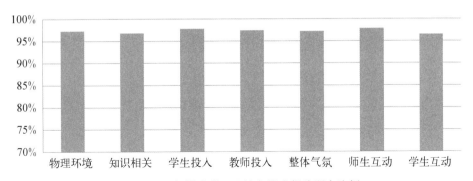

图 4 - 4　理想课堂学习环境各维度得分所占比例

为了更好地分析学生期望与感知的课堂环境的差异,对两者进行方差分析,学生在对课堂学习环境的感知和预期上存在显著差异(见表 4 - 9)。其中物理环境、知识相关、学生投入、教师投入和学生互动在 0.05 水平上存在显著差异,整体气氛和师生互动在 0.01 水平上存在显著差异。理想部分各维度的均值明显高于现实部分(见图 4 - 5)。

表 4 - 9　理想与现实方差分析结果

变　量	物理环境		知识相关		学生投入		教师投入		整体气氛		师生互动		学生互动	
	现实	理想	现实	理想	现实	理想	现实	理想	现实	理想	现实	理想	现实	理想
平均数	4.08	4.86	4.17	4.84	4.33	4.87	4.38	4.87	4.33	4.86	4.36	4.87	4.29	4.83
标准差	0.19	0.47	0.25	0.11	0.21	0.13	0.09	0.05	0.34	0.08	0.30	0.11	0.17	0.07
F	6.37		1.70		2.03		4.15		12.60		13.31		10.15	
P	0.03		0.04		0.03		0.02		0.00		0.00		0.01	

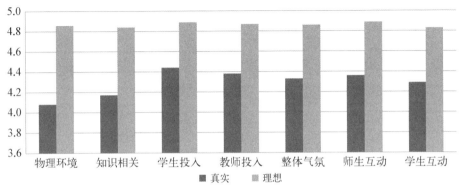

图 4 - 5　物理课堂学习环境理想与现实的均值差异

二、课堂学习环境的性别和年级差异

不同性别和年级学生对 STEM 课堂环境的感知方面存在差异,以中学物理学科为例,通过方差分析,进一步发现在对物理课堂环境的感知和预期上性别和年级所造成的差异,对 STEM 学科教师制定教学策略和方案提供启示。

（一）课堂环境感知和预期的性别差异

针对参与测试学生的性别、年级对其感知到的现实与理想中的物理课堂环境进行方差分析,进一步检验这些变量对课堂环境影响的差异(见表 4－10 和表 4－11)。通过对课堂环境的男女生感知进行方差分析,发现在感知和预期上,男女生存在显著差异。其中现实部分的物理环境、知识相关、学生投入、教师投入、整体气氛和师生互动的 P 值均小于 0.05,理想部分的物理环境、知识相关、师生互动和学生互动的 P 值均小于 0.05,两者差异集中在学生投入、教师投入、整体气氛和学生互动四个维度,前三个在现实课堂环境中男女差异较大,最后一个只在理想课堂环境中存在男女差异。总体而言,女生在社会环境部分的分值普遍高于男生,物理环境部分低于男生。男女生对现实课堂环境的知识相关和学生互动维度的差异较为明显,女生对知识相关、学生投入、师生互动以及学生互动维度显著高于男生。女生在除物理环境和师生互动两个维度上略低于男生外,其他维度都高于男生,且学生投入是性别差异较为明显的维度。

表 4－10　现实课堂学习环境各维度方差分析结果

变　　量		性　　别		年　　级			
	类　　别	女	男	八年级	九年级	十年级	十一年级
物理环境	人　数	107	104	33	58	56	64
	平均数	24.2	24.83	27.36	26.6	21.75	23.55
	标准差	6.98	6.18	4.23	5.43	7.62	5.6
	F	3.86		12.84			
	P	0.024		0.015			

续　表

变　　量	类　别	性　　别		年　　级			
		女	男	八年级	九年级	十年级	十一年级
知识相关	人　数	107	104	33	58	56	64
	平均数	21.01	20.64	23.36	21.86	18.89	20.28
	标准差	4.82	4.76	2.7	4.66	5.37	4.16
	F	3.12		9.57			
	P	0.022		0.001			
学生投入	人　数	107	104	33	58	56	64
	平均数	30.54	30.13	32.52	31.86	28.16	29.75
	标准差	10.01	6.25	4.46	4.92	12.72	5.18
	F	1.54		8.55			
	P	0.03		0.03			
教师投入	人　数	107	104	33	58	56	64
	平均数	30.65	30.7	33.03	32.31	27.04	31.16
	标准差	5.84	6.45	4.2	4.6	7.64	4.93
	F	2.19		8.77			
	P	0.04		0.026			
整体气氛	人　数	107	104	33	58	56	64
	平均数	30.06	30.51	33.24	31.43	27.73	29.94
	标准差	6.56	11.22	13.84	6.01	7.67	5.86
	F	1.02		7.47			
	P	0.04		0.03			
师生互动	人　数	107	104	33	58	56	64
	平均数	30.74	30.36	32.73	32.24	27.95	30.17
	标准差	5.77	6.37	4.01	4.82	7.49	5.24
	F	3.28		6.85			
	P	0.05		0.05			

变 量	性 别		年 级			
	类 别	女	男	八年级	九年级	十年级	十一年级

变 量	类 别	女	男	八年级	九年级	十年级	十一年级
学生互动	人 数	107	104	33	58	56	64
	平均数	30.32	29.75	31.1	32.22	26.54	30.58
	标准差	6.08	6.84	5.62	4.55	7.72	5.37
	F	2.67		12.98			
	P	0.04		0.021			

表 4-11 理想课堂学习环境各维度方差分析结果

	类 别	女	男	八年级	九年级	十年级	十一年级
物理环境	平均数	29.09	29.27	29.81	29.4	28.82	28.97
	标准差	2.94	2.39	0.71	1.46	3.62	2.76
	F	8.61		9.25			
	P	0.025		0.03			
知识相关	平均数	24.41	23.96	24.58	24.43	23.91	24.02
	标准差	1.8	2.35	1.39	1.47	2.44	2.15
	F	11		7.42			
	P	0.03		0.03			
学生投入	平均数	34.45	30.02	34.61	34.34	34.36	33.84
	标准差	7.39	2.72	1.59	1.61	9.72	2.66
	F	3.19		8.93			
	P	0.05		0.03			
教师投入	平均数	34.16	34.05	34.7	34.41	33.18	34.33
	标准差	2.48	2.7	1.39	1.49	3.57	2.12
	F	8.37		19.09			
	P	0.05		0.02			
整体气氛	平均数	34.05	34.01	34.4	34.14	33.3	34.38
	标准差	3.33	2.93	2.02	2.51	4.32	2.42

续　表

	类　别	女	男	八年级	九年级	十年级	十一年级
整体气氛	F	1.02		8.27			
	P	0.05		0.04			
师生互动	平均数	34	34.51	36.21	34.1	33.57	33.95
	标准差	3.04	7.25	10.06	2.03	3.75	2.66
	F	6.49		9.01			
	P	0.04		0.02			
学生互动	平均数	33.97	33.63	34.15	34.28	32.71	34.16
	标准差	3.34	3.57	2.57	1.79	5.05	2.56
	F	10.53		18.83			
	P	0.03		0.01			

（二）课堂环境感知和预期的年级差异

通过对不同年级学生在课堂环境的感知方面进行方差分析,发现在课堂学习环境的感知和预期上,八、九、十和十一年级的学生存在显著差异或非常显著的差异。现实课堂环境的感知中物理环境、学生投入、教师投入、整体气氛和师生互动五个维度均在 0.05 水平上存在显著差异;知识相关在 0.01 水平上显著差异。理想课堂环境的预期在 7 个维度均存在 0.05 水平上的显著差异(见图 4-6)。

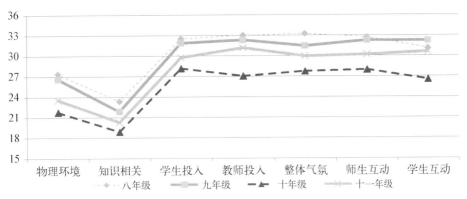

图 4-6　量表现实课堂学习环境各维度的年级差异

对现实部分课堂环境的性别和年级差异进行事后检验,结果发现,相对于性别差异而言,年级差异更为明显。虽然,八、九、十一年级在各维度的得分没有显著差异,但均高于十年级,而且存在显著差异,其中,对现实课堂环境感知最为明显的差异出现在八年级和十年级学生之间。除十一年级外,随着学生年级的升高,现实课堂环境的各项水平呈现退化趋势。对理想课堂学习环境的年级差异进行事后检验,八、九、十一年级在各维度的得分不存在显著差异,但是除学生投入维度外,其他维度都比十年级的得分高,而且存在显著差异。由此可见,在物理课堂学习环境研究中,十年级学生是关键群体(见图4-7)。

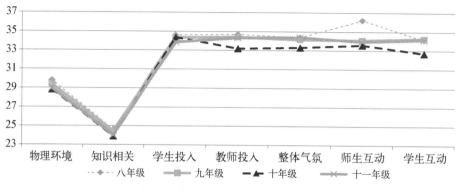

图4-7　量表理想课堂学习环境各个维度的年级差异

三、课堂学习环境各维度的内在机制

将现实版中课堂环境七个维度的均分与量表整体的均分进行相关性分析,并与相关系数对应表的内容进行比较,分析之间的相关关系,进一步探究单个因素如何影响课堂环境,初步分析其内在机制。

（一）课堂环境各维度的相关性

各维度与课堂环境整体之间存在显著相关,为了更直观的寻找到课堂环境影响显著的强相关项,将上述研究结果以饼状图的形式呈现各维度对课堂环境的影响。可知物理环境、知识相关、学生投入、教师投入、整体气氛、师生互动和学生互动七个维度对课堂环境影响程度依次为 3%、18%、24%、12%、12%、16%和15%(见表 4 - 12)。学生所感知到自身的投入情况、知识的难易程度、师生间融洽程度是对课堂环境影响显著的强项。结果显示:学生摆正自身的学习态度,积极主动地参与到物理课堂中去,更多地表现、表达自己的意见对课堂环境的影响高达 24%。这体现了学生具有较高的自主学习意识,在课堂环境与学生的学业成就之间自主学习起着至关重要的桥梁作用。STEM 学科知识与现实生活的联系,学习过程中的探究成分、任务量及知识的难易程度对课堂环境的影响程度位居第二。排在影响强度第三名和第四名的分别是师生互动、学生互动。师生是课堂中的两大主体,只有师生间具有相互信赖、理解的关系,才能营造出良好的课堂环境。学生投入、知识相关、师生互动和学生互动是对课堂环境影响相对显著的方面。

表 4 - 12 各维度与整体课堂环境之间的相关系数

课堂环境	物理环境	知识相关	学生投入	教师投入	整体气氛	师生互动	学生互动
	0.044	0.299	0.409	0.195	0.194	0.272	0.249

$p \leqslant 0.05$。

(二)课堂环境各维度的内在机制

采用回归分析探究物理环境、知识相关、学生投入、教师投入、整体气氛、师生互动以及学生互动这四个维度如何影响 STEM 课堂环境。物理环境对学生互动,教师投入对师生互动,知识相关对整体气氛,师生互动对学生互动以及物理环境对知识相关的解释力相对较高(67.4%、65.6%、39.4%、33.4%和26.4%),各因素之间均存在显著关系(见表 4 - 13)。

表 4 - 13 回归分析数据矩阵

因素	物理环境	知识相关	学生投入	教师投入	整体气氛	师生互动	学生互动	学习环境
R^2	自变量	0.264	0.115	0.017	0.150	0.091	0.674	0.354
Beta		0.514	0.339	0.129	0.387	0.302	0.821	0.595
R^2		自变量	0.039	0.001	0.394	0.184	0.276	0.015
Beta			0.198	-0.081	0.628	0.429	0.525	-0.121

续　表

因素	物理环境	知识相关	学生投入	教师投入	整体气氛	师生互动	学生互动	学习环境
R^2			自变量	0.014	0.140	0.062	0.031	0.006
Beta			自变量	0.120	0.374	0.249	0.176	0.075
R^2				自变量	0.063	0.656	0.266	0.000
Beta				自变量	−0.250	0.810	0.516	0.022
R^2					自变量	0.066	0.001	0.049
Beta					自变量	0.257	0.029	−0.222
R^2						自变量	0.334	0.004
Beta						自变量	0.578	−0.064
R^2							自变量	0.211
Beta							自变量	0.459

为进一步深入探究七个维度因素与学习环境整体间的相互关系,在回归分析的基础上发展七个维度与课堂学习环境影响的回归路径图,箭头上标识的是两个因素间的回归系数(标准化系数),如图 4-8 所示。图中用粗实线、实线、虚线分别表示两两因素之间解释力的强弱。七个维度因素构成的回归路线图中学生投入、整体气氛对师生互动存在的解释力较小;而教师投入对师生互动,物理环境对学生互动起着很大的作用。回归路径图中各个因素间相互依存、影响,组成众多回归路径。

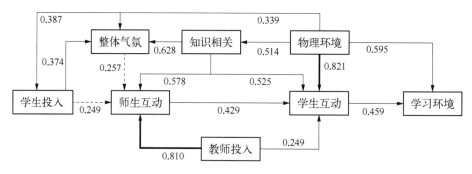

图 5-8　课堂学习环境的回归路径图

　　首先,学生投入对整体气氛的影响程度为 37.4%,解释力为 14.0%;对师生互动的影响程度为 25.7%,解释力为 6.6%。整体气氛对师生互动的影响程度为 25.7%,解释力为 6.6%。师生互动对学生互动的影响程度高达 57.8%,解释力为 33.4%。学生互动对学习环境的影响程度为 45.9%,解释力为 21.1%。学生投入为起点构成两条回归路径:(1)学生投入→整体气氛→师生互动→学生互动→学习环境;(2)学生投入→师生互动→学生互动→学习环境。其次,知识相关对整体气氛的影响程度最高,为 62.8%,解释力 39.4%;对师生互动的影响程度为 42.9%,解释力为 18.4%;对学生互动的影响程度为 52.5%,解释力为 27.6%。知识相关为起点构成三条回归路径:(1)知识相关→整体气氛→师生互动→学生互动→学习环境;(2)知识相关→师生互动→学生互动→学习环境;(3)知识相关→学生互动→学习环境。再次,物理环境对学生投入的影响程度 33.9%,解释力为 11.5%,对整体气氛的影响程度为 38.7%,解释力为 15.0%,对知识相关的影响程度为 51.4%,解释力为 26.4%,对学生互动的影响程度为 82.1%,解释力为 67.4%,对于学习环境的影响程度较高,为59.5%,解释力为 35.4%。物理环境的影响范围比较广,以其为起点可以组成七条回归路径:(1)物理环境→学生投入→整体气氛→师生互动→学生互动→学习环境;(2)物理环境→学生投入→师生互动→学生互动→学习环境;(3)物理环境→整体气氛→师生互动→学生互动→学习环境;(4)物理环境→知识相关→学生互动→学习环境;(5)物理环境→知识相关→师生互动→学生互动→学习环境;(6)物理环境→学生互动→学习环境;(7)物理环境→学习环境。最后,教师投入对生生互动和师生互动的影响程度及解释力分别为 24.9%、6.2%,81.0%、65.5%。以教师投入为起点的回归路径有两条:(1)教师投入→师生互动→学生互动→学习环境;(2)教师投入→学生互动→学习环境。

　　显然,学生投入、物理环境和教师投入是整个模型中的外生变量,它们对其他因素造成不同程度的影响,但不受其他因素的影响,对 STEM 课堂环境起着间接或者直接的作用;整体气氛、生生互动、师生互动和知识相关为模型中的内生变量,它们不仅对其他因素造成不同程度的影响,同时其他因素也会给它们带来不同程度的作用;师生互动、生生互动和知识相关是模型的中介变量,它们直接或间接搭建起了各个变量与学习环境间的联系,也是回归路径分析中指向最多的内容,在模型中起着至关重要的桥梁作用,是课堂学习环境中的核心问题。

第五章

非正式 STEM 学习环境的调查研究

博物馆最初萌发于人类的收藏意识,而今已形成多功能的文化复合体。伴随着经济的发展和人类物质和精神文明需求的不断提升,博物馆在提供公共文化服务方面的作用显得越来越重要。近几年,我国自然科学类博物馆业界加强了国际交流,逐渐靠近国际水准,同时重视博物馆科普能力建设,积极发挥博物馆的科普教育功能。科技类博物馆和青少年科技活动中心已经成为科普场馆的主要载体,为学生提供了最重要的非正式 STEM 学习环境。本章首先分析非正式 STEM 学习环境的内涵,然后从整体分布、展教案例和活动分析三个方面比较京沪科普场馆的学习环境,最后对我国青少年参与校外科技活动展开调查研究,以明晰校外科技活动的参与状况、学习效果和影响因素。

第一节　非正式 STEM 学习环境的内涵

非正式 STEM 教育因为其开放性而包括了多种不同的学习环境,其中博物馆是受各国研究者关注最多的一种非正式 STEM 学习环境。本节主要探讨非正式 STEM 学习环境的研究基础,包括内涵、研究框架和测评方法。

一、非正式 STEM 学习环境理念的发展

非正式 STEM 教育追求多角度的学习效果,终身学习、全方位学习以及深度学习的概念对于建构一个更广泛的学习概念是大有裨益的。非正式学习环境的研究在更为宽泛的终身学习、深度学习等核心理念的框架下建构,科普场馆作为青少年非正式 STEM 学习环境的重要载体,其教育理念与内涵也尤为重要。

（一）非正式学习环境的核心理念

2009 年，美国国家研究委员会（National Reseach Council，简称 NRC）组织出版关于非正式科学教育的研究报告《非正式环境下的科学学习：人、场所和追求》，该报告对以美国为主的非正式科学教育研究做了现状分析并提出若干建议。在终身学习理念的推动下，各国教育研究者结合行为主义等经典学习理论得出了非正式科学教育的不同理论观点，各抒己见，自成一家，也推动了非正式 STEM 学习环境的核心理念发展。终身学习理念是获取知识和能力贯穿于整个生命的历程，在不同的阶段有不同的发展需求和兴趣。1994 年，首届世界终身学习会议在罗马隆重举行，同时在联合国教科文组织及其他有关国际机构的大力提倡、推广和普及下，终身学习在世界范围内形成共识。终身教育已经作为一个重要的概念在世界广泛传播。许多国家在制定本国的教育方针、政策或构建国民教育体系的框架时，均以终身教育的理念为依据，以终身教育提出的各项基本原则为基点，并以实现这些原则为主要目标。人们对现实生活及自我实现要求不断高涨，新时代的社会、职业和家庭日常生活发生着急剧变化，随着知识观念的不断更新，人们需要获得新的适应力，传统的学校教育无法满足这一要求。一般说来，如果学习是基于学习者自身的兴趣、需要、好奇心和满足感，而且面对问题和挑战时对自己充满信心，那么，学习者将会更加愿意去搜集信息，并寻找解决方法。

全方位学习是终身学习的重要补充，主要是指发生在人们日常生活中不同的社会背景和活动中的学习。它可以发生在教室、课后项目、非正式教育机构、网络、家庭以及社区等不同地点中，也可以发生在不同的活动中，如工作、旅游或日常生活中，学习者必须学会在如此广泛的环境背景下找到自己的学习和发展目标。我们生活在如此广阔的空间中，有权利选择自己的学习环境，在这些学习环境中，可以利用各种学习资源来进行学习活动。全方位的学习使得我们可以更好地享受学习和生活，以实现自我的人生价值。深度学习涉及生命中的信念、意识形态和价值观的学习，以及对于影响人们信仰、行为和价值判断的道德、伦理、宗教和社会价值观的学习，这无疑就体现了学习与文化之间密不可分的关系。实践证明，正规课堂不是能够实现教育目标的唯一场所，学生的大部分学习经历都是来自学校之外的，即非正规或非正式的学习环境中。有人做过这样的计算,假设一个学生每天在学校课堂的时间是 7 个小时,一星期 5 天,一年 38 个星期,从开始上小学到高中毕业这 12 年间,每个学生需要在课堂上花费 1.6 万个小时,而大约 5 万个小时是在课堂之外度过的,即 2/3 的时间是在非正规或非正式的学习环境中度过的,这段时间内从事的活动必将对个人的发展产生深远的影响(刘青,2013)。而成年之后,由于远离学校教育,校外教育就成了他们最主要的学习机会。非正式科学教育为学习者提供的学习时间、地点和资源可以让他们更长、更广、更深的学习科学,而上述的三个学习理念不仅描述了人类学习的长度和广度,更体现了其深度,也就为非正式科学教育提供了理论基础。学习的生态学框架(An Ecological Framework)很好地将各种理论结合起来,可以总结出非正式 STEM 教育的理论建构过程(见图 5-1)。

图 5-1　学习生态框架的理论建构图

（二）科普场馆的内涵和理念

根据公共经济学理论,博物馆属于公共物品的范畴。1974 年国际博物馆协会第十一届大会通过的章程明确规定:博物馆是一个不追求营利的、为社会和社会发展服务的、向公众开放的永久性机构,以研究、教育和欣赏为目的,对人类和人类环境的见证物进行搜集、保存、研究、传播和展览。作为一项社会事业,博物馆借以物件阐释过去、现在,并探究未来,帮助人们理解世界,是社会主义科学文化建设的一项重要内容。博物馆的类型划分依据不同的研究角度、目的而各不相同。英国大百科全书主张博物馆分为艺术博物馆、历史博物馆、科学博物馆、特殊博物馆(露天博物馆、地区博物馆以及具有博物馆职能的其他机构)四类。日本习惯按照收藏资料种类的不同,把博物馆分为综合博物馆、人文科学博物馆和自然科学博物馆三类,其中自然科学博物馆又分为自然史博物馆、综合科学技术馆、专业科学技术馆和理科教育博物馆(以青少年为主要对象的科学馆)四小类。国际上通常以博物馆的藏品和基本陈列内容作为类型划分的主要依据,将各种博物馆主要划分为历史博物馆、艺术博物馆、科学博物馆、综合博物馆和其他。随着我国博物馆事业的发展,在其分类方式上也是众说纷纭。有研究工作者根据博物馆的性质和基本陈列内容做了三种划分:一是分为历史类、艺术类、自然类和科技类;二是分为历史类、革命史类、文化艺术类和自然科学类;三是分为社会历史类(包括历史类、革命史类、纪念馆类、文化艺术类和民族民俗类)、自然科学类(包括自然类:一般性、专门性、园囿性;科技类:科学技术史博物馆、专业科学技术博物馆)和综合类(主要指地志博物馆);还有一些学者将博物馆划分为综合类、专门类和纪念类;以及综合历史类、科技自然类、古建遗址类、名人故居类和文化艺术类。

对于博物馆的划分标准,从馆藏内容性质维度来看,可分为以下五类:历史博物馆、纪念博物馆、文化艺术博物馆、自然科学博物馆和综合博物馆;从馆藏涵盖领域维度来看,可分为两大类:一为包含多个学科领域的综合博物馆,通常有长久的历史,经过长时间的调整适应后逐渐发展而成;二为各学科领域单独成馆的专业博物馆,通常为特殊目标而设立。其中综合博物馆和专业类博物馆可根据馆藏内容性质进行具体划分,各一级学科领域的博物馆也可根据馆藏涵盖下属学科领域的范围分为综合博物馆和专业类博物馆。1990 年美国博物馆协会在解释博物馆的定义时,将"教育"与"为公众服务"并列为博物馆的核心要素。类属于博物馆的科普场馆兼具收藏、研究、展示三大特性,从其核心功能——教育出发,可以总结出科普场馆与传统学校科学教育不同的特点:第一,本质上具有开放性,作为非正式教育机构,科普场馆的多元开放体现在教育内容、教育对象、资源选择、学习方式、学习结果等方方面面;第二,内容上具有科学性,展教选题严格以青少年的最近发展区为理论基础,既能准确反映具体的科学知识原理,又能反映科技的进步和社会的发展;第三,形式上具有交互性,青少年可以通过动手操作和现场体验,达到亲眼所见甚至亲身体验的效果,具有更强烈的感染力;第四,作用上具有不可替代性,科普场馆多采用多媒体高新技术,使青少年在短时间和有限的空间范围内接收到大信息量的 STEM 知识,即便在如今各种新媒体、新传播媒介手段层出不穷的情况下,其独特的展教功能仍然不可取代。

二、非正式学习环境的研究方法

根据非正式科学教育的学习情境理论,学习环境可分为个人情境、物质世界情境和社会文化情境;根据生态学视角的建构主义学习理论,学习者为主体,学习的社会整体环境分为环境和社会文化;从科普场馆的发展脉络来看学习环境,根据信息化程度可分为现实环境和虚拟环境。综合来看,学习者是非正式 STEM 教育的核心,一方面学习者接受 STEM 教育的成效既依赖于客观的物质世界,包括教育的载体和教育的内容,也依赖于相对主观的社会文化,涉及社会文化氛围、价值观,以及具体可感的交流互动,另一方面顺应科学教育数字化发展的趋势,学习者接受科学教育的成效还受传统现实环境与信息化的虚拟环境因素的影响。无论是物质、文化,还是现实、虚拟,人与不同性质、不同类型的环境之间的作用是相互的,学习者在介入非正式 STEM 教育情境时,并不是一张白纸,他们带着自身的特质与对外部世界的整体感知。同样,在结束学习时,每个个体也对其身处环境产生了影响,引起了一定的变化,无论是反馈形式或直观交互形式。

(一) 科普场馆 STEM 教育的研究框架

将非正式科学教育的理论框架应用在科普场馆的 STEM 教育中,即在现实环境,依赖物质世界情境对学习者进行科学教育落实在展览教育,依赖社会文化情境对学习者进行科学教育落实在活动教育;在虚拟环境,以客观物质为载体对学习者进行科学教育落实为观影教育,以互联网为载体对学习者进行科学教育落实为网络教育。这种划分没有严格的界限,更多的是侧重程度不同。从非正式科学教育理论框架的核心——学习者出发,基于生态学视角的建构主义学习理论,学习者在接受非正式科学教育中,拥有学习的主动权,科普场馆教育者应该遵循青少年的学习规律。根据教育形式、知识特性、青少年特质等教育因素的不同指向性与侧重点,从指向外部、侧重动态参与和指向内部、侧重静态思考这两个维度,来分析非正式科学教育。落实在具体的科普场馆的科学教育中,展览教育可分为交互式与陈列式,活动教育可分别侧重于操作性与知识性,观影教育又可从试听与动感两方面来分析。基于深度学习和全方位学习的理念,从深度与广度两个维度来分析非正式科学教育的指导思想,最终都指向提升青少年的科学素养。基于对非正式科学教育的学习情境理论、生态学视角的建构主义学习理论的分析,结合科学教育的目的、科普场馆理论,提出科普场馆开展青少年 STEM 教育的理论框架(见图 5-2)。

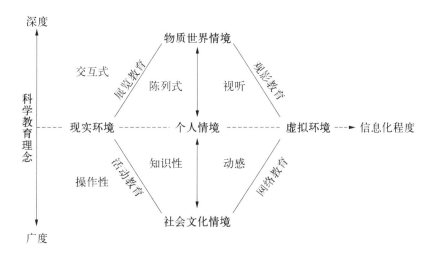

图 5-2　科普场馆开展 STEM 教育的理论框架

(二)非正式学习环境的测评方法

非正式 STEM 教育的环境是多种多样的,它涉及相当广泛的领域,不仅包括各种科技场馆的展览参观,课外阅读、电视电影以及网络学习等也都是青少年非正式 STEM 教育的组成部分。对于科学教育的研究涉及众多的方面,兴趣、态度、知识、能力等都是其研究内容,为了完整的描述研究的各个方面,研究者进行了多方面的探讨。非正式 STEM 教育的目的分为六个方面,无疑也是评价所要考虑的内容,故与之相对应的,本部分将评价体系的指标确立为这六个方面,根据不同特性采用了相应的评价手段(见表 5-1)。

表 5-1　主要评价指标及其评价方法

评价指标	评价内容	评价方法
学习兴趣	一些情绪反应的表现,如兴奋、惊奇、怀疑、态度、信念、顿悟和积极效应等	自我报告法、面部表情分析、物理特性测量、开放式问卷
STEM知识	参与者对 STEM 知识的生成、理解和记忆,对概念的使用、解释和辩论,以及建模和联系实际的能力	话语分析、有声思维、结构式自我报告、完成绘图或分类等任务
STEM技能	用科学、数学知识和先进技术,以工程思维解决现实世界的问题	分析音视频、自我报告
科学反思	对 STEM 本质的反思	问卷或结构式访谈
活动参与	参观人数等统计学变量、参与时间、互动交流等	音视频分析、反馈机制、纵向研究和民族志研究
STEM认同	对科学、技术、工程、数学和科学家、技术员、工程师、数学家的认可度、身份定位、从事的活动类型等	问卷调查和结构式访谈

（三）国内外项目的评价策略

国外的研究主要集中于对非正式 STEM 教育项目进行评价,比如,研究者会对某博物馆新开的展览单元进行调查,以了解这一展览的效果,为更好地设计展览项目提供量化依据;又比如,政府会对某年度的科学夏令营项目进行量化调查,考察参与者在这一项目中的收获和变化,以评估这一项目的作用。比较典型的是,国外有一些专门针对非正式 STEM 教育项目而出版的评估手册,具有代表性的是由美国国家科学基金会的工作组(Friedman, 2008)编制的非正式 STEM 教育项目评估框架,图 5-3 就是这一框架中给出的项目评估逻辑模型。逻辑模型就是评价实施的逻辑过程,输入是指项目的资源,如资金来源或实物援助;活动是指为了达到预期的结果所采取的行动,如博物馆展览的设计或广播节目的策划;输出则是在活动中产生的变化,如在参观博物馆展览后或收听了广播节目后增加了知识的人数;战略影响指的是对整个非正式教育领域产生的影响,包括新知识和实践,目的是促进非正式教育的发展,使其可以影响更广泛的领域。最后可将实际战略影响与预期影响相比较,以检测预

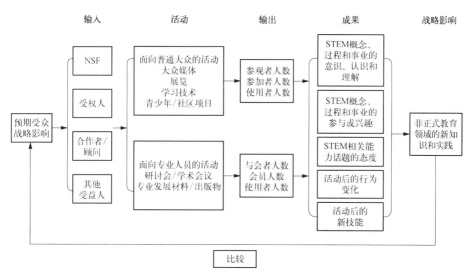

图 5 – 3　国外有关非正式 STEM 教育项目的评估模型

期影响的准确性,确保在以后的项目评估中能提高其准确性。

　　中国科普研究所从公民对科学的理解及科学素养水平、公民获取科技信息的渠道和参与科普活动的情况、公民对科学技术的态度三个方面进行公民科学素质调查,与本研究有关的是公民获取科技信息的渠道和参与科普活动的情况。结合 2001—2011 年 7 次中国公民科学素质报告中公民获取科技信息的渠道和参与科普活动的情况调查,共涉及五个方面:公民对科技信息的感兴趣程度、公民获取科技信息的渠道、公民参与科普活动的情况、公民利用科普设施的情况和公民参与公共科技事物的程度(见表 5 – 2)。

表 5 – 2　中国科普研究所的调查内容

调 查 指 标	调　查　内　容
公民获取科技信息的渠道	公民获取科技信息的主要途径,包括电视、报纸、与人交谈、互联网、广播、一般杂志、图书、科学期刊等共 8 项
公民参与科普活动的情况	公民参加过的科普活动,包括科技周(节、日)、科技培训、科技咨询、科普讲座、科技展览、科普宣传车等共 6 项
公民利用科普设施的情况	公民能够利用的科普设施包括动物园、图书阅览室、科技馆、高校和科研院所实验室等共 10 项,同时也调查了公民对这些设施利用与否的原因

调查指标	调 查 内 容
公民参与公共科技事物的程度	公民参与的公共科技事物包括阅读报纸、期刊或互联网上关于科技的文章、和亲朋好友谈论有关科技的话题等共 4 项
公民对科技信息的感兴趣程度	公民对科技信息的兴趣领域包括医学与健康、经济学与社会发展、环境科学与污染治理、计算机与网络、军事与国防等

第二节 京沪科普场馆的学习环境比较

科技部发布的 2017 年度全国科普统计数据显示,全国科普事业发展态势良好,科普场馆快速增长,参观人数持续增加。2017 年全国共有科普场馆 1 439 个,较 2016 年增加 46 个。全国平均每 96.60 万人拥有一个科普场馆。科技馆共有 6 301.75 万参观人次,比 2016 年增长 11.61%;科学技术类博物馆共有 1.42 亿参观人次,比 2016 年增长 28.85%。作为普及科学技术知识、传播科学思想和科学方法的平台,科普场馆自诞生之日起,便成为面向公众开展经常性、群众性科普展览教育活动的重要前沿阵地。展品是科普场馆的核心与灵魂,展品水平的差距无疑是造成科普场馆整体水平差距的根源所在。本节通过京沪科普场馆整体分布情况的比较,进一步对科普场馆的 STEM 展教案例和活动分析,并对中学生非正式 STEM 活动展开调查研究。

一、京沪科普场馆的整体情况

科技类博物馆分为科学技术博物馆和自然博物馆两类,其中科学技术博物馆包括科学技术馆、现代科学技术博物馆、科学技术史博物馆,自然博物馆包括一般自然史博物馆、专门性和园囿性自然博物馆。科普场馆包括各类科技博物馆和青少年科技活动馆(站),本部分基于王晶莹指导何其芳(2017)的本科论文研究,对京沪科普场馆和图书馆的分布情况以及典型展教案例和活动进行了分析。

（一）京沪科普场馆的整体分布比较

根据《上海市科普事业"十三五"发展规划》,到 2022 年,全市科普场馆数量将从 2016 年底的平均每 45 万人拥有一个专题性科普场馆提升到 42 万人。截至 2016 年底,上海有科普场馆 300 多家,77 家全国科普教育基地经考核,11 家获得"全国科普信息化优秀基地"称号,形成了以 2 家综合性科普场馆为龙头,54 家专题性科普场馆为骨干,267 家基础性科普基地、79 家社区创新屋、25 家青少年科学创新实践工作站、1 300 余个社区科普大学教学点为支撑的类型多样、功能齐全的科普设施体系(何奇芳,2019)。本部分利用文本分析法,通过在百度知道和百度地图上的查找,统计北京和上海科普场馆的分布情况,以及各区县的科技馆和图书馆拥有量(见图 5‑4)。

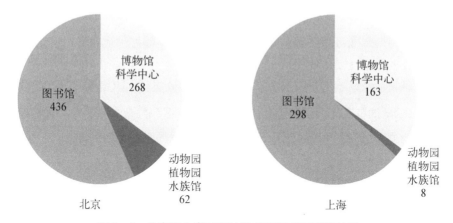

图 5‑4　北京和上海可设计的 STEM 学习环境统计

（二）京沪科普场馆平均拥有率比较

在科普场馆的数量上,无论是专业类博物馆、图书馆,还是动物园、植物园和水族馆,上海的拥有量都少于北京,原因和这两个地区的地域面积有很大关系,百度百科显示北京的总面积为 1.641 万平方千米,而上海为 6 340 平方千米,即北京总面积是上海的近三倍。因此,如果单纯按照数量来评价京沪科普场馆状况,并不合理。因此,比对北京和上海各区县每平方千米的博物馆和图书馆的拥有量,分析京沪科普场馆的状况。可以清晰地看出:(1)在北京各区县每平方千米拥有博物馆的数量情况中,排在前五的分别是西城区、东城区、朝阳区、石景山区和海淀区,排在倒数的有怀柔区、密云区、房山区和平谷区。上海各区县每平方千米拥有科技馆的数量,排在前五的分别是黄浦区、杨浦区、静安区、长宁区和普陀区,排在倒数的有奉贤区、虹口区、嘉定区和崇明区。(2)北京市各区县每平方千米拥有图书馆的数量,排在前五的分别是东城区、西城区、朝阳区、海淀区和石景山区,排在倒数的有怀柔区、平谷区、延庆区和密云区。上海各区县每平方千米拥有图书馆的数量,排在前五的分别是虹口区、杨浦区、徐汇区、长宁区和静安区,排在倒数的有奉贤区、金山区、青浦区和崇明区。(3)京沪科普场馆建设都不均衡,像北京东城区、西城区和朝阳区这三个区,无论是科技馆还是图书馆都较多,而这与其面积大小并无直接关系,因为在北京面积更大区,如怀柔区、密云区和延庆区,面积虽然比东城区、朝阳区和西城区大得多,但是科技馆和图书馆拥有量很少,上海也是如此。同时,北京和上海的科普场馆分布情况十分相似,都是中心地域分布较密集,并且在中心地域的外围分布逐渐递减,偏远的区县拥有量较少。(4)通过比较京沪各区县每平方千米拥有图书馆和图书馆的数量,发现京沪两地图书馆的建设相较科技馆要好,两地的各个区县都已建有图书馆,而科技馆却没有全面普及。博物馆和图书馆均可用于青少年科技活动,京沪两地均出现区域分布不平衡。

二、京沪科普场馆的 STEM 展教案例

科普场馆在现实环境中通过创设物质情境对青少年开展非正式 STEM 教育的主要形式为展览教育,传承了博物馆最基本的展示功能,发展了最核心的教育功能。对于非正式 STEM 学习环境的科普场馆的展教功能进行分析,也有助于深入了解非正式 STEM 学习环境的作用。基于博物馆及自然科学博物馆的分类,本部分京沪科普场馆 STEM 展教案例的研究主要选取中国科学技术馆、上海科技馆这两所综合性自然科学博物馆,索尼探梦科技馆、北京航空航天博物馆和上海天文博物馆这三所专业性自然科学博物馆。其中北京航空

航天博物馆和上海天文博物馆属于自然科学技术博物馆,其余三所为科技馆,另外特别选取了广东科学中心的案例,广东科学中心是全国建筑面积和规模最大的科普场馆,占地面积 14 万平方米。

(一) 典型科普场馆展教形式

科普场馆的展览教育形式主要通过陈列式展教和交互式展教来普及力学、电磁学、声学、光学等方面的科学知识,展示科学技术的发展历程,引导青少年了解和感受前沿科学和高新技术,启迪科学思想。

第一,陈列式展览教育。科普场馆通过指向内部、侧重静态思考的陈列式展览教育,从自然科学现象、科技发展的历史、珍贵的科技文物等方面,配合展示形式的精心设计,引导青少年对科学进行深入的独立思考。在校外科学教育中,科普场馆的这种陈列式展教方式,能较为全面地展示出其内涵丰富、历史悠久的特点,是进行具有博物性质的自然科学教育的优选。在普及科学技术发展史方面,科普场馆不仅展示了科技产生和发展的历史,揭示了科技产生和发展的规律,还走在了科技发展的前沿,彰显了中外科学技术发展的主要成就,并瞻望了它的发展趋势。由于这部分科学教育内容本身具有较高的知识性与历史性,以陈列式为主的展教形式更具优势,便于扩大青少年的知识面,提高其科学文化素养。根据科普场馆涵盖内容领域不同,综合性科普场馆大都以科学技术整体的发展为脉络,而专业性科普场馆则侧重深入地介绍某一科学领域的发展历史。收藏是博物馆的基本属性,科普场馆虽然以校外科学教育为主,但也应该承担收藏科技文物的社会历史责任,而这一工作与科学教育并不冲突,科普场馆教育者完全可以将两者结合起来,以珍贵的科技文物为载体,充分挖掘其教育意义,不仅能让青少年学到其中的科学技术原理,还能培养他们的科学精神。在科普场馆中,自然科学技术博物馆主要承担了收藏教育的社会工作。

第二,交互式展览教育。科普场馆通过指向外部、侧重动态参与的交互式展览教育,在传统科普场馆静态展教的基础上,发展了演示、体验的互动形式,透过简单安全的科学实验仪器,在宽松自由、主动探索的氛围中给青少年新鲜感,让其有更多的参与感及选择空间,从而加深青少年对科技原理的理解,激发他们的想象力、探索兴趣和创造性。根据青少年与展品的交互程度不同,科普场馆交互式展教可分为演示与体验两大类。基础科学类展品在科普场馆中往往以演示教育的形式存在。基于青少年的学习特点,教育者在开展一些关于科学原理、定律的教育时,可以通过演示以生动活泼的互动方式带给青少年,将学习与娱乐、科学与艺术融为一体,激发青少年对自然、人类和科技的好奇心与学习兴趣。同样基于青少年的学习规律特点,开展可动手操纵的体验类交互式展教,能较大程度的增加科普场馆教育的趣味性,实现校外科学教育的目标。根据科普场馆涵盖内容领域不同,综合性科普场馆的体验类交互式展教往往涉及科技的方方面面,而专业性科普场馆则侧重某一领域的科技体验;根据场馆的属性定位不同,科技馆的体验类交互式展教侧重知识性,而科学中心则侧重开放性,数字化程度较高。

（二）典型科普场馆陈列式的展教案例

第一,自然科学现象展教。博物学是指对动物、植物、矿物、生态系统等所做的宏观层面的观察、描述、分类等,包括天文、地质、地理、生物学、气象学、人类学、生态学、自然文学、动物行为学、保护生物学等多学科的内容,是人类与大自然打交道的一门古老学问。例如,上海科技馆的常设展览包含典型的陈列式展教(见表 5-3)。

表 5-3 上海科技馆陈列式展教选例

序号	展区	简介
1	生物万象	展区的景观设计再现了我国云南的自然风光,从物种、生态、基因等多个角度向青少年介绍生物的多样性
2	地壳探秘	展区分"磁悬浮地球厅""地壳探秘之旅"和"上海自然地理"三个部分阐述了"认识我们人类赖以生存的星球——地球"的展示主题
3	动物世界展	集中展示了深邃迷离的自然丛林和五大洲 110 种、186 件精美的珍稀野生动物标本,构成了一个跨越时空浓缩的"动物世界"
4	地球家园	介绍了近年来的人类活对地球可持续发展的影响,以及为了可持续发展,人类采取的行动和公众需要关注的环保知识、技术
5	蜘蛛展	展现了蜘蛛如何以自己独特的方式解决觅食、躲避危险、求偶和繁衍后代这些基本问题,再现了蜘蛛的生活

第二,科学技术发展史展教。综合性科普场馆的中国科技馆的常设展览以"创新·和谐"为主题,以时间为线索,清晰地介绍了科学技术的发展历程。其中"华夏之光"展厅展示了中国古代科技的成就,及其对世界文明进步所产生的重要影响,让青少年在世界科技发展的宏观视角下感怀中华民族的智慧和创造;"挑战与未来"展厅依据"挑战——解决方案——未来"的逻辑主线,主要展示了当下面对的重大问题与挑战、科技创新对可持续发展的贡献、对未来生活的畅想,启发青少年提升自身科学素养、积极应对挑战、共创美好未来的意识。上海科技馆也十分重视对科学技术发展的普及教育。在其常设展览的"信息时代"展区中,展示了各种各样的实物,青少年在参观时可以感受信息技术与传统技术的不同,认识信息技术在当代生活、学习以及工作中的应用,体验信息化社会的时代特征;"探索之光"展区展示了包括量子论、相对论、物质结构、基因技术、核能、激光等 20 世纪的最重要科技成就,反映了 20 世纪的科技光辉。

作为专业性科普场馆的北京航空航天博物馆的"空天走廊"展区分为航空科技史与航天科技史两个部分,通过高科技手段展示了航空航天原理以及人类飞天的历程。该展区按照历史发展的时间顺序,以空中悬吊的航空航天不同发展阶段的模型群组与地面上的展台柜中的重点展品相互呼应,系统、完整地向人们展示了航空发展史上的一个个里程碑,使青少年全方位了解从人类对航空航天的早期探索,到一步步征服宇宙的发展历程。上海天文博物馆的"中外天文交流"展馆以丰富的史料展示了近代天文科学在中国的发展历史,并穿插介绍相关的天文知识。其中陈列室展示了天文学传入我国后在上海地区的发展并演变成现代天文机构的历程,让青少年走近科学家的生活,追随天文科学发展过程,更好地理解科学;"望远镜历史"展区从伽利略首次将望远镜应用于天文观测,从而彻底改变了人类的宇宙观开始,介绍了望远镜对促进近代天文发展的重要历史意义。

第三,珍贵的科技文物展教。自然科学技术博物馆经常会利用自身收藏的科技文物开展校外科技教育,例如北京航空航天博物馆展出了 300 多件承载着丰富的科学原理和厚重历史积淀的航空航天文物珍品以及发动机、机载设备等宝贵实物。以下为北京航空航天博物馆著名的镇馆三宝:"北京一号"

轻型运输机,诞生于 1958 年,由北京航空学院师生员工在七个月内自行设计和制造,是我国自行设计制造运输机的第一次尝试;"黑寡妇"夜间战斗机,是世界最早采用红外线搜索技术(机载雷达)和第一代带有隐身色彩的夜间战斗机,在中国抗日战争时期立下不朽的功勋,全世界仅存 2 架,另一架收藏在美国俄亥俄州空军博物馆;"鹞"式垂直起降战斗机,是世界上第一种垂直短距离起落的飞机,由 1996 年 5 月北航博物馆用一架馆藏苏制"拉-9"战斗机和英国帝国战争博物馆交换获得。上海天文博物馆兼具历史展陈和科学教育的功能,其"中外天文交流"展馆保藏着丰厚的珍贵文物,例如子午仪。20 世纪20—30 年代曾进行过 3 次国际经度联测,上海的佘山天文台和徐家汇天文台先后被选为北纬 30 度线上的三个经度基准点之一,其中的子午仪就参加了时间测定工作。佘山天文图书室原是我国最老资格的天文图书馆,藏有大量的天文期刊和科学专著,以及手稿、照片、原始观测记录和信件、绘画等文物,是我国最早的天文学研究与西方科学文化交流的窗口,也是研究近现代中外天文学的重要图书资料宝库。值得一提的是上海天文博物馆的镇馆之宝——百年宝镜,这架中国第一台大型天文望远镜在相当长一段时间里都是远东最大的天文望远镜,最初主要从事太阳观测,拍摄了大量的天文照片,取得了丰硕的科研成果,直到 20 世纪 80 年代才逐渐退出科研第一线。

(三)典型科普场馆交互式展教案例

第一,演示类交互式展教。各科普场馆在常设展览、临特展等方面充分发挥了演示类交互展教的教育价值。常设展览中的演示类交互式展教案例的中国科技馆,他们的展厅交互式展教通过讲解、演示、实验等方式,引导青少年探索与发现科学,实现对展项所蕴含的科学内涵的扩展和延伸。目前开展的精彩演示类交互式展教主要有抄纸表演、大花楼织机、动作捕捉、空中自行车、木版水印、三维滚环、拓片、月球漫步、我的足印、蓄电池探究式学习、"小球大世界"主题教育活动等。临特展中的演示类交互式展教案例的上海科技馆,特展区会有不定期更新的临时特展活动,具有代表性的奇异材料展就是从加拿大安大略科学中心引进的,是在两个科普场馆联盟基础上的第一次实质性的合作。该展览得益于美国材料研究学会,将材料科学作为展教主题,主要通过演示和实验,介绍日常用品的材料特性,富于高科技色彩,便于青少年感受其中所蕴含的科学知识原理,寓教于乐,参与性较强。

第二,体验类交互式展教。科学技术的发展在一定程度上建立在实验基础上,在科学教育中,也不能忽视青少年对实验操作性知识的感受与体验。本研究的案例中各科普场馆在体验类交互式展教方面均起到了模范带头作用。在以光与声音为主题的索尼探梦科技馆,很多展项都运用了索尼(中国)有限公司在数码、IT 等领域的国际顶尖技术,每个展项周围都设有高清显示屏作简要介绍,使青少年能全面、系统地了解所展示的内容。该科技馆的特别主题展每季度定时更新内容主题,涵盖了科技、环保、趣味等多方面,表 5-4 列出了精彩体验类交互式特别主题展的案例。

表 5-4　索尼探梦体验类交互式展教案例

序号	特别主题展	原理和操作简介
1	声音隧道	只需要旋转展品上的年、月、日 3 个转盘,选定过去的某一天,就可以听到那一天的声音,这个声音隧道记录了近 9 年的索尼"探梦之音"
2	声光探险队	汇聚最前沿的声光科技和最经典的声光科学,青少年在探索、体验、揭秘的过程中,获得知识,感受科学探究的魅力
3	感触希望与惊喜的光	展示了从彩色管子放射出来的光线和人的视觉系统结合的螺旋花光线雕刻,是结合了现代素材和古代艺术的创作,还有普菲利克教授的立体宇宙等展品
4	智趣乐动——走进移动终端的智能世界	运用前沿的移动智能科技,向青少年剖析、展示智能手机、平板电脑等移动终端的高新技术,同时可体验制作一款游戏软件的各个阶段

三、京沪科普场馆的 STEM 活动分析

京沪科普场馆在 STEM 活动的设计上多以知识性科普讲座、实验和表演类的操作性科学教育活动、综合实践类活动为主,基于信息技术的 STEM 活动集中在观影和网络教育两个方面,与中小学 STEM 学科课堂教学密切联系,形成联动机制的场馆活动较少。未来上海将做好全国、市、区三级科普教育基地

建设,健全科普教育基地管理制度,围绕"一馆一品一课"培育打造品牌科普场馆,提高各级科普教育基地的利用率。推进企业、科研机构、高等院校等对公众开放实验室、大科学装置等科研场所。之前备受关注的上海天文馆也有望于 2020 年正式建设完成。

（一）基于现实的青少年科教活动分析

遵循因材施教的教育原则,从京沪科普场馆指向内部、侧重静态思考的知识性活动和指向外部、侧重动态参与的操作性活动出发,来比较分析科普场馆中基于现实的科学教育活动,以实现深度教育与全方位的教育目的。

第一,知识性科学教育活动包括传统讲座、专业性科普讲座和特色知识性案例活动三类。传统的讲座是指由教师不定期地向学生讲授与学科有关的科学趣闻或新的发展,以扩大他们知识的一种教学活动形式。以下分别介绍本研究中较为典型的传统讲座类科学教育活动案例。首先是综合性科普讲座。中国科学技术馆的中科馆大讲堂是一项满足青少年不同层次需求的免费科普公益活动,包括"科学脱口秀""科普看片会""科普沙龙"等系列科学互动内容,常常邀请中外各领域专家学者,对青少年、对大众关心的热点话题进行专业的精彩解读。由上海科技馆、中国科学院上海分院、上海市中国工程院院士咨询与学术活动中心、上海科普教育发展基金会四家单位共同主办的上海科普大讲坛,将多元化的前沿科学知识,以讲座的形式带给青少年,富含知识的同时也不失亲和性。这两座综合性科技馆举办的讲座所涉及的内容及形式具有一定的共性,选择近期举办过的精彩讲座进行介绍(见表 5‐5)。

表 5‐5　中科馆大讲堂与上海科普大讲坛选例

	主　题	内　容　提　要
1	仿生传感——源于动物和植物的科学灵感	向动植物学习,从生活中的传感器入手,谈仿生传感器如何扩展我们认识世界、改善生活的能力
2	北斗:照耀"一带一路"	从古代导航的方法入手,以北斗导航系统为例讲述卫星导航的发展,谈导航的前世今生
3	太空光影梦:科幻电影中的航天幻想与现实	以四部科幻电影内容为例,述说航天的过去、现在以及未来航天技术的发展和进步

续　表

	主　题	内　容　提　要
4	脑与意识：破解人类意识之谜	通过展示视错觉、主观报告和机器学习的优势,向青少年解析人类如何解码大脑信号里潜意识中的图像,以及如何识别出它们的信号,将实验取得的最新进展应用于临床实践
5	对环境污染物说"NO"	讲述持久性有机污染物的环境行为、生态毒理效应以及如何参与控制环境污染物排放,从而更好地保护环境,保护我们人类自己

其次,专业性科普讲座也比较常见,以"光和声音"为主题的索尼探梦科技馆在追求科技教育活动创新的同时,也延续了传统的形式——科普大讲堂,每月举办一次。近期举办过《南极与北极》《北京秋季观鸟》《显微镜下的世界》等一系列精彩的科普讲座。其中《细菌是朋友还是敌人》介绍了在显微镜下我们从来没有看见过的生物——细菌,讲述细菌与我们的健康、生活、工业和农业生产、环境的关系。此外,邀请社会知名人士开办讲座也是科普场馆的特色,既能博得广大青少年的喜爱,又能充分发挥各界精英的榜样引领作用。国际钢琴演奏家郎朗就曾在索尼探梦科技馆举办过音乐公益讲座,分享音乐知识,与广大青少年一起诠释声音的奥秘,激发新一代中国孩子的音乐梦想和探索科学的好奇心。2010 年 3 月起,上海天文博物馆在上海天文台和上海市天文学会的支持下,特别策划了一个"天之文系列天文科普讲坛"活动,定期邀请国内外天文学领域的专家、学者前来,对当下天文焦点进行专业解读,为青少年创设了一个走进天文学,深入了解宇宙的广阔平台。该讲坛现已成为上海天文博物馆开展科普宣传活动的一个品牌项目,举办过《外星人防御计划》《奇妙多彩的木星世界》《太阳为什么是圆的》等讲座,深受广大青少年的喜爱。

各具特色的知识性科学教育活动案例也深受学生喜爱,例如,北京航空航天博物馆作为高校博物馆,在发挥其基本科普功能的同时,还承载了国家级精品课程《航空航天概论》,以及航空发动机、起落架结构、航天器设计等核心专业课的教学实践任务,将学术研究与科学普及相结合,满足了青少年对专业知识深入了解的需求,有助于启迪青少年对航空航天领域的热爱与探索,埋下投身航空航天事业的种子。上海天文博物馆依托中科院、上海天文台,拥有非常专业的专职科普团队,为青少年及天文学爱好者准备了许多望远镜器材可以用来观测,如 40 厘米双筒折射望远镜等。该博物馆依赖其自身专业优势,经常在重要天象发生期间组织专题天文观测活动,例如 2008 年 8 月 1 日的新疆日全食等,特别是 2009 年 7 月 22 日的长江日全食,上海天文博物馆承担了上海及周边地区日食观测活动的大规模宣传和组织。

第二,操作性科学教育活动包括实验类和表演类,中国科学技术馆、索尼探梦科技馆在实验类的教育活动中具有较大的共性。中国科学技术馆的科普活动实验室由机械、制作、多媒体三个主题教室构成,以"趣味、互动、体验、实践"为宗旨,通过动手制作、信息技术等多丰富多彩的教育活动,使青少年置身科学中,与科学零距离接触,在操作、参与中提升创新能力。索尼探梦设有亲自动手的"实验梦工房",邀请了科普专家与青少年进行互动实验,青少年不仅能动手操作,还能在轻松愉悦的体验过程中亲身发现实验中蕴涵的科学,获得丰富的荣誉感与成就感,案例中的精彩实验类操作性科学教育活动如表 5 - 6 所示。

表 5 - 6 科普场馆实验类操作性科学教育活动选例

	主　　题	活　　动　　简　　介
1	爱上科技馆——我的科技梦	包含展厅主题参观与体验、活动室"造纸"活动、实验室"水净化"实验、创意"投石机"搭建、观看科学表演、趣味游戏和特效电影欣赏等内容
2	欢乐动手做	实践了"莫比乌斯带""飞行器的奥秘"和"双螺旋 DNA 制作"三个活动项目,增强了青少年动手操作和逻辑思维能力
3	3D 创意打印——日晷的制作	青少年利用 3D 打印笔自己动手制作赤道式日晷的各个部件并将其准确拼接,模拟演示日晷的工作原理,有机地训练形象、抽象和灵感思维
4	机器人实验	通过动手拆装机器人、给机器人编程序、对传感器的更进一步探究实验,了解机器人的基本组成、工作原理,引发青少年对语音识别、专家系统和人工智能的兴趣与思考
5	太阳能电池制作实验	通过动手制作太阳能电池的探究实验,让青少年了解到太阳能电池的结构、光电转换原理和太阳能利用技术,了解能源与人类可持续发展息息相关,激发对可再生能源探索的兴趣

表演类操作性科学教育活动也非常丰富,例如中国科学技术馆通过常规科学表演、主题特色表演、互动科普剧、科学表演进校园、原创科普节目"超人科学秀"等多种形式,经过独特领先的构想与编排,旨在透过直观活泼、新奇风趣的科学演出形式,向青少年展现科学中的奇妙现象及其背后蕴含的知识,真正让青少年成为科学表演的主角。精彩的实验表演有易拉罐斜塔、口服液握力器、筷子提米、气球花瓶、水中气球、"神奇"的紫甘蓝、纸片托水、搭纸桥、"浸不湿"的纸巾等。索尼探梦科技馆独创艺术表现形式的科普童话剧将新颖有趣的科学实验融入轻松活泼的舞台表演之中,以变幻多样的音乐与节奏,结合剧中人自然诙谐的表演,展现了科普小知识、环保小提示等鲜活内容。值得一提的是出演科普童话剧的演员均为一线工作人员,其投入的演出状态、精彩的台词对白、专业的表演也是科普童话剧的一大亮点。当前索尼探梦科技馆已推出《声音的奇想之旅》《光彩的异想日记》《海底历险记》等多部科普童话剧。此外,"探梦实验室"还开展了空气炮、静电实验、气流旋球等表演类操作性科学教育活动。

第三,综合实践类科学教育活动也成为非正式 STEM 教育的重要形式。科技营地是综合实践类操作性科学教育活动的主要表现形式,具有代表性的案例是广东科学中心的科技营地,自 2010 年 2 月 6 日开营以来开展过科学探究夏令营、创意机器人特训营、全国青少年高校科学营广东营等精彩纷呈的科技营地活动,极大地拓展了青少年的 STEM 学习的领域,全方位的培养其科学素养。一些科普场馆还创造性地推出了"科学知识+动手实验+拓展表达"三位一体的综合科学实践教育模式,全面提升青少年的科学素养。具有代表性的案例是上海科技馆的科学小讲台,定期以轻松互动、具有直观感受的体验形式举办过《消失的蛋壳》《水分子的力量》《玩转摩擦》等精彩的综合实践类操作性科学教育活动。其中《结构的力量》通过一系列探究实验演示,展现结构产生的意想不到的力量,包括瓦楞结构纸坚强、棱柱承重大比拼、坚固蜂巢、脚踩灯泡、腾空老爸等环节,扣人心弦,使青少年在多元化的学习情境中体验科学。

(二)基于信息技术的青少年科教活动分析

信息技术为科普场馆的非正式 STEM 教育带来了教育方式和活动时空的

多元化和迁移性,主要包括基于信息技术的观影教育和网络教育两类。本研究的案例中,大多数科普场馆均开设了主要利用现代电影科技手段的观影教育,一方面侧重科学知识与多媒体相结合,为青少年创设视听情境;另一方面侧重科技的特效手段,为青少年创设动感体验情境,其各馆开展的观影教育情况如表 5-7 所示。以视听为主的观影教育案例有:兼具穹幕电影放映和天象演示两种功能的中国科学技术馆球幕影院,我国第一家采用视频拼接、观众互动、电脑集成等技术综合而成的上海科技馆太空影院,以及索尼探梦科技馆的"3D 视频体验""3D 技术介绍"平台等。其中,由索尼探梦科技馆独家原创完成的科普影片《探梦实验室》荣膺爱奇艺 2016 年度最受欢迎教育品牌,囊括静电、大气压、表面张力、伯努利原理、空气动力、光的散射等各类经典科学实验。以动态感受为主的观影教育案例是上海科技馆,四维影院由三维立体电影和一维环境效果结合而成,洒水、喷水及座椅下沉等机关随电影故事情节而变化,让观众从视觉、听觉和感觉上得到满足。广东科学中心的虚拟航行动感影院,其可同时容纳 45 名观众进行互动体验所使用的动感平台为 4 自由度,虽重达 8 吨,但在放映影片时运动非常灵活。

表 5-7 科普场馆观影教育的开展情况

序号	观 影 教 育	所属科普场馆
1	特效影院:巨幕影院、动感影院、球幕影院、4D 影院	中国科学技术馆
2	索尼科普剧场、3D 世界	索尼探梦科技馆
3	科学影城:IMAX 立体巨幕影院、球幕影院、四维影院、太空数字影院	上海科技馆
4	互动式球幕电影厅:《星空之旅》《四季星空》	上海天文博物馆
5	科普电影放映室	广州青少年科技馆
6	科技影院:IMAX 巨幕、4D、球幕、虚拟航空动感影院	广东科学中心

本研究案例的所有科普场馆都建有自己的信息资源共享平台,既能对外宣传本馆的科教概况,又能为青少年自主学习提供丰富的资源。有些科普场馆在其官方网站上有虚拟场馆的链接,利用软件制作了每层里各个展

区的 360 度全景展现,使科技馆生动地展现在观众面前。笔者选取上海科技馆为例,在其官方网站上设有"漫游科技馆""教育活动"等多个栏目,青少年在浏览网站时不仅可以全方位了解该科技馆,还可以通过信息共享链接到其他相关组织机构,获得自己所需要的和感兴趣的内容。在"漫游科技馆"下设的虚拟游览板块中,青少年足不出户就可以从自己的视角体验真实的场馆游览。随着科学教育数字化的发展进程,科普场馆深入探索了在现实与虚拟环境中通过创设社会文化情境,拓宽了青少年开展非正式 STEM 教育的途径。

(三) 科普场馆开展 STEM 活动反思

在知识性 STEM 教育活动中,京沪科普场馆多以科普讲座形式为主,也根据自身的条件与优势开发了独具地方特色、专业特点的特色类知识性科学教育活动,反映了非正式教育的多样性,是传统学校科学教育的补充与创新。以科普讲座为主要形式的传统校外教育能在有限的时间和空间内传授最大容量的科学知识,具有不可替代的作用。科普类的讲座大多以提升青少年的科学素养为教育目的,以青少年理解为导向,力求将前沿高端的科研成果、社会焦点以及国家的重大工程进行科普化传播,以专家的深度、青少年的视角解读科学与技术。不同类别的科普场馆开展科普讲座的主要方向也不同,综合性科普场馆的讲座涵盖范围较广,而专业性科普场馆的讲座则往往深入到某一领域中更细致的知识及其应用。在操作性科学教育活动中,科普场馆在针对实践性较强的科学技术内容开展教育活动时,结合了教育内容的操作性与青少年喜欢轻松活泼的科普形式这一身心特点,创设了各种精彩纷呈的科学、历史、自然、文化等方面的主题活动,使自身成为青少年亲近科学、亲近自然的平台,通过可亲身体验的实验、表演及综合性实践活动,让青少年参与其中,加深对社会文化情境、科学现象、概念的理解和感悟,在潜移默化中提高自身科学素质。实验类操作性科学教育活动能够使一些枯燥、深奥的知识通过青少年自己动手操作变得生动易懂,在加深他们对科学知识认识的同时,也体会了科学研究的乐趣,激发了探索科技的热情,使其更全面地体验、了解科技。在综合实践类操作性科学教育活动中,科普场馆依托大量的互动展项,根据青少年的年龄层次,挑选安排主题展项、探究活动、科学实验、科普影片等,设计合理的参观路线,通过组织青少年有目的地参观学习,强调通过探究式学习,亲身体验和参与,领略各项活动所蕴含的科学内涵。

特效影视的发展与互联网的普及时刻影响着青少年的学习与思维方式,基于信息技术的数字化 STEM 教育往往发生在虚拟环境中,以客观物质为载体对青少年进行的科学教育落实为观影教育,以互联网为载体对青少年进行的科学教育落实为网络教育。在观影教育方面,科普场馆的基于信息技术的特效观影情境下参观与学习,不仅拓宽了科技教育的视野,还能兼顾教育的深度,调动青少年各种感知觉器官接收信息,符合青少年的心理特点,使其获得身临其境的感觉,进而增强科普场馆给予青少年的魅力。应用较多的有数字影片、交互动画、虚拟现实、互动投影、全息投影等多种现代化展示方式,突破了传统单一的实体场景陈列展示方式,为参观者创设了一个接近真实的互动环境。在网络教育方面,深处信息技术高速发展的时代,每个人都能在互联网创造的虚拟世界中畅游,将网络教育融入科普场馆对青少年的科学教育中,扩展延伸校外科技教育的空间和时间,不受时间、场地、环境的限制。从内容上来说,以互联网为载体,科普场馆开发建构的数字科技馆内容丰富,各地区、各领域的数字图书馆均可通过网络互通,其包含、存储的信息量及涵盖范围远远大于现实环境中的科普场馆。从形式上说,网络教育以人机互动为主,青少年在学习的过程中拥有高度的自主权,可以选择随时开始、随时结束、随时暂停,也可以任意选择浏览哪些内容,根据自己的喜好选择感兴趣的内容,学习的深度也可以自己把握。

科普场馆开展青少年科技教育是一项需要长期积累的事业,通过对比京沪科普场馆 STEM 学习环境和科普场馆的展教案例及活动,分析可以在STEM 教育建设和多方位交流合作方面提供启示的五个方面。

第一,加强展示内容的创新和开发科学史的科普教育功能。展示教育作为科普场馆的核心功能,其内容的创新则是发展的关键。为了满足青少年对展项不断更新的需求,科普场馆需要不断加强自身的发展,与时俱进地更新展教活动,抓住当前科学的发展趋势,特别是在信息技术、生物学和航天学等方面的最新成果,其设置的每件展品和每项教育活动都应包含人类探求自然规律、不断创新实践的成就,进一步展现科技永无止境的本性。科学精神、科学思维方法作为科学的核心,是在其发展过程中逐渐形成的,而科学还是科学家与社会合力作用的结果,科学史在记录科学的发展历程时,很自然地在科学与人文之间搭建起重要的桥梁。在科普场馆对青少年进行科技教育中引入科学史因素,能使青少年了解科学的历程及其发展的来龙去脉,形成完整的知识体系。

第二,STEM 活动的展教设计符合青少年认知规律。科普场馆中有些与青少年学习内容密切相关的展区需要精心设计,使其符合青少年由浅入深、循序渐进的学习过程。根据维果斯基的最近发展区理论,科普场馆教育者要在了解青少年已有水平的基础上,为其提供带有一定难度的内容,调动积极性,发挥潜能,使其超越最近发展区而达到下一发展阶段的水平。针对青少年群体,展教设计的主要目标是引导他们综合运用课本上的知识去分析研究一个展项,进行较为深度的探究,领悟其中的科学方法,进而增进他们分析研究自然事物的能力。

第三,加强科普场馆与学校的合作力度和联动机制。科普场馆的科技教育资源丰富,逐渐成为学校科学教育的重要补充,将科普场馆的资源与学校教育,特别是科学课程、综合实践活动结合起来,深化馆校合作,不仅有助于更好地发挥科普场馆的科学教育功能,更是其发展的趋势。因此,科普场馆在开展多种科普活动的同时,也要主动为教师开发利用课程资源提供便利,为教师提供培训所需的资源,探寻、优化馆校合作途径,真正做到共赢。具体形式包括定期与学校组织活动、为教师提供专业培训的学习机会、增加互动性活动等。这方面可参考广州青少年科技馆的工作,该馆与学校合作组织了科技节、科普讲座、科技竞赛、科普游戏等形式的校内外科技活动,也针对教师开展了科技教师创新能力培训班和研讨会、青少年创造能力培养座谈会等教师专业发展培训。此外,科普场馆还应与高校科技馆教育研究者建立友好合作关系。高校的教育研究者拥有丰富的教育理论知识,对中小学科学课程教学有一定的了解,而且对科普场馆中的课程资源有比较全面的认识,在开发利用场馆资源时,能够更好地协调场馆与科学教师的合作。

第四,推进地区间科普场馆的合作学习与国际间交流。从全国科普场馆开展青少年科技教育的整体发展情况来看,北京、上海、广州作为国家科技、文化和社会发展形象的重要窗口,发展很快,整体水平较高,而三线城市或中西部地区的科普场馆教育水平则相对滞后。因此,探索多种区域合作、加强地区间青少年科普场馆教育的交流,有利于充分发挥京沪穗等重点城市的引领作用,提升广大地区科普场馆开展青少年科技教育的质量。科学技术的发展是全球性的,必须着眼于世界,积极寻求与其他国家科普场馆的合作与交流,了解整个行业的全球动态,共享科技成果,选择性地吸收其中可供借鉴的经验,引进先进的科普展教设施及理念,提升自身场馆的科教质量。例如,广东科学中心先后从瑞士、美国、意大利、加拿大、英国引进了爱因斯坦展、大脑展、达·芬奇的科学密码展、深海探奇展、机械木偶展等优秀国际专题巡展。

第五,构建科普场馆信息资源共享平台。不可否认网络是传播速度最快、辐射面最广的资源共享平台。科普场馆构建数字化信息资源共享平台,一方面可以实现不同地区、不同领域、不同主体之间更直接、便捷的资源共享。数字化信息资源共享平台的搭建,不仅打破了地域空间限制,让青少年足不出户就能进行学习,逐步实现网上展品操作,也方便了教师教学,可以利用科普场馆内对外公开的视频资源和讲解,让学生参观结束回家之后还可以回顾,避免了只流于形式的科普场馆学习。另一方面,科普场馆信息资源共享平台也是科普宣传的重要阵地。通过网络宣传科普场馆科教活动的内容与计划,甚至与国内外的数字化科普场馆相联系,加深学生对科普场馆 STEM 教育活动的了解,增进其对科普场馆的价值认同。

第三节　青少年参与校外科学教育的调查

为了进一步调查青少年参与校外科学教育的情况,本节将从参与状况、学习效果和影响因素三方面来考察北京市青少年参与校外科学教育的情况,在问卷的编制过程中主要参考了中国科普研究所中国公民科学素质调查中的指标体系与问卷。

一、校外科学教育的参与状况

中国科普研究所从公民对科学的理解及科学素养水平、公民获取科技信息的渠道和参与科普活动的情况、公民对科学技术的态度三个方面对公民的科学素质进行调查,其中与本研究有关的是公民获取科技信息的渠道和参与科普活动的情况这一方面。本部分基于《公民科学素质调查报告》确定指标维度,并进行获取途径、校外设施利用、活动呈现形式和参与方式等方面的现状调查,是作者的研究团队曾参与的全国科普日调查项目的研究成果。

(一)校外科学教育参与状况的调查指标

基于 2001—2011 年的七次中国公民科学素质报告的文本分析,公民获取科技信息的渠道和参与科普活动的情况调查共涉及五个方面:公民对科技信息的感兴趣程度、公民获取科技信息的渠道、公民参与科普活动的情况、公民利用科普设施的情况和公民参与公共科技事物的程度。公民对科技信息的感兴趣程度主要调查中国公民对医学与健康、计算机与网络等话题的感兴趣程度,与本研究关系不大;其余四项属于非正式科学教育调查范围(见表 5-2)。

本研究从参与的场所途径、呈现形式和参与方式三方面来考察(见表 5-8),这三个一级指标实际上是对公民科学素质调查报告中与非正式科学教育有关的四方面的整合,将公民获取科技信息的渠道和利用科普设施的情况包含在场所途径一级指标内,渠道对应途径,各种科普设施纳入科普场所的范围;呈现形式即各种科普活动;参与方式指公民参与公共事务的方式。对这三个一级指标下分二级指标和三级指标,将兴趣与收获纳入指标中。同时,考虑到学生与成人的不同特点,将校内的情况也纳入考查范围,以便在数据处理中进行校内外比较。在调查过程中,为更好地了解青少年校外科技教育参与的现状,以及不同区域、年级等变量之间的差异性,此次调查共选取了 6 所北京市中学,发放问卷 447 份,回收有效问卷 367 份,其中包括初中生 173 名,高中生 194 名。

表 5-8　问卷指标体系

一级指标	二级指标	三 级 指 标
场所途径	了　解	了解途径
	比　较	校内外途径
	参　与	感兴趣程度、参与情况及原因、参与收获
呈现形式	了　解	了解情况
	参　与	感兴趣程度、参与情况
参与方式	参　与	参与情况

（二）青少年获取科学知识与信息的途径

根据非正式科学教育的学习环境特点,结合调查对象特征,问卷共列举了
11 项学生可能接触到的获取科学知识与信息的渠道。北京市青少年获取与科
学信息的主要渠道占首位的是老师授课(73.6%),其他途径依次是互联网
(54.5%)、电视(41.4%)和图书(39.5%),学生群体较充分地利用了互联网获
取科技信息,电视和图书也占据了相当的比例,但是科学场馆和科普活动的利
用情况并不理想(王晶莹,刘青,2015)。同时,报纸、杂志等纸质载体所占比例
也不高,广播淡出了青少年的生活(见图 5-5)。

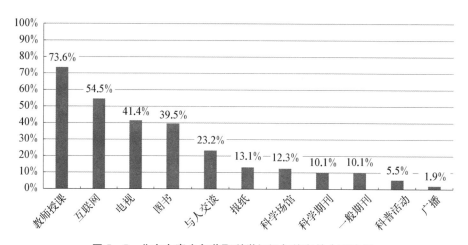

图 5-5　北京市青少年获取科学知识与信息的主要途径

为进一步了解青少年获取科学信息途径的区域差异,将学生所在学校按郊区和城区进行划分。城区学校的学生更好地利用了互联网及与人交谈的机会,利用科学场馆的比例比郊区高出 5.1 个百分点,这与城区优越的地理位置关系很大;位于郊区的学生则更多地使用电视获取与科学信息,比城区学生高出了近 16 个百分点(见图 5-6)。在性别差异上,男生较女生而言会更频繁地使用互联网浏览与科学相关的网页及视频,他们也会较多的就科学话题进行讨论,故在互联网、与人交谈这两条途径上,男生比女生分别高出 7.4 和 7.6 个百分点。而女生则更倾向于从传统的纸质媒体如图书和杂志等获得科学知识和信息,其中女生使用一般杂志途径的比例比男生高出近 9 个百分点(见图 5-7)。

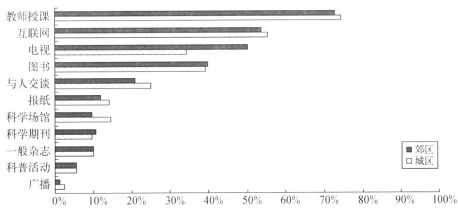

图 5-6 北京市青少年获取科学知识与信息途径的城郊区差异

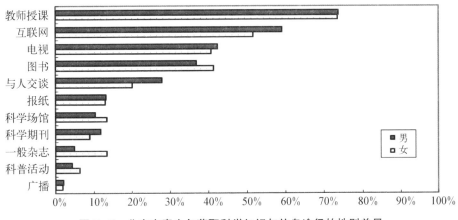

图 5-7 北京市青少年获取科学知识与信息途径的性别差异

（三）青少年利用校外科普场馆的情况

科普场馆是进行校外科学教育的重要学习环境,如动物园、科技馆、公共图书馆等,在此次调查中,对北京市青少年利用各种校外科普场馆的情况及原因进行深入研究(见图5-8)。青少年利用较多的是动物园、水族馆、植物园、海洋馆(93.5%),科技馆、天文馆等科技类博物馆(87.5%),公共图书馆(83.9%),学校内供学生使用的图书阅览室也得到了充分利用(83.4%)。明显看出,各种专业科技场所的使用率普遍偏低,比例依次为工农业生产园区(33.2%)、科技示范点或科普活动站(28.6%)、高校或科研所实验室(25.1%)。

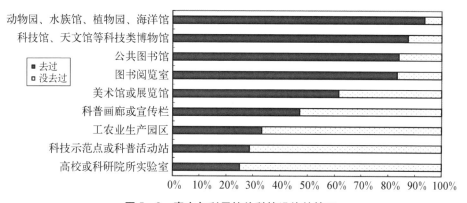

图5-8　青少年利用校外科技设施的情况

表5-9显示了北京市青少年利用各校外的校外科普场馆的具体原因,利用率最高的前四项,大部分的学生去过或没去过的原因都是出于自身的兴趣。而各种专业科技场所的使用率之所以普遍偏低,最主要的原因是学生不知道它们位于什么位置,尤其是不知道高校或科研院所实验室在哪里的比例高达45%。也有一部分同学对这些专业科技场所不感兴趣。对于利用各种科普场馆的被试,统计收获情况。调查显示,毫无收获的学生占极少数,绝大多数的学生都有所收获。同时,学生觉得非常有收获的比例过半的有公共图书馆(59.4%)、科技馆、天文馆等科技类博物馆(58.0%)。如果加上少许收获的人数,比例较高的有科技馆、天文馆等科技类博物馆(89.8%)、动物园、水族馆、植物园、海洋馆(89.2%)、公共图书馆(86.5%)、图书阅览室(81.3%)。各专业

科技场所虽利用率不高,但去过的学生觉得有所收获的比例都在65%以上;最低的科普画廊或宣传栏也达到61.6%(见图5-9)。

表5-9　青少年利用校外科普场馆的情况　　　　　　　单位:%

场所名称	去过				没去过				
	自己感兴趣	陪亲友去	学校组织	偶然机会	本地没有	门票太贵	缺乏展品	不知在哪里	不感兴趣
动物园、水族馆、植物园、海洋馆	43.3	28.9	10.4	10.9	1.1	1.1	0.5	0.5	3.3
科技馆、天文馆等科技类博物馆	36.0	18.8	24.5	8.2	1.6	1.4	0.3	2.7	6.5
公共图书馆	55.9	13.6	3.5	10.9	0.3	0.8	0.5	4.9	9.8
美术馆或展览馆	22.6	13.4	15.5	10.1	4.1	0.8	0.8	13.1	19.6
科普画廊或宣传栏	13.1	6.5	7.9	19.6	4.4	0.8	1.4	19.1	27.2
图书阅览室	51.2	9.0	7.1	16.1	0.3	0.3	0.5	7.4	8.2
科技示范点或科普活动站	7.1	5.2	6.8	9.5	7.6	0.5	1.4	34.6	27.2
工农业生产园区	4.6	8.7	12.3	7.6	6.8	0.3	0.5	34.3	24.8
高校或科研院所实验室	5.2	1.9	10.1	7.9	9.3	0.8	0.3	45.0	19.6

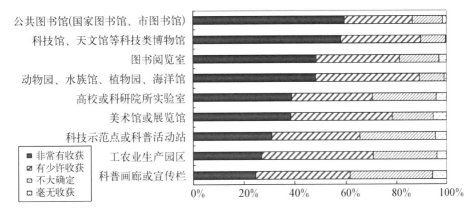

图5-9　青少年利用校外科普场馆的收获情况

（四）校外科学教育的呈现形式和参与方式

学生对校外各种形式的科技活动有一定了解,完全没听说过的人占少数,只有科普宣传车这种形式在学生群体中的知晓度稍差,没听说过的占到45.8%（见图5‐10）。就是否感兴趣而言,一般来看,参加过的学生都表示出相当的兴趣,也有很大一部分同学表示虽没参与过,但在听说后都有兴趣参加。但这些科技活动普遍参与度不高,最高的科技展览参观比例也仅仅接近过半（44.4%）。阅读报刊书籍、浏览网页、与人交谈以及参观各种科技展览等都是青少年科技教育的参与方式,在这些方式中,青少年更愿意阅读报纸、期刊或互联网上与科技相关的文章,同时与人谈论、参观科普场馆也是他们经常的活动方式,但是那些需要与人互动的话题讨论,以及需要动手参与的科技节等活动却参与得不多。参加科普讲座或其他科普宣传活动这种方式尤其不受欢迎（见图5‐11）。

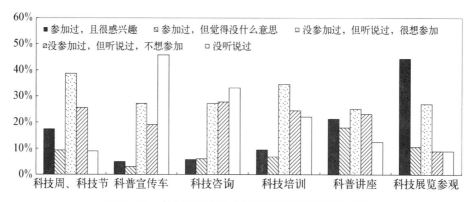

图5‐10 青少年对非正式科学教育呈现形式的态度

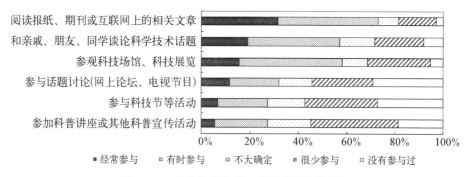

图5‐11 青少年参与非正式科学教育的方式

二、校外科学教育的学习效果

青少年时期是获取系统科学知识、基本科学能力的关键阶段,校外科技活动是开展科学教育、传播科学知识的重要阵地,社会各类组织、学校和学生家庭及个人也会开展各类校外科学教育活动,了解青少年校外科学教育的学习效果至关重要。

(一) 调查研究方法

根据布卢姆的教育目标分类学,从认知、技能和情感三个方面来建构指标,并加入第四维指标活动。包括 4 个一级指标,8 个二级指标,16 个三级指标(见表 5 - 10)。青少年校外科技活动调查问卷中的主体部分都是依据指标体系设计的,此外,也有部分问题针对被调查者及其家庭情况进行设计,包括性别、父母学历、职业以及收入情况等。这样设计是为了获得学生更多信息以便更好地进行交叉数据分析。本研究采用问卷调查法,根据指标体系设计了半开放式问卷,共 12 道题。1—7 题调查了被试者及其家庭的基本情况,8—12 题是问卷的主体部分。其中,主体问题基于指标体系,是以生活中实际情况为背景的。最后,采用 SPSS20.0 分析软件进行数据分析。为了检测问卷的信度,我们将三级指标数据输入到SPSS,发现克龙巴赫系数为 0.887,说明本次调查结果具有较高的信度。在调查过程中,为更好地了解北京市青少年校外科学教育参与的现状,以及不同区域、年级等变量之间的差异性,我们采用分层目的性抽样的方法选取了北京典型城区(海淀区、东城区、西城区、丰台区、朝阳区)和远郊区县(怀柔区、延庆区)的 44 所中学和 24 所小学,城区不同水平的小学、初高中各 4 所,远郊区县各 2 所,共 68 所中小学,中学选取初三和高二年级,小学选取四年级和五年级,每所学校选取对等的 2 个班级,小学则四年级和五年级各选 1 个班,共计 136 个班级,5 168 名学生,收回有效问卷 4 896 份(见表 5 - 10)。

表 5‑10　校外科学教育影响效果的指标体系

一级指标	二级指标	三　级　指　标
认　知	科学知识	科学概念、科学规律
	科学方法	基本方法、科学探究
技　能	行为参与	具体行为、行为促进
	行为传播	指导家人、指导他人
情　感	情感态度	科学本质、科学责任
	个人收获	认识收获、行为收获
活　动	场所组织	活动规模、组织形式
	科普活动	活动规模、活动频率
	满意程度	活动形式、活动内容

（二）校外科学教育的收获

为了便于考察校外科学教育在学生认知、技能、情感和活动等各方面的效果,对三级指标的调查结果进行统计。将"非常不符合""不符合""不大确定""符合"和"非常符合"依次赋值为 1 分至 5 分,进行统计分析。为了更直观地看到校外科学教育对学生认知、技能、情感和活动四个维度所起到的作用,研究者将四个维度一级指标的均值做出的柱状图(见图 5‑12)。可以看到,校外科学教育在认知、技能和情感和活动四个维度对学生所起的作用略有不同。校外科学教育对学生认知方面所起的作用最大,技能和情感方面的作用相当,

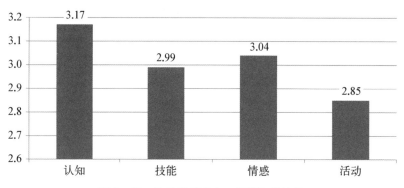

图 5‑12　校外科学教育一级指标的均值

活动方面相比较而言略显不足。

在认知、技能、情感和活动 4 个维度下面各自包含 2 个二级指标,认知维度关注学生对科学基本知识和方法的认识状况,分为科学知识和科学方法;技能维度考察校外科学教育是否注重学生亲身参与以及学生参与后是否会向他人传播所获得的知识,分为行为参与和行为传播 2 个二级指标;情感维度侧重学生在校外科学教育活动中的情感体验和收获,分为情感态度和个人收获 2 个二级指标;活动维度体现学生在校外科学教育活动中的活动状况和个人收获,二级指标分为科普活动和满意程度两个方面。从图 5-13 可知,认知维度的科学知识、情感维度的情感态度和认知维度的科学方法依次排在均值的前三名,表明学生在校外科学教育中这三项指标的收获最大。活动维度的科普活动均值排在最后,表明学生对目前科普活动的开展频率和规模有较大期待,但是对其满意度还是较高的,排在均值的第四位。

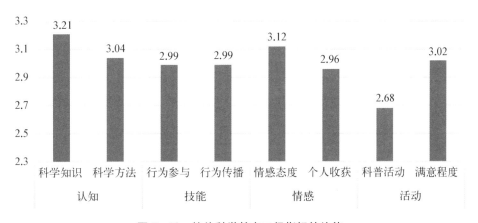

图 5-13　校外科学教育二级指标的均值

整体而言,研究发现在认知、情感和活动维度下的二级指标存在差异。青少年校外科学教育的科学知识、科学方法、行为参与、行为传播、情感态度、个人收获、科普活动和满意程度 8 个二级指标细分为 16 个三级指标(见图 5-14)。校外科学教育在各个维度的情况相对均衡,在认知维度,科学知识方面的科学概念和科学规律要高于科学方法方面的基本方法和科学探究,而且科学探究的均值在该维度的 4 个三级指标中最低;在行为参与方面,比较注重学生的亲身体验,对日常生活有一定影响;在技能维度,行为参与中的行为实施和行为传播中的指导家人的均值相对较高,学生能够较为积极地参与校外科学教育活动并能将学到的方法推荐给家人和他人,行为参与中的行为促进相对稍显不足;在情感维度,情感态度中的科学态度和科学责任表现突出,校外科学教育活动加深了学生的科学态度和责任感,但是行为收获方面略显不足;在活动维度,学生对活动形式和活动内容均持比较认同的态度,但是对科普活动的活动频率和规模表现出更高的需求。

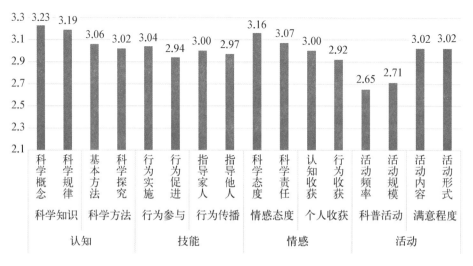

图5-14　校外科学教育三级指标的均值

我们进一步对科普场馆的校外科学教育活动状况进行访谈,场所组织的三级指标的活动有科普图书馆、校园科普馆、科普宣传栏、数字科普视窗和科普社团五种形式供学生选择。宣传栏和图书馆是科学普及司空见惯的场所,其次是科普馆和科普社团,而数字科普视窗则比较少。研究发现,校外青少年科学教育的手段和场所较为单一,学生急需便捷与实时的科普场所,增强校外科学教育的趣味性与活动性。在访谈中发现,场所组织的形式包括科普讲座、科普展览、科技周科技节、科普咨询和科技培训五种,科普讲座、科普展览、科普周(科技节)是学生日常生活中喜闻乐见的形式,而科普咨询和科技培训则备受冷落。青少年校外科学教育的内容涉及范围较广,本次访谈考查了生活健康、环境保护、公民科学素质、应急避险和科学前沿五个方面,研究发现,关于应急避险、生活健康以及环境保护的内容较多,而涉及科学前沿的内容则相对较少,青少年科学教育有必要加强科学前沿的知识普及,通过多元途径和生动案例有效地传达给学生,从而充分利用非正式科学教育环境,提高青少年的科学素养。另外,不仅校外科学教育活动的质量急需提升,学校组织的校外科技活动的数量也相对较少,在 4 896 名受访者中,有 32.56% 的学生所在学校每季度才开展一次校外科技活动,亦有 33.47% 的学生所在学校每月开展一次校外科技活动,而半年一次、半月一次、每周一次的百分比分别为 20.89%、7.45%、5.63%。因此,作为青少年科学素养提升的重要途径的校外科学教育应该得到社会各界的充分重视,创造有利条件为学生提供非正式科学教育的场所和内容,这需要全社会共同努力,形成尊重科学本质、重视科教融合、倡导青少年崇尚科学与培养科学精神的风气。

三、校外科学教育的影响因素

美国诸多科学教育测评研究认为,女性是除了少数族裔以外最大的弱势群体,如何提高女性在 STEM 学习中的参与度成为达到教育公平的一大难题。一方面,由于东西方文化差异和我国的教育传统,在科学学业成就方面,我国中小学女生的表现往往优于男生,这与国际学界 STEM 教育的一般研究并不吻合;另一方面,众多研究表明,地区差异以及家庭经济背景和父母的社会地位也对 STEM 学习有着较大影响,因此,中小学生参与校外科技活动的影响因素主要考察性别、区域和家庭背景。本次调查选取北京市的四所中学,兼顾示范学校与非示范学校、初中与高中、市区与郊区,完成有效问卷 2 780 份。其中初中 1 280 份,高中 1 500 份,城区 1 670 份,郊区 1 110 份。问卷信度良好,克龙巴赫系数为 0.925。

(一) 参与校外科学教育的性别差异

为研究青少年参与校外科学教育的性别差异,将性别编码,采用独立样本 T 检验的方法。本次调查中选取男生 1 400 人,女生 1 380 人,参与效果体现在认知、技能、情感和活动四个方面(见表 5 - 11),参与校外科学教育对男女生认知、技能和情感方面的影响不存在显著差异,男生在这三项指标上的得分都略低于女生;但是在活动方面存在性别差异(p 值小于 0.05),男生对校外科学教育的满意度要比女生高(王晶莹,张宇,2017)。

表 5-11　青少年参与校外科学教育的性别差异

	方差方程 Levene 检验		均值方程 T 检验		
	F	Sig.	t	df	Sig.（2-tailed）
认知	0.187	0.665	-0.451	5 167	0.652
			-0.452	275.963	0.652
技能	0.318	0.573	-0.604	5 167	0.547
			-0.604	275.601	0.546
情感	2.381	0.124	-0.740	5 167	0.460
			-0.741	271.221	0.459
活动	0.273	0.602	-2.014	5 167	0.045
			-2.015	275.247	0.045

　　为研究青少年参与校外科学教育的地域差异,将区域类型分成市区和远郊区县,两类地区的人数分别 1 670 人和 1 110 人,编号为 1(代表市区),2(代表远郊区县)。将认知、技能、情感和活动这 4 个一级指标,对这两类区域的一级指标的平均分进行区域类型的独立样本 T 检验,比对两者的差距,虽然市区在校外科学教育调查的一级指标得分比远郊区县得分高,但不同区域的校外科学教育对学生的影响不存在显著差异(见表 5-12)。

表 5-12　青少年参与校外科学教育的区域差异

	方差方程 Levene 检验		均值方程 T 检验		
	F	Sig.	t	df	Sig.（2-tailed）
认知	2.346	0.127	1.189	5 167	0.235
			1.037	62.119	0.304
技能	5.136	0.024	1.257	5 167	0.210
			1.066	60.891	0.290
情感	3.183	0.076	0.929	276	0.354
			0.816	62.427	0.418

续　表

	方差方程 Levene 检验		均值方程 T 检验		
	F	Sig.	t	df	Sig.（2－tailed）
活动	0.204	0.652	0.982	276	0.327
		0.127	1.012	72.325	0.315

（二）参与校外科学教育的家庭背景影响

家庭对校外科学教育有很大影响,进行父母学历对学生认知、技能、情感和活动的差异性分析。研究发现,父亲学历对学生的认知和情感方面的影响存在显著差异,检验能力均在 70% 以上。母亲学历对学生校外科学教育中的认知和技能方面的影响存在显著差异,检验能力水平参差不齐,较父亲学历的统计检验结果略显不足。总体而言,在子女参与校外科学教育时,父亲学历对子女认知和情感方面存在显著性差异,母亲学历对子女认知和技能方面存在显著性差异,高学历的父亲和母亲对子女的影响较大(见表 5－13 和表 5－14)。本研究将父母的职业分为技能型、研究型、艺术型、经管型及文职型,并分别用数字 1—5 进行编码,父母职业都是"技能型"和"经管型"居多,除此,"文职型"工作在母亲职业中占有较大比重,从事"艺术型"和"研究型"职业的父母数量最少。在子女参与校外科学教育时,父亲职业对子女认知、技能和情感方面存在显著性差异(见表 5－15),母亲职业对子女的影响不存在显著性差异(见表 5－16)。

表 5－13　父亲学历对子女参与校外科技活动效果的影响

	误差方差等同性的 Levene 检验				
	F	df_1	df_2	Sig.	检验能力
认知	4.495	4	5 167	0.020	0.881
技能	3.653	4	5 167	0.060	0.712
情感	3.870	4	5 167	0.040	0.712
活动	1.718	4	5 167	0.150	0.896

表 5-14　母亲学历对子女校外科技活动效果的影响

	误差方差等同性的 Levene 检验				
	F	df_1	df_2	$Sig.$	检验能力
认知	4.046	4	5 167	0.003	0.633
技能	7.132	4	5 167	0.000	0.448
情感	2.375	4	5 167	0.052	0.279
活动	1.071	4	5 167	0.371	0.631

表 5-15　父亲职业对子女参与校外科技活动效果的影响

	误差方差等同性的 Levene 检验				
	F	df_1	df_2	$Sig.$	检验能力
认知	3.543	4	5 167	0.008	0.498
技能	3.357	4	5 167	0.011	0.305
情感	3.464	4	5 167	0.009	0.511
活动	1.874	4	5 167	0.115	0.204

表 5-16　母亲职业对子女参与校外科技活动效果的影响

	误差方差等同性的 Levene 检验				
	F	df_1	df_2	$Sig.$	检验能力
认知	1.689	4	5 167	0.153	0.251
技能	1.578	4	5 167	0.180	0.221
情感	1.036	4	5 167	0.389	0.229
活动	1.656	4	5 167	0.161	0.471

　　为研究家庭条件对学生校外科学教育参与状况的影响,将家庭人均年收入划分为五档:1 代表 1 万元以下,2 代表 1—3 万元,3 代表 3—5 万元,4 代表 5—7 万元,5 代表 7 万元以上。研究发现,在参与校外科学教育时,家庭收入对学生认知、技能、情感和活动方面的影响不存在显著性差异(见表 5-17)。

表 5‑17　家庭收入对子女参与校外科学教育效果的影响

	误差方差等同性的 Levene 检验				
	F	*df*₁	*df*₂	*Sig.*	检验能力
认知	1.141	4	5 167	0.337	0.424
技能	0.738	4	5 167	0.567	0.333
情感	0.476	4	5 167	0.754	0.240
活动	1.146	4	5 167	0.335	0.571

　　研究表明,通过参与校外科学教育,学生的认知、技能和情感都有了较大提升,同时对于科技活动的形式和内容也较为满意。数据显示,校外科技活动主要以科普宣传栏和科普场馆馆为阵地,依托科普讲座和科普展览活动,向学生传递有关应急避险、保护环境、生活健康和科学素质等与学生实际生活息息相关的科普内容。学生通过校外科技活动拓宽了知识面,加深对知识和规律的理解,学会许多实用技能,唤醒了学生的科学责任感,同时也对学生的生活实际产生影响,并能够将这种影响向外传播。但是北京市青少年校外科技活动的频率比较低,数据显示,多数学生反映校外科技活动每季度或每月才开展一次,且开展形式和内容相对固定。因此,提高校外科技活动频率并丰富活动形式与内容,这不仅可以形成校内外科学教育的有机整合,更是加深学生对科学知识理解、锻炼学生实际科学技能、唤醒学生科学责任的重要渠道。

　　根据布卢姆的目标分类说将知识、技能和情感作为此次调查的一级指标,通过调查发现,相对于科学知识方面而言,科学技能的水平较为薄弱,学生的动手能力以及知识的迁移和应用能力较差,而且科学探究的过程性技能和科学思维能力也有待提高。调查显示,校外科技活动在组织形式上较为常见的是科普讲座和科普展览,而科普培训和科普节的形式都不太常见,这说明校外科技活动还是较多地采取常规的"你讲我听"的方式,学生亲自动手参与的机会并不丰富,学生很难通过科技活动将学校里学到的理论知识运用到生活生产实践中去,因此,学生的行为促进及行为传播维度在测评项目中处于相对落后的指标。校外科技活动对学生情感方面的促进效果也相对较弱,尤其是在个人收获方面,学生普遍不太确定收获的具体方面,并且行为收获较低,这可能与校外科学教育的途径单一、质量不高,缺乏效果监测和活动过程的评价等问题有一定关系,造成学生无法手脑并用地融入校外科技活动中。而且,校外科学教育的活动内容很少涉及科学前沿的知识和理论,学生虽然在认知上得到了一定锻炼与收获,但在科学情感的体验上还未达到应有的水平。

第六章

STEM 学习环境的国际比较研究

STEM 教育理念源自西方社会,而 STEM 学习环境存在于不同文化、不同国度,本身就带有各个国家传统文化和社会背景的烙印,要探究 STEM 学习环境的内涵和作用机制,国际比较研究必不可少。本章从多元化 STEM 学习环境的案例研究谈起,涉及校内外学习环境的教室建设、实验环境和科普场馆的校外环境等方面,具体比较美国科普场馆的案例,并深入剖析中美 STEM 课程案例的差异。

第一节　多元化 STEM 学习环境的案例研究

信息技术爆炸的当下,在虚拟现实(virtual reality,简称 VR)火遍科技、游戏、电影圈的同时,技术改变教育已不再是神话,国内多所"未来教室"已建成并投入使用,打破了传统教学模式和传统教室的时空限制,引进高科技手段,学校进行创新教育、学生进行创新活动。面对信息时代对学习环境的变革,正规学校的课堂学习环境也在悄然改变,单一的传统课堂学习环境正转向复杂和多维的技术支持的多元化学习环境。本节主要探讨美国小学科学教室建设,并具体分析我国中学物理实验环境,进一步比较港澳台科普场馆的校外学习环境。

一、美国小学科学教室建设

美国小学科学课堂为了满足不同学生的需要,设立了多种类型的教室,既有独立教室,也有"科学友好型"实验室来共同开展科学教育,还有学校提供探究类教室进行科学活动。科学教室的设施能够为那些具有不同学习潜能、对不同领域感兴趣、具有不同能力和学习习惯的学生提供广泛的选择。因此,科学教室的设计需要了解不同教育阶段的学生是如何学习的,并且提供能够满足他们需要的实验室和设备。科学实验室是 STEM 教育的重要物理环境,第四章的研究结果也告诉我们物理环境对整体学习环境的构建起重要的作用,本部分将介绍美国小学科学教室的建设特点。

(一)美国小学科学教室建设的现状

第一,实验室、教室和户外空间。科学教室和设备要满足学生在实验室、教室和户外空间进行调查、展示以及研究的多方面需求。比如,学生能够很方便地从实验室进入自然环境去从事户外科学活动,并且用于活动的各类科学设施也要合适,便于小组活动和合作教学。合作教学时可以将课程活动整合起来,并且根据物理设备进行灵活的分组。科学实验室和教室除了内置有科学实验用品、仪器和装备,还有丰富和安全的空间去储存这些设备,这就需要实验室和教室中的设备和公用设施的布置满足灵活性的需要,以便于教师能够轻松地安排科学活动并且保证对课堂的监管。同时,学生在教室内可以自由行动和出入,不会被障碍物或者设备碰到。对于提供给个人的视听资源,要便于操作和检修,而且小组教学时要保证这些设备能够由教室的教师控制。教育技术设施要触手可及,而且能够给教室提供信息、数据,帮助教师和学生测试设备并进行研究,辅助学生进行科学实验和开展探究活动。

第二,独立与小组的实验项目。小学生需要有更多的机会来满足自身对科学的好奇心,因此,小组学习和独立项目通常会持续几天或几周,需要相对集中的地方放置实验设备和开展实验操作。美国小学给学生更多独立的空间和时间进行自主探究活动,学生在教室内外可以顺畅地切换,美国小学课堂会隔出小的教室用于独立探索实验,对于独立实验的小组教师需要适时保障实验进程并进行指导。以科学实践和 STEM 教育为导向的课程标准也需要实验室的面积更大、实验器材更加灵活。对学生来说,学习的有效方式就是以探究为基础的科学实践,基于小组合作的项目式学习法的 STEM 课程有利于学生21 世纪能力的培养,但是这对跨学科实验的需求也必不可少。同时,一些其他教学方式也需要实验支持,例如课堂讨论和小组合作。

第三,打破围墙的束缚。当代社会,技术的发展已经突飞猛进,但是技术在教育中的精准应用仍落后于新的技术产品和设施的出现。在学校中进行的实验项目都要考虑到技术的因素,学校技术的核心部分是传播,即技术如何更好地帮助学校和教师为学生高效地传播学科知识和跨学科技能,这对全球课堂具有现实意义。美国小学教室重在建立良好的科学设施实现"打破围墙的束缚",将科学课程与世界接轨。实验室中的相关技术应该包含以下四个方面:(1)技术应该尽量在没有界限的环境中达成 STEM 学习。其实际意义在于,将无线技术覆盖整个校园,但同时这将面临着有关安全、控制和责任的考验。(2)技术硬件将会更小,而且更加个人化。美国小学致力于在未来学校中让每个学生都有属于自己的硬件和小型数码系统。(3)学习环境的数字平台为虚拟教室拓宽了时间和空间的限制,美国小学教室不再是专门的课堂,而是更具有普遍意义的课堂。(4)远程学习将会替代一些面对面的学习,并利用特有的资源对学生的数据进行直接的传送与接收。终身学习继续推进,更加多样化,学生学习的方式也并不局限于传统的学校学习。

第四,多元化和虚拟学习。美国科学教师学会(National Science Teacher Association,简称 NSTA)认为未来的学生并不能只会做实验和收集数据,而应该是一个全面发展的学生。在专业教师的指导下,学生可以直接收集有关天气、宇宙或生物现象的数据,同时他们也可以从网站下载相关数据。虚拟教室学习(平台学习)是远程学习的一种,这种学习被视作一种"客观"的学习方式,变得越来越普遍,它可能包含两三种真实视频或音频,通过互联网进行远程学习。这种学习方式保证了学生有自由的学习时间和学习内容安排,同时克服了地域的限制,提供一般课堂可以实现的同步对话和回答,将课堂讨论的话题拓展到课外,邀请嘉宾进行讲解和提供安全的沟通环境。在设计实验设备时有必要将所需要的实验技术列出和说明清楚。

(二)科学教室的空间融合与人文关怀

科学并不是独立存在的,尽管一些小学还在建立专项实验室和探索实验室,基于空间的限制,许多学校建立了多功能教室来鼓励教师在其他课程中融合科学知识的学习。小学科学教育面临的主要问题是科学教师应该是学校教师还是实验室专门教师? 如果是学校教师,那么谁来分享实验仪器的使用、实验室安全事项以及实验材料的使用？如果是实验室专门老师，谁来在实验的基础上更深层次的分析知识层面的内容以及其中的科学思想？美国小学认为解决这一关键问题的策略在于将实验器材设置得更加灵活。美国许多学校已经从分学科的活动教室逐步转化为一起做 STEM 活动，同时一些规模比较大的小学也将学生分在小"教室"中。随着中小学课程的融合越来越紧密，更多的空间用于实验，实验器材更加灵活，实验活动更多。学生在学校中的大部分时间都在教室学习，也需要专门技能的实验教师，这就要求更多的教室来安排学生小组学习以及更加灵活的实验器材。同时，学生也需要独立的时间和实验室来进行 STEM 探究活动。美国小学科学教室布局从单一化转变为多元化，之前的布局是流通教室到各学科教室之间的单向转移，改造后的布局是互动连通的（见图 6 - 1 和图 6 - 2）。

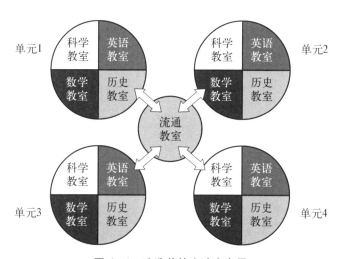

图 6 - 1　改造前的实验室布局

美国教育界认为，学校里的技术设施不仅包括计算机在内的系统，还包括与学校安全相关的技术，电力系统也是需要控制和考虑的。良好的科学学习经验对学生来说非常重要，必须把这类教育资源提供给所有学生，而科学学习需要在实验中才能真实地体验到科学家从事科学研究的过程。美国的小学认为特殊学生对实验室设施的要求不同，因此在设计和建设时有义务增加设施来接纳他们身体不便带来的特殊要求。据美国人口普查局（United States

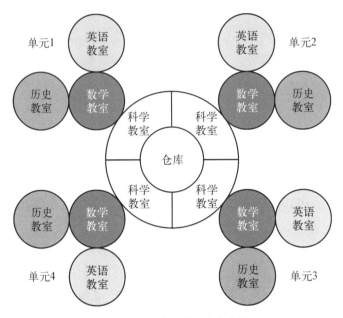

图 6 - 2　改造后的实验室布局

Census Bureau)2009 年的统计,美国人口中有 5 100 多万人(占总人口约 18%)
有某种形式的残疾,其中约 3 250 万人有严重残疾。同年,美国残疾人法案
(Americans with Disabilities Act,简称 ADA)签署,规定公共设施必须考虑到残
疾人士。通往建筑物入口的斜坡、人行道的斜坡和自动门现在都很常见。坐
轮椅的人可以搭乘市内公共汽车,可以自由进入特殊设计的卫生间。根据
ADA 标准定义,学校里所有的人,包括学生和教师都可以使用公共建筑设施。
1997 年的美国残疾人教育法(Individuals with Disabilities Education Act,简称
IDEA)赋予了在美国学校里有特殊需要学生足够的权利。所有科学实验室和
教室应该建立适应每一名学生可以选择的设施,提供轮椅通道、为有听力障碍
的学生提供通信设备、为盲人学生提供盲文援助,使特殊学生能够在正规的科
学实验室和教室里进行正常的教与学活动。教师在常规课堂教学中与特殊学
生的合作变得越来越普遍,并纳入最佳教学实践的考核中,因为它可以在科学
实验室环境中为学生提供平等的学习机会。1990 年之前建成的许多美国的
小学并不方便于特殊学生开展课堂活动,学校里常见的旧楼中发现了一些
缺陷,包括狭窄的门和过道、缺乏电梯、坐轮椅的学生不能使用的工作站、特

殊学生无法完成的运动控制……这些学校可以通过合理扩大使用空间而获得改进,翻修校舍时,为特殊学生提供方便的设施。美国相关法案认为,学生和教师在学校中开展教与学活动的任何区域都应该设计成无障碍式,他们即使在轮椅上也应该能够移动,移动空间包括从停车场到学校的每一个重要的学习区域。这往往意味着调整实验室设施和水池的高度、加宽走道、搬迁设备等。

二、我国中学物理实验环境

实验课堂作为 STEM 学习中具有学科特色的环境对于学生的学科思维和技能培养具有重要的意义,以物理学科为例,中学物理实验课堂环境的要素比普通物理课堂更加复杂和多样,其中实验室的硬件条件、实验小组人数、实验仪器的分配等设施环境将成为影响物理环境的主要因素(张林,张宇,2016)。此外,师生之间的互动与合作、学生之间的互动与合作以及课堂的整体氛围将成为影响课堂环境的主要因素;教师对于学生的关注、期望和信任,学生对于课堂的投入以及实验任务的难度和数量等将构成心理环境的主要因素。

(一)物理实验课堂环境的测评方法

课堂环境是教学环境的下位概念,它是将教学环境的时间与空间锁定在教室与上课时间上。在田慧生教学环境的构架之上,醋燕妮(2014)将课堂进一步划分为物理环境和心理环境,其中物理环境亦包含自然、设施、时空环境;心理环境是课堂内人的心理水平基础和在课堂中的情绪水平,以及课堂内人与人之间的相互交往产生的知觉、态度、情感和体验,包含教师因素、学生因素和教学因素。郭东辉(2014)基于理论研究与学生访谈的基础,构建了一个较为细致的课堂环境结构,他认为课堂环境由物理、社会和心理三个方面构成。物理环境包括自然环境、教学设施和时空环境;社会环境包括师生互动、班级文化和课堂气氛;心理环境包括个性心理、学习水平和自我定向(范春林,董奇,2005)。但由于课堂学习环境包含的因素众多,他借鉴了弗雷泽(Fraser,

1993)编制的科学实验室环境量表(SLEI)。SLEI 中有五个维度,分别是学生凝聚力、开放、综合、规则明确、物质环境,这五个因素分别考察了物理环境、课堂的整体氛围、实验课的内容和形式以及课堂的秩序等,对于本研究的中学物理实验课堂环境的结构建立以及测量维度的划分具有重要的参考价值。

本部分内容采用三轮德尔菲法,确立了中学物理实验课堂环境指标体系和测评问卷(见表 6-1),一级指标为中学物理实验课堂环境,包含物理环境、社会环境和心理环境 3 个二级指标;每个二级指标又包含 3 个三级指标,其中物理环境涵盖的三级指标为自然环境、教学环境、时空环境,社会环境涵盖的三级指标为师生互动、生生互动、整体氛围,心理环境涵盖的三级指标为教师投入、学生投入和任务取向(张宇,2017)。针对以上指标体系,采用五点式方法,将实验课堂环境的现状分为完全不符合、不太符合、适中、比较符合、完全符合五个等级设计半开放式问卷调查当前北京市中学物理实验课堂环境的现状。为深入考察中学物理实验课堂环境的现状,问卷的主体部分都是依据指标体系所代表的含义设计的,也有部分问题针对被调查者设计,包括性别、所在学校、年级、区县等,以便为后期交叉数据分析提供良好的分析基础。

表 6-1 中学物理实验课堂环境指标体系

一级	二级	三级	题数	指 标 代 表 含 义
中学物理实验课堂环境	物理环境	自然环境	2	实验室的光线、卫生、布置等
		教学设施	5	实验器材的完备性、操作性及可视性、多媒体设备
		时空环境	4	实验室的座椅安排、实验分组人数、学生实验时间等
	社会环境	师生互动	4	师生之间的交流、教师指导及教学策略
		生生互动	4	学生之间的交流、帮助、竞争、关系程度
		整体氛围	4	实验课的和谐程度、自由度以及有序程度和公平性
	心理环境	教师投入	6	教师对于实验教学的态度、课上情绪及表现
		学生投入	6	学生对待物理实验课的态度、课堂参与度以及探究能力
		任务取向	6	学生明确实验任务、任务量、评价方式等

考虑到样本选取的方便性和稳定性,研究采用典型取样的原则,选取北京市 10 所中学(H 区、F 区、S 区、X 区)的学生样本共 854 人,剔除无效样本 174

份,剩余有效本 680 份(其中示范校学生 392 人、非示范校学生 288 人;男生 352 人、女生 328 人)。本问卷的克龙巴赫系数为 0.968>0.8;将测量项目分为两部分,第一部分的项目数为 21 个,是问卷中的前 21 题,其克龙巴赫系数为 0.842,第二部分的项目数为 20 个,是问卷中的后 20 题,其克龙巴赫系数为 0.948,两者的相关系数为 0.805,由于两部分项目数不等,斯皮尔曼-布朗系数(Spearman-Brown 系数)取 0.892>0.8,折半系数(Guttman Split-Half 系数)为 0.889>0.8。问卷各个维度基于标准化项的克龙巴赫系数,均在 0.8 左右,问卷结构的内部一致性较高,具有良好的信度。效度分析是基于因子分析模型之上,因此在分析之前,首先要对问卷数据进行因子模型适宜性分析,问卷数据的 KOM 值(Kaiser-Meyer-Olkin)为 0.932>0.9,且巴特利特球体检验的统计量达到显著性水平(概率 $p<0.05$)。由此判断,问卷数据非常适合进行因子分析。问卷的 41 个问题能够提取 9 个主成分,方差贡献率达到 71.602%,提取的这 9 个主成分在解释原变量信息方面具有较好的说服力。

(二)物理实验课堂环境的描述性统计

物理环境、社会环境、心理环境三个维度各包含 3 个三级指标(见图 6-3)。物理环境包含自然环境、教学设施、时空环境;社会环境包含师生互动、生生互动、整体氛围;心理环境包含教师投入、学生投入、任务取向。为更加直观地了解三级指标的现状,计算各指标平均值,总体而言,9 个三级指标的得分参差不齐,但均在 4 分以上。不难发现,尽管中学物理实验课堂环境总体呈现良好趋势,子维度的情况并不均衡。在物理环境方面,首先是教学设施,其次是自然环境,再次是时空环境,且时空环境与自然环境、教学设施有 0.15 分以上的差距。北京中学实验室的自然环境(光线、卫生、布置、声音等)与教学设施较好,但时空环境却不尽人意,究其原因在于物理实验课很少进行座位轮换。在社会环境方面,师生互动与整体氛围得分较高,并无显著差异,而生生互动有 0.1 分的差距,实验课上师生能够进行有效、良好的互动,整体氛围比较轻松、有序,但学生之间的互动相对较少。在心理环境方面,教师投入、学生投入、任务取向的得分整体差异不大,但相比社会环境的二级指标而言较低,究其原因,教师投入得分低主要源于教师对于实验教学的态度,如教师可能不重视实验教学,在实验课中可能会比较多地运用 PPT、仿真软件、视频动画来进行实验演示,较少开展实地演示,尤其更少展示一些自制教具来帮助学生创设情境或理解知识。

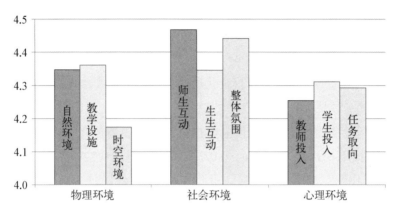

图 6 - 3　中学物理课堂环境三级指标得分柱状图

（三）实验环境感知的性别和年级差异

通过方差分析发现,男生和女生感知到的实验课堂环境在物理环境、社会环境上存在显著差异,并且女生感知到的物理环境与社会环境要明显优于男生。在物理环境方面,女生感知到的教学设施要明显优于男生,她们认为实验课上多媒体的观看效果、实验器材的完备性、可操作性以及可视性都比较好;在社会环境方面,女生感知到的师生互动与生生互动要优于男生,她们认为在实验课上,老师经常进行提问、耐心指导,并且学生能够充分交流和互相帮助(见图 6 - 4)。

通过年级单因素方差分析及其多重比较的结果发现,总体而言:(1)各年级的实验课堂环境存在显著差异,初中与高中的差异显著,且初中整体优于高中,高二优于高一。(2)物理环境方面,年级上的差异显著,且初中明显优于高中。(3)心理环境方面,初二明显优于初三、高一、高二。(4)社会环境方面,各年级的差异不明显,整体上初中略优于高中(见图 6 - 5)。为进一步揭示差异来源,对实验课堂环境各三级指标进行年级单因素方差分析,并做出比较均值发现:物理环境方面,初二、初三和高二明显优于高一,初二、初三的教学设施与时空环境明显优于高一、高二;心理环境方面,初二、初三和高二教师

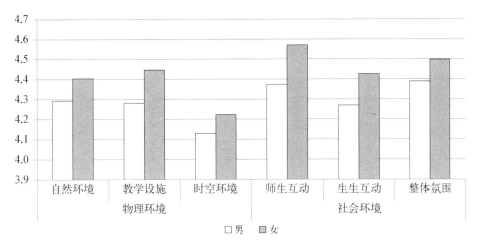

图 6 - 4　物理环境和社会环境三级指标男女得分比较

投入明显优于高一,初二学生投入明显优于初三、高一和高二,初二与初三的
任务取向明显优于高一、高二;社会环境方面,初中的优势并不明显,仅在师生
互动和生生互动方面略高于高中。

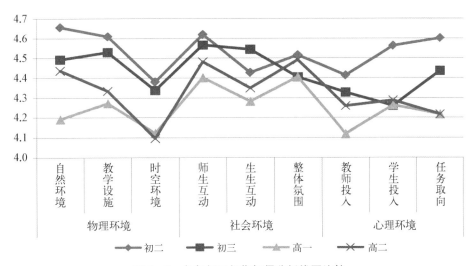

图 6 - 5　各年级三级指标得分折线图比较

总体看来,男女生感知到的中学物理实验课堂环境存在显著差异,女生感
知物理实验课堂环境各个层面的情况普遍高于男生。因此,教师应该更多关
注男生的课堂需求,以提升他们的课堂环境感知情况。不同年级的物理实验

课堂环境存在显著差异。因此,教师应根据本年级的具体情况实施针对性的改进策略。如初二在实验课堂环境各三级指标的得分较高,都在均值以上,但时空环境相对较低;初三应该注重时空环境、整体氛围、师生互动与学生投入的提升;高一应该注重自然环境、教学设施、时空环境、师生互动、整体氛围、教师投入、学生投入方面的提升;高二应该注重教学设施、时空环境、学生投入、任务取向等方面的提升。

(四) 物理实验课堂环境的内在机制

物理实验课堂环境的二级指标分别为物理环境、社会环境与心理环境。研究将因变量设定为社会环境,自变量设定为物理环境与心理环境,进行逐步多元线性回归分析。表 6-2 和表 6-3 分别为心理环境与物理环境对社会环境的回归分析解释力表和回归系数统计表。对比两表可知:心理环境、物理环境与社会环境存在显著的共线性关系(p 值为 0.000<0.05)心理环境对于社会环境的解释力较大为 0.742,物理环境对于社会环境的解释力较小为 0.031,且两者的回归系数别为 0.652、0.269。

表 6-2 实验课堂环境二级指标回归分析解释力表

模型	R	R^2	调整 R^2	标准估计的误差	Durbin-Watson	F	Sig.
1	0.861[a]	0.742	0.741	0.290 56	1.936	1 945.939	0.000[a]
2	0.877[b]	0.770	0.769	0.274 36		1 133.010	0.000[b]

a. 预测变量:(常量),心理环境。
b. 预测变量:(常量),心理环境,物理环境。

表 6-3 二级指标回归系数统计表

模型		非标准化系数		标准系数	t	Sig.	B 的 95.0% 置信区间		共线性统计量	
		B	标准误差	试用版			下限	上限	容差	VIF
1	(常量)	0.394	0.087		4.552	0.000	0.224	0.564		
	心理环境	0.663	0.030	0.652	22.166	0.000	0.604	0.721	0.393	2.545
	物理环境	0.279	0.031	0.269	9.135	0.000	0.219	0.339	0.393	2.545

基于以上分析,可以做出物理环境、社会环境与心理环境关系模型图,其中实线箭头表示因果关系,所标数值为回归系数;虚线双向箭头表示相关关系,所标数值为相关系数。物理环境与心理环境相关性较高,两者共同影响着社会环境,心理环境对于社会环境的影响力为 0.652,而物理环境对于心理环境的影响力较小,为 0.269(见图 6–6)。实验课堂良好的心理环境能够对社会环境产生显著的正向影响,促进师生互动,营造良好的课堂氛围。

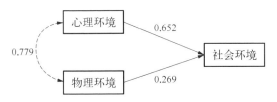

图 6–6 实验课堂环境二级指标因果关系模型

物理环境的三级指标包括自然环境、教学设施与时空环境,心理环境的三级指标包括教师投入、学生投入、任务取向。研究中将因变量设定为社会环境,自变量设定为物理环境与心理环境的三级指标(即自然环境、教学设施、时空环境、教师投入、学生投入、任务取向),进行逐步多元线性回归分析。社会环境与教师投入、学生投入、教学设施、任务取向、时空环境呈显著线性关系,总解释力为 0.782。五个自变量中,教师投入对社会环境的解释力最高,为0.371;学生投入次之,影响力为 0.216;教学设施再次之,影响力为 0.211;之后是任务取向,影响力为 0.151;时空环境的影响力最小,为 0.075(见表 6–4、表 6–5 和图 6–7)。这一结果表明,社会环境主要会受到教师投入、学生投入与教学设施影响。实验课堂上,积极的师生投入与良好的教学设施能够对社会环境产生显著的正向影响,促进师生互动,营造良好的课堂氛围。

表 6–4 实验课堂环境二级指标回归分析解释力

模型	R	R^2	调整 R^2	标准估计的误差	Durbin-Watson	F	Sig.
1	0.817[a]	0.667	0.667	0.329 73		1 359.563	0.000[a]
2	0.860[b]	0.739	0.739	0.291 98		960.739	0.000[b]
3	0.878[c]	0.770	0.769	0.274 36	1.934	755.629	0.000[c]

续　表

模型	R	R^2	调整 R^2	标准估计的误差	Durbin-Watson	F	Sig.
4	0.883[d]	0.779	0.778	0.269 28		594.996	0.000[d]
5	0.884[e]	0.782	0.781	0.267 56		484.102	0.000[e]

a. 预测变量：（常量），教师投入。
b. 预测变量：（常量），教师投入，学生投入。
c. 预测变量：（常量），教师投入，学生投入，教学设施。
d. 预测变量：（常量），教师投入，学生投入，教学设施，任务取向。
e. 预测变量：（常量），教师投入，学生投入，教学设施，任务取向，时空环境。

表 6 - 5　物理环境、心理环境的三级指标与社会环境回归系数统计

模　型	非标准化系数		标准系数	t	Sig.	95.0% 置信区间		共线性统计量	
	B	标准误差	试用版			下限	上限	容差	VIF
（常量）	0.379	0.085		4.471	0.000	0.212	0.545		
教师投入	0.356	0.029	0.371	12.261	0.000	0.299	0.413	0.353	2.831
学生投入	0.197	0.027	0.216	7.216	0.000	0.143	0.250	0.362	2.766
教学设施	0.192	0.024	0.211	7.927	0.000	0.144	0.239	0.455	2.197
任务取向	0.132	0.027	0.151	4.856	0.000	0.079	0.186	0.336	2.975
时空环境	0.069	0.022	0.075	3.120	0.002	0.026	0.113	0.555	1.801

因变量：社会环境

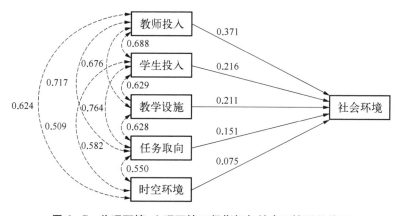

图 6 - 7　物理环境、心理环境三级指标与社会环境因果关系

三、我国港澳台的科普场馆

本部分主要对比我国港澳台地区的科普场馆发展现状,针对各地区博物馆的数量统计、馆分布状况和经费来源等,并利用案例比较分析五个博物馆的特色,对我国港澳台校外 STEM 学习环境进行深入研究。

（一）我国港澳台科技类博物馆的比较

表 6-6 是我国港、澳、台三个地区的科学博物馆案例统计,其中包括我国台湾三个博物馆,即台湾科学工艺博物馆、台湾科学教育馆、台湾自然科学博物馆,香港科学馆和澳门科学馆,共五个博物馆的案例分析。另外,在对港、澳、台三个地区的博物馆分析是以北京地区和中国科学技术馆作对比,从数据中更直观地了解台湾、香港和澳门三个地区的科学博物馆发展现状。本部分主要对港、澳、台科技类博物馆的整体内容作比较,从馆总比数、馆均数比、馆分布比和科技类博物馆比例四个角度对表 6-6 的内容作介绍。得到三个地区的科技类博物馆占世界博物馆的份额、发展程度、博物馆的地区密集度等内容,同时对三个地区的科技类博物馆的比例做数据研究。

表 6-6　我国台湾、香港、澳门地区博物馆情况统计

研 究 项 目		年份	研 究 地 区		
			台　湾	香 港	澳 门
馆总数比[1]	总　数	2012	456	58	22
	比　例		0.83%	0.11%	0.02%
馆均数比[2]	人口数量	2012	23 293 593	7 136 300	576 700
	均　比		51 083	123 010	26 214
馆分布比[3]	土地面积（km²）	2012	36 192.815 5	1 104.32	29.9
	均　比		79.37	19.04	1.36
科技馆数比例[4]	科技类	2012	35	4	2
	比　例		7.68%	6.90%	9.09%

续 表

研究项目		年份	研 究 地 区				
			台 湾			香 港	澳 门
研究博物馆		2011	台湾科学工艺博物馆	台湾科学教育馆	台湾自然科学博物馆	香港科学馆	澳门科学馆
参观量[5]（人次）		2011	2 050 790	1 888 237	3 365 639	1 157 764	381 614
馆消费比[6]（人民币）	人均月GDP	2011	7 300 元			9 500 元	7 600 元
	常 展		21.35 元	21.35 元	21.35 元	20.06 元	19.47 元
	比 例		0.29%	0.29%	0.29%	0.21%	0.26%
	特 展		250 元	53.39 元	53.39 元	0	0
	比 例		0.73%	0.73%	0.73%	0	0
	3D 影院		32.03 元	21.35 元	14.96 元		50.63 元
	比 例		0.44%	0.29%	0.20%		0.67%
	特 殊		4 项体验：21.35 元	空中脚踏车：17.08 元	太空剧场：21.35 元	儿童科学营：106.88 元	天文馆 2D：38.94 元
	比 例		0.29%	0.23%	0.29%	1.12%	0.51%
资金源比	政 府	2011	67.24%	66.21%	75.20%	85.89%	
	自 筹		32.76%	33.79%	24.80%	14.11%	

注：1. 拥有博物馆的总数量占世界博物馆总数量的百分比；
2. 研究人口总数与博物馆总量的比值（多少人口占有一所博物馆）；
3. 研究土地面积与博物馆总量的比值（多少面积拥有一所博物馆，面积统一为平方千米）；
4. 研究科技类博物馆数量与该地区博物馆总数量的比值；
5. 针对具体博物馆而言，具体博物馆的年参观人次；
6. 针对具体博物馆而言，普通门票、馆内展览、活动室、影院等收费项目的票价与博物馆所在地的人均月收入的比值。

根据有关资料，截至 2012 年，台湾博物馆数量是 473 所，有些博物馆已经闭馆或更名，台湾正常运行的博物馆数量为 456 所。该地区的馆总比数为 0.83%。根据香港特别行政区的"康乐及文化事务署"官方网站香港博物馆的链接中得到资料统计整理，截至 2012 年 10 月，香港博物馆的总数为 58 所。该地区的馆总比数为 0.11%。根据澳门特别行政区"澳门博物馆入口网站"资料，目前澳门正在运营的博物馆数量为 22 所,该地区的馆总数比为 0.02%。据官方 2012 年统计,中国登记注册的博物馆总数是 3 589 所,中国博物馆数量占世界博物馆总数的 6.53%。2012 年北京的博物馆数量超过 212 所,占世界博物馆总数的 0.39%。港、澳、台三个地区的馆总比数显示,台湾的博物馆占比世界博物馆的数值(0.83%)高于香港(0.11%)和澳门(0.02%),北京的博物馆数量占世界的 0.39%。地区的人口总数与博物馆总量的比值,即该地区多少人口占有 1 所博物馆,数字越小说明该地区的博物馆数量相对人口数量越多,该地区的博物馆建设数量繁多。通过台湾统计月报的数据计算,台湾的馆均数比为 5.1 万,即在台湾,平均 5.1 万人拥有 1 所博物馆。根据香港特别行政区统计处数据计算,香港的馆均数比为 12.3 万,即在香港,平均 12.3 万人拥有 1 所博物馆。根据澳门特别行政区普查局数据计算,澳门的馆均数比为 2.6 万,即在澳门,平均 2.6 万人拥有 1 所博物馆。北京的馆均数比为 9.3 万,即在北京平均 9.3 万人拥有 1 所博物馆。由此可见,香港的馆均数比最大,其次是北京和台湾,而澳门的馆均数比最小。

(二)馆分布比和科技馆占比

本部分的馆分布比是用该地区的土地面积与博物馆总量的比值得到的,即多少面积拥有一所博物馆,其中面积单位统一为平方千米。其数字越小表明该地区的博物馆越密集,即相对土地面积的基数而言,此地区博物馆数量越多。统一按照 2012 年的数据,台湾的馆分布比是 79.37,即 79.37 平方千米的土地面积中有一所博物馆。香港的馆分布比是 19.04,即 19.04 平方千米的土地面积分布一所博物馆。澳门的馆分布比是 1.36,即 1.36 平方千米的面积分布一所博物馆。北京的馆分布比是 79.28,表示北京每 79.28 平方千米的土地面积分布一所博物馆。从上面四个地区的数据来看,澳门的馆分布比是最小的,其次是香港,台湾的馆分布比是最大的,北京的馆分布比与台湾比较接近,两者博物馆密集度相对比较低,结合馆均数比和馆分布比的数据,澳门两项均为最低,虽然澳门的博物馆数量是三个地区最少的,但是由于其人口和面积较小,博物馆分布的密集度较大,相同土地面积拥有的博物馆数量最多。

本部分统计科技类博物馆是综合依据国际和国内标准,科技类博物馆包括科技馆、自然科学技术博物馆两大类,其细分类型很多。其中,科技馆在中国是指以科技馆、科学中心、科学宫等命名的以展示教育为主,传播、普及科学的科普场馆,自然科学技术博物馆主要包括自然博物馆、专业博物馆、天文馆、地质馆、水族馆、标本馆及设有自然科学部的综合博物馆等。四个地区的科技类博物馆数量是依据以上的标准对各地区所有博物馆进行分类得到的数据。北京的科技类博物馆占总博物馆的 9.9%,台湾占比 7.7%,香港占比 6.9%,澳门占比 9.1%,由此可见,北京的科技类博物馆比例最高。

（三）科技类博物馆案例比较

这里选取我国台湾、香港和澳门三个地区的五个科技类博物馆作比较,五个科技类博物馆为:台湾科学工艺博物馆、台湾科学教育馆、台湾自然科学博物馆、香港科学馆和澳门科学馆。从参观量、馆消费比和资金源比三个角度对这五个博物馆做分析,得到五个科技馆在近两年的经营情况。用港澳台地区的五所博物馆的运营数据与北京地区的中国科学技术馆的运营情况对比,了解港澳台地区科技类博物馆的发展程度。

第一,参观量的比较。根据各科技类博物馆可得到的数据的不同,主要从2011 年或 2010 年的数据入手,对台湾科学工艺博物馆(工博馆)、台湾科学教育馆(科教馆)、台湾自然科学博物馆(科博馆)、香港科学馆和澳门科学馆的参观量比较,分析这五个科技馆在科技教育推广方面的表现。图 6-8 是五个案例在人口和参观量的对照图。从 2011 年的年报可以得到,工博馆的年参观

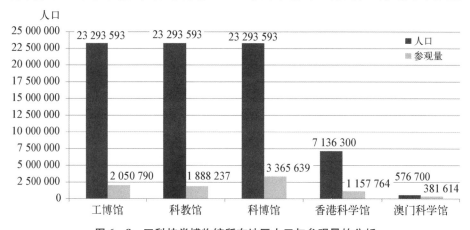

图 6-8 五科技类博物馆所在地区人口与参观量的分析

人次是 205 万,科教馆的年参观人次是 189 万,科博馆的年参观人次是 337 万。香港科学馆 2011 年的参观量是 116 万,澳门科学馆的参观量是 38 万人次。工博馆的年参观量是台湾总人口的 8.8%,科教馆的年参观量是台湾总人口的8.1%,科博馆的年参观量是台湾总人口的 14.5%。台湾的三个博物馆中,科博馆的参观量最大。香港科学馆的年参观量是香港总人口的 16.2%,而澳门科学馆的年参观量则是澳门总人口的 66.2%。由此可见,澳门科学馆的利用率最高,而台湾科教馆的利用率最低。

第二,馆消费的比较。馆消费比针对所研究地区的具体博物馆而言,即台湾科学工艺博物馆、台湾科学教育馆、台湾自然科学博物馆、香港科学馆和澳门科学馆五所博物馆,对博物馆的普通门票、馆内展览、影院等收费项目的票价与博物馆所在地的人均月收入的比值。最后把这五个科技类博物馆的馆消费比与北京的中国科学技术馆相比较,分析各地科技类博物馆的馆消费比状况(见表 6 - 7)。

表 6 - 7　六个科技类博物馆案例的馆消费比

地　区	北　京	台　　　湾			香　港	澳　门
人均月收入(人民币)	4672 元	7 300 元			9 500 元	7 600 元
博　物　馆	中国科学技术馆	工博馆	科教馆	科博馆	香港科学馆	澳门科学馆
馆消费比　全馆票价(人民币)	160.00 元	149.83 元	173.37 元	141.26 元	149.82 元	112.71 元
占收入比例	3.42%	2.05%	2.37%	1.94%	1.58%	1.48%
可用参观次数	29.2	48.72	42.11	51.68	63.41	67.42

港、澳、台的人均月收入数据分别来自台湾经济建设发展建设主管部门的台湾统计年鉴 2012 版、香港特别行政区政府统计处的香港住户收入分布 2011 年版、澳门特别行政区统计暨普查局 2011 年第四季度的数据。在港、澳、台地区,台湾的科教馆参观所有展览和活动的门票是最高的,其次是香港科学馆、台湾工博馆和科博馆,收费最低的是澳门科学馆。澳门科学馆的可参观次数是最高的,其参观能力最高。因为科教馆的参观场馆活动收费较多,台湾三所科学馆中,科教馆的参观能力最低,科博馆的参观能力最高,需要较高维修费

用的工博馆居中。在北京、台湾、香港和澳门四个地区,中国科学技术馆的可参观次数最少,台湾的科教馆参观全馆和参加所有活动的费用最高,这是因为科教馆有很多特殊展馆需要另外收费,例如儿童益智探索馆和假日科学 DIY。另外,香港科学馆的全馆门票是五个场馆中较高的,但是香港科学馆的科学讲座、科学影院、科学比赛和软件自修室等均为免费活动,即场入座,座位先到先得。除常设展览门票外,只有儿童趣味实验班和儿童科学营两项针对儿童的活动是收费项目,而且儿童活动的收费是香港科学馆收费中最高的。港、澳、台五个博物馆的常设展览的门票都接近 20 元人民币。在特展部分,香港和澳门的科学馆是不收取门票的,而台湾的特展门票不定,科教馆和科博馆的收费是 53 元人民币。相对而言,香港和澳门的科学馆对特展的推广更加有力,免费的特展更加吸引观众。而北京的中国科学技术馆的门票是 30 元人民币,它的四个影院和儿童乐园需要另外收费,科技馆中的体验活动不收费,公众可以在科技馆中动手探索科学实践,科技馆常设展厅的门票是六个场馆中最高的。

大多数科学类博物馆具有 3D 影院,其生动的画面,有意思的影片都吸引着大批的观众,起到重要的科学教育和科学传播作用。在五个场馆中,香港博物馆没有设立影院,其他四个博物馆中,澳门科学馆的费用最高,为 51 元人民币,位居五个博物馆中馆消费比的首位,占澳门地区人均月收入的 0.67%,较高的门票是因为澳门科学馆的 3D 影院具有世界前沿的技术,具有较好的展示效果。台湾科博馆的收费最低,为 15 元人民币。北京中国科学技术馆 3D 影院的门票是 30 元人民币,与港、澳、台的五个博物馆相比并不是最高的,澳门博物馆的 3D 影院相对北京和台湾而言收费高。另外,港澳台的五个博物馆都有自己的特色项目。工博馆的体验项目是需要另外收费的,一项体验的收费是 6 元人民币,四项体验都参与需要交费 21 元,占人均月收入的 0.29%。科教馆的体验项目是空中脚踏车,需要另外交费 17 元,占台湾人均月收入的 0.23%。科博馆的太空剧场同 3D 影院一样也是十分吸引观众的项目,门票是 21 元,占人均月收入的 0.29%,香港科学馆的儿童科学营是项收费较高的项目,费用是 107 元人民币,占香港人均月收入的 1.12%,澳门科学馆的 2D 影院收费是 39 元,占澳门人均月收入的 0.51%。

第三,馆收入比。这三个地区的五个博物馆都属于公立性质的博物馆,虽

然有些博物馆是由私人公司或组织负责运营,可是这五所博物馆是受到该地
区政府的管理,所以五个博物馆的资金来源一般都涉及政府资助、业务所得、
资产使用等项目。特别是台湾地区的三个博物馆,台湾科学工艺博物馆、台湾
科学教育馆和台湾自然科学博物馆,这三所博物馆的收入来源区分为业务收
入和业务外收入两项,业务收入主要包括服务收入、建教合作收入、推广教育
收入、社交机构发展辅助收入和其他辅助收入五个部分,业务外收入包括利息
收入、资产使用及权利金收入、违约罚款收入和杂项收入四部分。工博馆是隶
属于教育部的博物馆之一,是公立性质的博物馆,可以从图中看出社交机构发
展辅助收入达到整体收入的 67.24%,其他类型的收入属于自筹经费的范围共
有 32.76%,自筹经费中占比例最大的是服务收入达到 9.6%,其次是建教合作
收入占自筹经费的 7.87%,资产使用及权利金收入占自筹经费收入的 6.26%。
因此,社交机构发展辅助收入是工博馆的主要收入来源(见图 6‐9)。

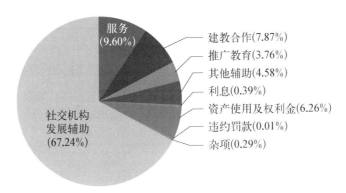

图 6‐9　我国台湾工博馆的资金收入所占比重统计

　　台湾的科教馆受到的地方政府补助占总收入的 66.21%,排名第二的是资
产使用及权利金收入,占整体收入的 13%,服务收入是第三支柱占整体收入的
12.34%,剩余的 8.45% 由推广教育收入、其他辅助收入、建教合作收入、利息收
入、杂项收入、违约金罚款和受赠收入七个部分组成。这七个部分中,份额最少
的是受赠收入,科教馆在 2011 年的受赠金额只占整体收入的 0.04%(见
图 7‐10)。

　　台湾科博馆的社交机构发展辅助收入占总业务收入的 75.20%,即主要来自
地方政府的资金资助,其余收入统归为自筹经费,占总收入的 24.80%。其中服

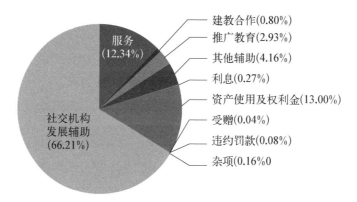

图 6 - 10　我国台湾科教馆的资金收入所占比重统计

务收入占整体收入的 12.78%,是整个收入的第二支柱。其次还有建教合作收
入占整体 7.89%,资产使用及权利金收入占总收入的 2.6%(见图 7 - 11)。

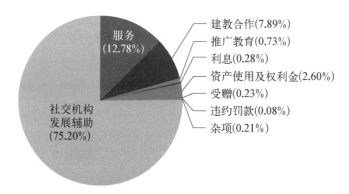

图 6 - 11　我国台湾科博馆的资金收入所占比重统计

　　这三所公立性质的博物馆的主要资金来源于地方政府资助,同时服务收
入占较大份额,资产使用及权利金收入和建教合作收入也是博物馆资金来源
的主要形式。三所博物馆中,科博馆受到政府补助的收入最多,比其他两个博
物馆高出近 10%。科博馆的总体收入比其他两个博物馆高两倍多,根据具体
收入数据和各自政府资助比例,科博馆受到地方政府的资助金额最多。另外,
科博馆参观全馆的门票最低,在资金方面,地方政府对自然科学博物馆的支持
最大。

　　香港科学馆 2011 年的经费情况来源于香港博物馆的官网,在其官网上公

布了香港博物馆的费用支出和来源等信息。香港科学馆 2011 年的政府资助
大约为 5 126 万元人民币,自筹经费是入场费及租用费的总和,为 842 万元人
民币。政府资助占总收入的 85.89%,自筹经费占总收入的 14.11%。自筹经
费中入场费及租用费的收入占总收入的 13.67%;其他收入占总收入的
0.44%,是极少的一部分。香港科学馆的正常运营主要靠香港特别行政区政
府的资金支持(见表 6-8)。香港科学馆的政府补助比例是四所博物馆中比
例最高的博物馆,达到 85.89%;其次是科博馆,政府资助的收入占总收入的
75.20%;最少的是工博馆,比例达到 67.24%。政府的补助对于博物馆开展
科学教育活动有推动作用,政府资助的比例提高,博物馆的票价可能会相对
降低,公众的参与度会相应提高。公众的参与度同时也会受到地区的人均
月收入影响。

表 6-8　我国香港科学馆资金收入来源统计表　　　(单位:人民币)

数　　额	决 算 数	具 体 项 目	决 算 数
总收入	59 687 504 元	入场费及租用费	8 156 349 元
		其他收入	265 221 元
		政府支持	51 259 562 元

2009 年,澳门科学馆由澳门特别行政区政府投资及兴建金额达 3 亿元人
民币建成,澳门基金会和中国航天会等对其有物资支持。目前,澳门科学馆由
澳门科学馆股份有限公司管理,经费来源主要有公司招标、场地租借、旅游合
作等方式。例如,2018 年 10 月,中国建筑工程(澳门)有限公司中标"为澳门科
学馆铝质幕墙板优化设计及全部更换总额承揽工程"项目,共投资 11 320 万元
人民币。澳门科学馆与香港、广东、珠海等多地多家旅游公司合作,2018 年共
接待了 64.5 万人次,为科学馆带来可观收入。

(四)五个科技类博物馆的特色

一方面,港澳台科技类博物馆的经费管理和建馆目标有着各自的特征。
台湾的博物馆对于经费来源和使用有严格要求,香港科学馆的科普活动有针

对不同受众的节目,澳门科学馆具有很强的科学传播和旅游推广的作用。台湾科学馆的预算执行主要包括业务收入、业务外收入、收入合计、业务成本费用和本期余绌五个大部分,其中业务收入包括服务收入、建教合作收入、推广教育收入、社交机构发展辅助收入和其他辅助收入五个部分;其中服务收入根据每所博物馆的展示特点一般包括展示厅、电影院和临时站三部分。业务外收入包括利息收入、资产使用及权利金收入、违约罚款收入和杂项收入四部分。业务成本与费用包括服务成本、建教合作成本、推广教育成本和管理费用及总务费用四个部分。截至 2011 年,香港 58 所博物馆中免费的博物馆共有47 所,占总数的 81%,其免费博物馆的比重是三个地区最大的。收费博物馆中比较特殊的是香港科学馆,这与它是一所体验式的博物馆有关,所需的维修费用高于其他博物馆。澳门科学馆的建馆宗旨之一就是促进旅游,为此澳门科学馆在 2011 年开展了多项宣传推广计划,与旅游业界合作推广科学馆,并持续优化馆内的设施及服务,为澳门发展成为世界旅游休闲中心的目标出力,同时有助于加强本馆的旅游地标形象。2011 年,来自外地的旅游参观者占科学馆总参观人数的 42%,这主要得益于澳门博物馆实施的主打旅游项目的政策。

另一方面,五所博物馆虽然都是科技类博物馆,但其教育功能存在一定差别。台湾科学工艺博物馆具有高体验价值,台湾科学教育馆是一所以教育为首要目的的博物馆,台湾自然科学博物馆的展览以普及自然知识为主要目的。香港科学馆具有各年龄阶段的科学活动,澳门科学馆具有高端科学设备的天文馆。五所博物馆的具体教育特色如下。

第一,应用为主的工博馆。台湾科学工艺博物馆,即工博馆,是台湾第一座应用科学博物馆。以收藏及研究科技文物、展示与科技相关主题、推动科技教育暨提供公民休闲与终身学习为其主要功能。因为是一座应用科学博物馆,所以有很多可供观众体验的设施。在 2011 年底前,工博馆共有 11 个体验设施,对参观者了解科学有着直观的作用,参观者在体验时不仅可以获得娱乐同时可以学习到科学知识,理解科学的应用,对科学教育有着十分重要的作用。除此以外,工艺博物馆在其网站上有虚拟博物馆的链接,利用软件制作了博物馆各层里各个展区的 360 度全景展现,可以使工博馆生动地展现在观众面前。

第二,教育为主的科教馆。台湾科学教育馆,即科教馆,为台湾唯一的科学教育中心。科教馆中的科教活动有很多种,截至 2012 年 11 月包括律动地球——飞跃台湾部落格微文活动、实验室教学、台湾科学展览会、青少年科学人才培养、科学 DIY 活动、大众科学讲座、阳明书屋科教活动、行动科学教育、大厅科学活动和科展专题研习活动计划,共计 11 项科学活动。另外,每项科学活动中又包括多项小活动,例如实验室教学包括科教师资培训、中小学预约教学课程、实验室四季学成班和实验室寒暑假营队活动四项。该馆的主要受众是在校的师生,以推广科学教育。

第三,自然科学的科博馆。台湾自然科学博物馆,即科博馆,肩负传统自然历史博物馆的任务,对自然与人类遗物进行收藏与研究。近年来该馆致力于台湾地区的生物多样性调查与维护。该馆展示的内容强调人与自然的观念,教育公众从各个角度了解人类,了解人与自然互相依存的关系,提升公众科学知识的认知水平。所以,科博馆的六个展区涵盖了天文、物理、地球科学、古生物学、动物学、植物学和人类学等领域,充分展示了自然科学,提供有关自然科学的知识,希望观众经常利用博物馆学习进而提升对自然科学的兴趣和科学素养。

第四,受众广泛的香港科学馆。香港科学馆有专门针对全体观众、老人、儿童和学生的科普活动,针对全体观众的一般有科学讲座、科学影院等活动,针对老人的有长者实验室,针对儿童的有儿童趣味实验班和儿童科学营两类活动,针对学生的科普活动有科学比赛等。其他四个博物馆一般都是针对学生和儿童的科学活动较多,没有专门针对长者的科学活动,这也成为香港科学馆的一大特色。

第五,设备精良的澳门科学馆。澳门科学馆有其自己的天文馆,该天文馆拥有全球最高解像度的设备,可播放最高解像度为 8 000×8 000 像素的普通球幕节目及立体球幕节目。另外天文馆中有 135 个座位,并有 4 个轮椅座位,均配置互动控制按钮。整套设备也可放映数码化的球幕影片,使天文馆成为多功能的球幕影院。同时天文馆在为澳门科学馆的旅游推广方面吸引了更多的游客。

第二节 美国典型科普场馆的比较研究

发达国家的科普场馆成为市民文化生活的一部分,参观者数量较为稳定且长年不断。经过长期的积淀与发展,无论在功能定位、运营管理还是运行模式等方面,美国的科普场馆都颇具特色。科普场馆是美国开展校外科学教育的重要场所,研究美国典型科普场馆的基本情况、经营管理及教育功能,对我们学习和借鉴美国非正式 STEM 学习环境的设计具有重要意义。

一、美国博物馆的基本情况

美国博物馆协会认为,博物馆是收集、保存最能有效说明自然现象及人类生活的资料,并能用于增进人们的知识和启蒙教育的机关。为了深入进行中美科普场馆案例的比较研究,需要首先分析美国博物馆的基本情况。

(一) 美国博物馆的一般分类

美国博物馆数量庞大、种类繁多,根据管理体制和隶属关系大致可分为四类: 私立非营利性博物馆、政府主办的博物馆、高校博物馆、私立营利性博物馆。整体来看,在美国,99%的博物馆都是非营利性质的,即为大众服务型,博物馆将所获营业额全部投入下一轮的经营管理中,并非赚取利润,而且其中的大多数为私立性质(见图 6-12)。这就是说,大多数博物馆并不是“有利可图”的,这与美国的社会文化环境有很大关系。当政府大力支持博物馆的建设时,当全国都重视科学素质的提高时,当博物馆的功能得到良好宣传、全民认可时,当全民都体会到文化建设的重要性并具备

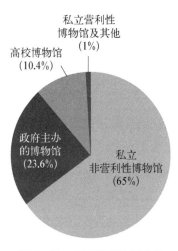

图 6-12 美国的博物馆分类

很强的社会责任感和奉献精神时,这样的博物馆自然能蓬勃发展起来。各个博物馆的建馆宗旨足以说明其精神:菲尔德自然历史博物馆致力于做服务大众的教育者,与全民一起探索知识;芝加哥科学工业博物馆旨在激发每个人的创造发明天赋;卡内基科学中心尊重游客身体、文化、经济和社会上的差异性,通过交互式体验教育、激发和培养大众的科学和技术知识(王晶莹,孟红艳,马希文,李新璐,2014)。

(二)自治与馆长负责

美国是联邦制国家,在政治上实行"三权分立"的管理体制,各州具有较强的自治能力,这深深影响到美国的教育管理。在美国宪法中没有提到教育,目前情形是由三级政府即联邦政府、州政府和地方政府(学区)进行控制和资助,主要由州和地方管理。博物馆的管理体制与此类似。在美国,没有统一管理全国博物馆的中央机构。唯一的国家博物馆系统史密森尼研究院直接隶属于国会,但对其主要是资金上的支持,并无管理。国家博物馆图书馆学会也只有计划协调和财政职能,无行政管辖权。各州情况互不相同,但各博物馆和政府之间的关系主要表现在经费支持上。总的来说,无论博物馆公立私立性质如何,基本上处于一种"民间自治"的状态。而对内部管理,各博物馆的管理体制几乎一致,普遍实行的是董事会领导下的馆长负责制。董事会是博物馆的最高权力机构,但并非管理全部,而是主要解决博物馆发展方向等大问题。博物馆的日常事务由馆长全权负责;副馆长、馆长助理由馆长挑选任命。由美国的政治和经济体制就可看出,这样的内外部管理结合,又和市场经济相协调,可以让博物馆在竞争中不断完善自身的发展。

(三)资金支持和资源

正因为博物馆趋于自治,较少得到政府的拨款资助,使得各博物馆重视自身的经营及资金的筹备。在博物馆内部通常设有专门的筹资部门,一般称为发展部。筹资对于美国博物馆而言,是一个长期、系统的工程,建立了包括个人、企业、基金会、各级政府在内的多层次的筹资网络,针对不同的赞助者有不同的筹资策略。据美国博物馆协会(AAM)2009 年的报告,美国博物馆的资金来源情况大致如下：非政府 37%；政府 24%；经营收入（如博物馆商店、餐厅、剧场等）28%；所获投入（历年获得的捐助积累，每年根据比例使用）11%。据 Giving USA 2009 年统计（见图 6-13），美国非政府来源的捐赠款项大部分出自个人捐款（75%），其他各部分来源有基金会（12%），遗嘱捐赠（8%）以及公司（5%）。博物馆拥有良好的社会基础，社会个体对博物馆的建设非常支持，大大促进了博物馆的发展。博物馆每年在教育上至少投入 22 亿美元，接收超过 9 亿的来自学校组织的学生，至少为学生、学校职工、校外延伸和教师专业发展提供 1.8 亿小时的教学指导时间。在博物馆教育部门内部，普遍设置了与学校教育对接的专门机构，招聘了专职的教育人员，负责根据基本陈列和特别展览为学生策划组织教育项目，指导教师如何更好地使用博物馆的资源。这些教育人员深入研究 K-12 年级学生的教科书，全面把握课程教学进度和学生年龄特点，根据博物馆资源制定有针对性的、广泛的、详细的学校计划，包括网站和教科书。主要通过以下四种方式与学校教育相协调：馆内教学、到校服务、网络资源和教师培训。

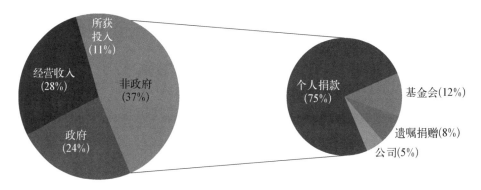

图 6-13　美国博物馆的资金来源

（左图 AAM 2009 年度报告，右图 Giving USA 2009 统计数据）

二、美国科普场馆的案例分析

本部分包括美国科普场馆的基本情况和美国各具特色的科普场馆两个主要内容，后者重点介绍菲尔德自然历史博物馆、科学工业博物馆、发展科学中心、卡内基科学中心、国家航空航天博物馆五个典型案例。

（一）美国科普场馆的基本情况

据美国博物馆协会的数据,美国现有各类博物馆至少 1.75 万所,占世界总量(来自国际博物馆协会的数据显示全球现有博物馆至少 55 000 所)的 31.82%。平均每 1.8 万人拥有 1 个博物馆(全世界平均每 12.82 万人占有 1 个博物馆),远高于世界平均水平。平均每 523 平方千米的面积上有 1 所博物馆(全世界平均每 2 709 平方千米的陆地面积上有 1 所博物馆),即美国博物馆的稠密程度也远高于世界平均水平。在美国,每年有大约 8.5 亿人参观博物馆,远高于参加所有职业体育赛事和主题公园的人数之和(4.71 亿)。同时,博物馆每年为国家经济增加 210 亿美元的收入。

截至 2011 年底,中国登记注册的各类博物馆有 3 589 个,平均每 40 万人拥有 1 所博物馆,平均每 2 675 平方千米的面积上有 1 所博物馆。自免费开放以来,博物馆年均接待观众 4 亿人次。将美国、世界、中国平均水平的相关数据整合,图 6 - 14 中的"馆总数"是该国或世界拥有的博物馆总量。美国博物馆总量远大于中国,约为中国的 5 倍。"馆均数比"指人口总数与博物馆总量的比值。这个数值越低表示人均博物馆越多。可见,美国人均博物馆水平高于世界,中国则远低于世界平均水平。"馆分布比"是国土面积与博物馆总量的比值,这个数值越低表示博物馆分布越密集。观察发现,中国和世界平均水

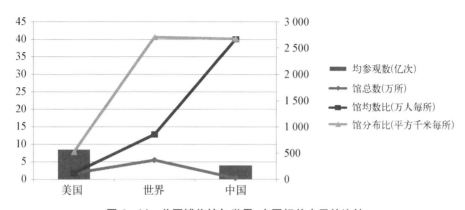

图 6 - 14　美国博物馆与世界、中国相关水平的比较

平相当,却双双低于美国的水平。图中"均参观数"是该国博物馆的年平均参观人次,美国是中国的 2 倍多,基于前三者的分析,这个结果也是必然。整体看来,美国博物馆数量多、人均占有量大、分布密集,高于世界平均水平,同时远高于中国。

（二）美国各具特色的科普场馆

第一,历史悠久的大型人文博物馆。菲尔德自然历史博物馆是美国最大的私人赞助的博物馆之一。博物馆收藏着人类所需的了解自然环境、文化环境的生物、地质及文化的样品,总数超过 2 000 万件。展览形式较为传统。教育服务对象广泛,制定的公众学习计划与大众的年龄段、背景和教育程度密切结合,教育方面有很强的针对性(见表 6-9)。

表 6-9　美国五所科普场馆的基本情况

	名　　称	种　类	开　放　时　间	地　　点	性质
①	菲尔德自然历史博物馆	自然科学、考古	1893 年	伊利诺伊州芝加哥市	私立
②	科学工业博物馆	科技	1933 年	伊利诺伊州芝加哥市	私立
③	发现科学中心	科技	1998 年	加利福尼亚州奥兰治县	私立
④	卡内基科学中心	科技	1991 年	宾夕法尼亚州匹兹堡市	私立
⑤	国家航空航天博物馆	专业类（航空）	1976 年(国家广场馆) 2003 年（Steven F. Udvar-Hazy 中心）	首都华盛顿特区	部分国立

第二,与知名科技、工业公司合作的综合性科普场所。芝加哥科学工业博物馆时西半球最大的科学中心。博物馆保存和说明美国科技、工业发展的历史,旨在加深公众对科学、技术、工业和医学的理解,激发潜能。资金方面得到雅培公司和雅培基金会、好事达保险公司及其基金会、波音公司、BP 公司美国区等很多知名企事业的资助。博物馆重视展品和项目的更新,让游客每次参观都有新发现。互动的展览形式赢得游客的青睐。

博物馆特色之处还有其集青少年参与、传播科学、志愿者培养于一体的教育项目。

第三，两中心合作，打造世界级儿童乐园。发现科学中心旨在打造世界级"动手做"科学中心，通过交互式展览加强观众对 STEM 的认知。拥有 120 多个交互式移动和永久展览，极其重视教育，教育资源丰富，教育项目规范、翔实、有趣，真正达到寓教于乐，受到儿童和家庭的追捧。中心服务全面到位，将志愿者合理分类，使其有效帮助博物馆的服务和管理。塔可钟公司（Taco Bell Corp）为其提供了主要的资金支持。

第四，两中心合并，服务社区的典范。卡内基科学中心由布尔（Buhl）天文馆及其公共科学研究所与卡内基研究所合并而来，卡内基基金会提供主要资金支持。中心开展的教育项目之多令人叹为观止，较有代表性的是与雪佛龙公司合作建立的雪佛龙 STEM 教育和职业发展中心，关注生物技术、信息技术、机器人技术、先进材料过程、环境技术和纳米技术等领域，举办各类竞赛、师生培训、科技展览和与科学家面对面活动，引起广泛关注。公众服务项目也较多，针对不同年龄段的游客制定不同游览项目，让每个人都有所收获。

第五，世界上最大的历史航空航天器收藏中心。国家航空航天博物馆是世界最大的飞行为主题的博物馆，辖属于史密森尼研究院，是世界上最大的历史航空航天器收藏中心。庞大的藏品数量和占有面积使博物馆现今有两所分馆和一个维护中心来分别储藏。场馆内的展品多数为真实的飞行器、航天器，及真实战争中的军事设备，而且展览形式多样，游客可以观看、互动、体验、操作等。

三、美国科普场馆的比较研究

美国博物馆数目众多、各具特色，这里主要选择五所科技类博物馆作为研究对象，分别为菲尔德自然历史博物馆、科学工业博物馆、发现科学中心、卡内基科学中心、国家航空航天博物馆。这五所博物馆的种类、分布、性质具有较强的代表性。

（一）美国科普场馆案例的分类

《中国自然科学博物馆的发展》中的科技类博物馆包括自然科学技术博物馆和科技馆。自然科学技术博物馆主要包含有自然博物馆、专业科学技术博物馆、天文馆、地质馆、水族馆、标本馆等。联合国教科文组织在《科学技术博物馆的建设标准》中明确了科普类场馆的宗旨：表明科学技术是不可缺少的，激发人们对科学和教育的关注，促使更多人对科学、工业和研究产生兴趣，展示应用于生产和人类福利的科学技术，增长青年一代的创造才能，向不同年龄和文化水平的市民普及科学技术知识，宣传技术上的成就对科学发展的重要性。作为一种有效的社会科普资源，科学博物馆可以给予参观者有关科技的直观印象，激发观众对科学的兴趣。科技馆包含科学技术馆、科学中心、科学宫等科普场馆。中国科学技术协会制定的《科学技术馆建设标准》对科技馆定义如下：科技馆是以提高公众科学文化素质为目的，组织实施科普展览及相关社会化活动的科普宣传教育机构。科技馆可以追溯到传统博物馆，以对青少年进行科学普及展教为主，通过能引起感官情绪和理智兴趣的展览，解释科学与科学的发展，并引导观众参与科学与工程技术活动激发智力的全新的学习场所。科学技术中心致力于激励青少年、培养教育者、建立公众对于科学鉴别和解决全球社会关键问题的认识，以青少年科普活动为主。

（二）五所博物馆的比较

这五所场馆都很有特色，对研究美国非正规科学教育具有很强的代表性。参考相关数据对其进行比较分析，进一步研究五所场馆的特色与共性。

第一，基于"均参观数"和"馆消费比"的比较。比较研究五所博物馆的"均参观人数"，即博物馆年平均参观人次（见图 6-15）。"馆消费比"即场馆普通成人门票与所在地居民月收入的比值。据美国劳工统计局数据，2011 年场馆所在地居民月收入见表 6-10。研究的五所博物馆都处在经济较发达的州和地区，州 GDP 在全美排名均在前 10 名以内。尤其是加利福尼亚州，GDP 排列全国第一。首都哥伦比亚特区的人均年收入更是高达 7.4 万美元，远高于美国平均年收入 4.2 万美元，这些州和地区的经济势必对当地的博物馆产生一定影响。

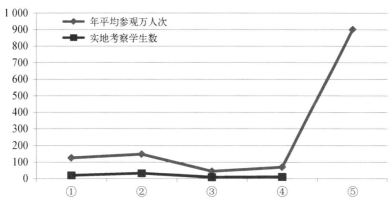

图 6‑15　博物馆年参观人数比较

表 6‑10　2011 年博物馆门票及其所在地居民收入情况

	博物馆名称	普通成人门票价格(美元)	所在州或地区	居民月收入(美元)
①	菲尔德自然历史博物馆	15.00	伊利诺伊州	3 643.4
②	科学工业博物馆	15.00	伊利诺伊州	3 643.4
③	发现科学中心	14.95	加利福尼亚州	3 637.3
④	卡内基科学中心	17.95	宾夕法尼亚州	3 524.3
⑤	国家航空航天博物馆	0	华盛顿哥伦比亚特区	6 148.6

　　首先,比较研究两所芝加哥博物馆,都位于伊利诺伊州,居民平均收入相同,两所场馆的普通成人票价也相同,故两馆的馆消费比相同。观察年入场人次和前来实地考察的学生人次,相差幅度也较接近。这在一定程度上反映了该州博物馆的情况。其次,比较两所科学中心,成立时间都较晚,这也反映了科学中心作为后起之秀的发展趋势。参加科学中心实地考察项目的学生游客占总游客的百分比远高于其他博物馆,这更突出显示了科学中心在教育方面的优势。最后,纵向比较五所博物馆的均参观人数,国家航空航天博物馆的优势极为明显。年平均迎来游客数量最多,达 900 万人次。简单分析其受欢迎的原因,可能有以下四个因素:(1) 地理和人口因素。位于美国首都华盛顿特区,经济发达,人口素质较高,人员流量相对较大,这些都是博物馆经营的有利

因素。（2）辖属于史密森尼研究院，无论是研究院的名气还是国家航空航天博物馆本身的知名度，都刺激并加大了游客访问量，这又进一步加强其社会影响力，是一个良性循环过程。（3）票价优惠。国家航空航天博物馆的两个场馆均可免票入场。（4）博物馆自身的藏品和展览形式受大众欢迎。美国对科技的重视必然引起民众对科技的关注，而该馆正是科技类中出色的以飞行为专题的场馆，馆内大量实物展出，且游客可以触摸、拍照、互动、体验，将趣味性和科学性完美结合。

另外，研究过程中有一个特殊发现。国家航空航天博物馆有市中心的国家广场馆和市郊的 Steven F. Udvar-Hazy 中心两个分馆。虽然市郊分馆藏品更多，但远没有市中心分馆游客多。2005 年市中心分馆游客总量约 610 万，市郊分馆游客总量约 117 万；2011 年市中心分馆约 700 万，而市郊分馆约 120 万。由此可见，场馆的地理位置是对场馆客流量的一个较大的影响因素。场馆处于市中心、居民聚集地是很有利的条件。这也从一些角度解释了发现科学中心（地处奥兰治县郊外的高速公路旁边）的客流量较少的原因。中国科技馆的普通成人门票为 30 元，其所在的北京市 2011 年人均收入为 4 672 元。"馆消费比"越低表示游客越易承担或支付博物馆费用的能力越强。观察图 6-16，前三者持平，相对较低，卡内基发现中心较高，国家航空航天博物馆为 0，中国科技馆最高。

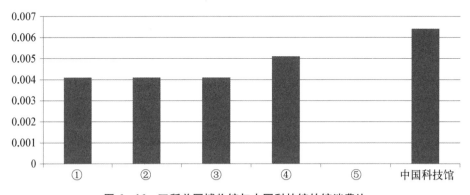

图 6-16　五所美国博物馆与中国科技馆的馆消费比

第二，科普场馆的教育各具特色。这五所博物馆内都有专管科学教育的部门，无论是面向教师还是学生，永久性展览还是临时性展览，专业人员都充分挖掘、展示其教育意义和价值,制定了大量详细的教育项目和计划。以发现科学中心为例,其针对教师,有教师教育网(为南加州教师提供的免费的网络资源项目)、教育者实时通讯、免费教育工作间、科学课程计划等多种项目;针对学生,总体上分为科学探索实地考察旅行项目、"科学出发"项目、未来美国的科学家和工程师项目。而科学探索实地考察旅行项目包含动手做、年级专享、家校联合三项内容,"科学出发"项目包含教室科学、科学集会、课后项目等五项内容,而且每一项都有详尽的介绍,例如针对的年级、时长、内容、准备活动、课后反思等。值得注意的是,每所博物馆的教育项目都有根据学生不同年龄和年级设计的特有课题,针对性极强。课题涉及的内容广泛、趣味性强,而且以互动活动为主,值得借鉴。除此之外,博物馆还拥有充足的教育资源。无论是馆内实地考察还是馆外教育延伸,都提供全程的教育资源,让师生在参观的前、中、后及课前、课中、课后都可阅读到丰富的教育资料。在线学习和远程教育也是博物馆教育的新型方式。

总体来说,美国博物馆与学校教育相联系的主要方式有:(1)实地考察,即学校团体到博物馆进行参观教学,这是最常见的对接方式。对于学校团体参观,美国博物馆一般实行免费或优惠政策,并提供周到的服务,让师生最全面地体验博物馆的学习资源。(2)到校服务,或"科学出发""科学在路上""科学延伸"等。由博物馆专业人员带着展览或教材教具一起到学校,服务教师与学生,甚至学生的家人,即"移动博物馆"。移动博物馆进校之前,老师可以参加活动前的讨论会,来博物馆参观并领取一份《参观前后活动的课程资源向导》。(3)教师培训,教师在馆校合作中扮演着关键性的角色,美国博物馆非常重视学校教师的培训,使其了解博物馆资源,并与博物馆专业人员建立良好的关系,而教师在参加培训后,成了博物馆的代言人,将博物馆的理念和内容传播出去,提高学生对博物馆的认识和利用。(4)网络服务,博物馆借助高科技手段让藏品生动起来,吸引观众(特别是中小学生),同时通过互联网为中小学科学教育更高效地服务。

第三,非营利性和惠及全民。无论博物馆为公立还是私立,在美国,博物馆都是"非营利性"的机构,它们提供很多优惠措施,以服务大众。会员制度是美国博物馆的一大特色,几乎每所博物馆都设有会员制度。例如,发现科学中心可以个人付 60 美元(每年)办一张会员卡,享受包括无限次参观、免费订阅报刊、免费携带一人参观等八项福利。芝加哥科学工业博物馆更为特别,根据学历水平设置会员级别,不同级别价位不同,享受的福利也不同。一方面给大众提供优惠便利,另一方面也鼓励更多人的参与。美国科学技术中心协会(The Association of Science-Technology Centers,简称 ASTC)开展的"通行证计划"更加诱人,观众如果成为某所博物馆的会员,而这所博物馆刚好又是 ASTC 的会员,就可以免费参观 ASTC 其他的会员博物馆。ASTC 现在覆盖 44 个国家及美国所有州,有 600 多名成员(包含博物馆、动物园等、公司和各类组织),其中 459 个是科学中心或博物馆。美国每个州至少一位成员,仅加利福尼亚州就有 37 位成员。美国科学技术中心协会是目前世界上最大的交互式科学中心。除此之外,单位间联合达到互惠互利。例如,发现科学中心设定"美国银行免费日",即在每个月的第一个星期六,美国银行的银行卡持有人免费参观。又如,芝加哥市内包括菲尔德自然历史博物馆和科学工业博物馆在内的五所博物馆(其他为谢德水族馆、芝加哥观景台、阿德勒天文馆或芝加哥艺术馆)联手制定 CITYPASS,类似于通票制度,游客可以仅花费原价一半的费用参观五个"芝加哥必看景点"。

第四,志愿服务和有效辅助。博物馆如此受欢迎,仅靠博物馆内部员工的努力还远不够,招募志愿者是博物馆运营中的通用措施。博物馆志愿者每周为博物馆合计的工作长达 100 万小时。菲尔德自然历史博物馆在 25 个部门拥有志愿者 500 多名,几乎相当于正式员工的数量。国家航空航天博物馆正式员工 260 位,却有 600 多位志愿者。志愿者不仅数量多,各馆根据自身情况划分的种类也较多。芝加哥科学工业博物馆将志愿者分为面对游客类和行政管理类,发现科学中心划分为成人型(周一至周五)、青少年型(周六周日和节假日)和团队型(特殊活动)。志愿者在上岗前会接受比较严格的培训和锻炼,馆内对志愿者的服务要求也较高(如服务时间)。当然,志愿者也享受福利。如卡内基科学中心为志愿者提供实习机会,发现科学中心的免费参观和商场折扣等。除了物质上的收获,重要的是精神和文化方面的熏陶。志愿者在服务期间与志同道合的人一起学习讨论、与专家科学工作者面对面交流,或者简单地与游客交流,接收不同人群不同文化的洗礼,对其来说,都是弥足珍贵的。志愿者服务博物馆,博物馆服务大众,志愿者来源于大众,可谓全民参与、惠及全民。当然,博物馆越受欢迎,社会关注度越高,国家的拨款可能越多,从而提高了竞争力,更有助于自身的发展。这又是一个良性的循环过程,也是"自治"的必然结果。

美国作为发达国家的典型代表,其博物馆教育必然具有很强的研究价值。作为一种重要的非正式教育途径,博物馆教育为美国民众和社会以及全球公民提供了大量真实生动的科学教育材料,这在很大程度上促进了美国国民的科学素养提高,有利于科学技术的传播和发展,进一步影响和推动科技人才的培养。本节对美国代表性的五个科普场馆进行具体研究,整体分析美国博物馆的基本情况、教育功能、运行特色等。此外,博物馆的教育离不开博物馆的管理体制、资金来源、服务项目,或者说,这些方面是为了最大限度地发挥博物馆的教育传播功能,同时深深影响到博物馆的教育传播功能,因而同样对此做了重点分析。总之,无论是博物馆本身的经营管理、教育项目还是社会支持、民众参与,都对美国的非正式 STEM 教育起了关键性的作用,值得我国关注和借鉴。

第三节　中美 STEM 课程的案例比较研究

STEM 课程是彰显国家创新人才培养理念的重要途径。美国作为世界基础教育阶段 STEM 教育的领跑者,其 STEM 课程经历了近三十年的打磨和优化已经形成鲜明的设计特色和突出的教学优势。深入挖掘中美两国的 STEM 课程的异同点有助于帮助我国 STEM 课程设计者提炼出实用的课程设计经验和思路,同时也能够为相关课程研发机构提供可操作性的课程优化方向。本节通过对 45 个中美最新 STEM 课程案例进行内容分析,深入挖掘两国课程在教学内容、教学活动、教学评价以及教学方法层面的趋同性和差异性。STEM 跨学科性要求以恰当的教学主题将多学科的知识内容融合到课程中,同时以恰当的教学方法作为贯穿全课程的主线,并配套与教学目标相适切的教学活动,最终通过教学评价测评 STEM 课程目标的达成情况。从宏观角度,深入剖析中美 STEM 课程案例有助于从课程设计角度理解美国 STEM 教育的价值内涵。基于微观角度,从教学内容,教学活动、教学方法以及教学评价等方面开展分析能够把握两国 STEM 课程的设计规律和特点,更有针对性和实效性地为我国 STEM 课程研发的各个环节提供指导意见。本节的实证研究是单俊豪与王晶莹的最新合作研究成果。在国内外琳琅满目的 STEM 教材和教学案例的海洋中,能够保持中立和客观的态度,分析它们的有效性并对我国 STEM 教学案例提供建议乃是我们致力于该主题研究的目的。

一、中美 STEM 课程案例研究的背景

美国科学教师协会(National Science Teachers Association,简称 NSTA)主办的《科学教师》(*Science Teacher*)、《科学视野》(*Science Scope*)以及《科学儿童》(*Science Children*)等杂志中会定期刊登 STEM 课程案例,其教学内容均严格按照 NGSS 标准开展研发;美国 Cobb Science Lab 也为有志于在电子科学方面有所成就的 K–12 学生提供了丰富的在线 STEM 课程学习资源;英特尔未来教育也根据国家科学课程标准,以工程设计为课程设计主线为学生制定丰富的课外 STEM 学习课程,目前成功惠及美国上百所中小学。

(一) STEM 课程的教学目标

STEM 教育与传统教学模式相比突出"能力本位"特征,旨在培养学生问题解决能力、自主创新能力、深度学习能力以及适应未来的能力。"项目引路"(Project Lead the Way)是美国 STEM 教育的重要课程提供者,其课程设计目标在于提升学生 STEM 学习兴趣,发展问题解决、创造性思维、批判性思维、合作与交流等学习生活和工作中必须、可迁移的技能。美国《下一代科学标准》(The Next Generation Science Standards,简称 NGSS)提出了 K–12 阶段学生应该具备的三个维度的知识和技能:学科核心概念、跨学科知识以及科学与工程实践,其科学逻辑在于通过物质科学、生命科学、地球与空间科学以及工程与技术知识,通过工程设计各个环节的引领给予学生系统地科学研究能力提升以及适应未来 STEM 工作的技能。受国际 21 世纪能力和其他国家

STEM 培养的启发,中国教育科学研究院 2017 年发布的《中国 STEM 教育白
皮书》中明确指出,需要通过综合性 STEM 课程来培养学生运用所学知识,创
造性解决问题的能力。这种问题解决能力又可以细化为批判性思考能力,创
造能力,与人沟通和合作的能力等子能力。总的来说,我国 STEM 教育与国外
STEM 教育的目标诉求基本相同,以"能力为本"为驱动,培养学生适应社会,
适应未来的综合素养。

（二）STEM 课程的设计范式
目前,国内比较认可的 STEM 课程设计原则包括,以 STEM 素养提升为教
学目标,以真实世界问题情境为背景,强调 STEM 学科概念和跨学科学习,以
建造主义作为指导思想,力求达到实践学习和心智学习的协同发展。为了达
到既定教学目标,工程取向的课程是落实 STEM 教育理念最适切的形式。为
满足课程工程设计需求,国外教材常常选取工程设计的模式开展课程集合的
设计。具体步骤包括,明确挑战性任务,发散思维,迭代设计,作品展示等环
节。以工程设计驱动的课程特色有开放性和创新性、系统性和迭代性,情境性
和跨学科性以及社会互动性。由于工程设计的教学内容包含工程设计的常
用思维方法和知识体系,同时包含迭代设计的教学环节,因此工程设计模式
适用于教学周期较长的教材或课程集,而 5E 教学模式则可作为教学周期较
短的课程整合方式,其包含引入（Engage）、探索（Explore）、解释（Explain）、
拓展（Elaborate）和评价（Evaluate）五个环节。美国国际技术与工程协会（The
International Technology and Engineering Educators Association, ITEEA）2014 年
在 5E 基础上进行优化,提出 6E 教学模式,包含参与（Engage）、探索（Explore）、
解释（Explain）、工程（Engineer）、深化（Enrich）和评价（Evaluate）。无论是工程
设计还是 6E 教学模式,其教育本质诉求在于通过系统的教学流程有效整合跨
学科知识,在"做"中提升学生以问题解决能力为主的综合素养。

（三）STEM 课程的分析维度
目前,已有实证研究以 STEM 课程为分析对象,剖析 STEM 课程的知识内
容覆盖情况,如周鹏琴等以 STEM 教育结构框架作为分析单元对美国 FOSS

K－5科学教材进行教学内容分析。研究者（Guzeyet，Harwell，Moreno，Peralta，& Moore，2005）将 STEM 整合方式分为三类：明确型、简单相加型和不明确型；其中明确型指设计活动在整个教学流程中体现明确，学生能够通过学习活动理解学科之间的关联；简单相加型指工程设计仅仅是科学单元的一个附加产物，或者可以理解成课程结束后学生作品的呈现；不明确型指该课程没有运用或没有恰当运用整合方式进行课程整合。闫寒冰和单俊豪（2017）对美国知名创客类教材《设计与发现》（Design and Discovery）进行内容分析，总结了美国课程体系中常见的八种课堂活动。中国目前也大力进行 STEM 课程的研发，中小学纷纷开展以学校为单位的 STEM 教育尝试，校内的信息技术或通用技术教师成为校本 STEM 课程研发的主力军；企业方面，以上海 STEM 云中心为代表的在线教育培训机构从 2014 年起开发面向 K－12 的 STEM 课程，并以网络为载体大面积推广在线课程。STEM 课程是一种舶来品，我国对其开展的本土化实践首先需要辩证地借鉴西方的先进经验，取其精华并融合本土教育文化，从而形成具有中国特色的 STEM 课程体系。随着开源技术（如3D 打印技术、VR 技术等）的不断兴起，我国 STEM 课程逐渐呈现"过分追求技术应用，忽略课程内涵挖掘"的趋势；同时 STEM 课程的本土化融合时间尚短，未能有效掌握美国 STEM 课程设计的实质与精髓。

二、中美 STEM 课程的案例研究方法

本研究采用内容分析法作为研究方法，选取 26 个国内最新 STEM 课程案例以及 19 个美国经典 STEM 课程案例文本进行横向对比分析，并从课程内容覆盖、课程活动安排、课程评价设计以及教学方法选取四个维度进行纵向内容分析。深入挖掘中美 STEM 课程设计的特征，反思我国 STEM 课程设计存在的问题，并基于美国课程案例反映的设计特色，为我国 STEM 课程优化提供具有针对性的指导意见。

（一）研究问题和对象
本研究通过对选定的中美课程案例进行内容分析，旨在发现两国 STEM

课程教学内容选取、教学模式运用、教学活动安排以及教学评价设置的具体状况；并根据分析结果，讨论两国 STEM 课程的一致性和差异性，并进一步提炼美国 STEM 课程的设计特点和优势。唐小为和王唯真（2014）对 1993—2013 年间 EBSCO 数据库所收录的基础教育 30 个 STEM 教育案例所做的编码分析表明，中小学 STEM 教育有三种整合，即应用延伸型、工程框架型和设计即探究型。应用延伸型强调在设计任务情境中运用已学知识，通过开发解决方案、检验设计合理性、权衡方案、讨论修正等过程发展工程设计能力；工程框架型注重整体性，以工程设计任务为框架搭建学习情境，由设计需求走向科学探究，再通过假设检验和解释建构为设计改进提供依据；设计即探究型根据科学机制建立计算机模拟环境，让学生通过完成模拟工程设计任务探究科学原理。目前国内外 STEM 课程案例较多，但良莠不齐。本研究为保证选取的 STEM 课程案例能充分代表中美的 STEM 教育理念，中国课程来自 2017 年由北京师范大学未来教育高精尖创新中心主办的第二届 STEM+创新教育学术交流研讨会中精选的 26 个案例，教学对象覆盖幼儿园到高中，课程案例具有权威性和代表性。对于美国课程，精选美国科学教师协会（NSTA）主办的《科学教师》（*Science Teacher*）、《科学视野》（*Science Scope*）以及《科学儿童》（*Science Children*）三种杂志中 2014—2017 年间的 19 个美国 STEM 课程案例作为研究对象，该杂志提供的课程均出自美国各州知名科学教师之手，课程案例涉及 STEM 各学科，教学对象遍及 K–12 学段，且具有权威性和代表性。

（二）案例分析的理论框架

课程设计是逻辑性非常强的工作，首先需要明确课程应采用何种教学模式达成教学目标。在教学模式的引导下安排教学流程，设计教学活动，教学内容则在教学活动中得以体现。课程中及课程结束后需要引入评价手段以起到及时干预和教学效果反馈的作用。因此，在课程中，教学模式、教学活动、教学内容和教学评价是所有课程的必备要素。从这四点入手分析有助于更好把握国内外 STEM 课程设计脉络，明确其设计特点。本研究从课程案例的教学内容、教学模式、教学活动、教学评价四个维度进行内容分析。其中教学内容参考周鹏琴等人（2016）归纳的 STEM 教育内容结构分析编码表进行编码并进行统计对比分析;教学模式层面则关注课程案例的设计流程,并参考国外 STEM 课程常用教学模式归类为:工程设计模式、5E 模式、传统教学模式三种;教学活动则参考闫寒冰和单俊豪(2017)在美国教材分析中提出的八种常见课堂活动的基础上统计分析;教学评价从课程中体现的基于教学活动的评价、基于能力的评价以及基于作品的评价三个层面进行分析。

三、中美 STEM 课程的案例研究结果

通过内容分析法对中美 STEM 课程的典型案例进行了实证研究,分别从课程内容涵盖范围、课程活动安排、课程的评价和课堂教学模式四个方面进行研究结果的分析。

(一)课程内容覆盖范围

总体上看,中美两国 STEM 课程均秉持着跨学科的特点,绝大部分课程能够渗透跨学科的知识。根据统计计算,美国课程平均包含知识点数目(案例知识点总数/案例数)为 2.94,中国课程平均包含知识点数为 2.46,美国课程所涵盖的平均知识点数大于中国。在科学知识中,两国均呈现 S(科学知识)> T(技术知识)>> E(工程知识)> M(数学知识)的设计特点,即以科学和技术知识为主,均远大于工程和数学知识。

第一,中美两国 STEM 课程中科学知识占比最多,科学和技术知识关联紧密(见图 6-17)。经编码分析,中国 STEM 课程中科学知识共有 23 个,占比 35.3%;美国共有 39 个,占比 57.3%。在两国的科学知识中,物理学知识占比最高,中国课程中物理学知识出现 14 次,占科学知识总数的 60.8%,美国出现 23 次,占科学知识总数的 60.5%。其次是生物学,中国课程占比 21.7%,美国课程占比 15.8%。化学和地理知识占比均小于 15%。在分析中国课程中科学知识的分布情况发现,在 26 个课程中,科学与编程技术知识相结合的课程有 10 门,科学与建造设计知识相结合的课程有 9 门,总数占所有课程的 73.1%。相比中国,美国 STEM 课程更加关注科学与建造设计知识的结合,总共有 14 门课程,占比 73.7%。

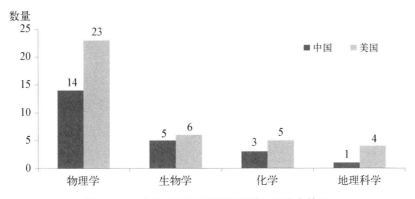

图 6‑17　中美 STEM 课程的科学知识分布情况

第二,中国 STEM 课程关注学生对开源硬件的操作使用,美国 STEM 课程关注学生动手操作。中国 STEM 课程中,信息(软件编程和硬件编程)类知识涉猎最多(11 个),占比 52.4%,其次是动手制造类知识(9 个),占比 42.9%;美国 STEM 课程中,动手制造类知识最多(12 个),占比 80%(见图 6‑18)。通过对比不难看出,中国 STEM 课程对编程知识的使用尤为重视,最受欢迎的编程硬件有乐高套件(硬件+软件)、Arduino 编程套件(硬件+软件)和 Scratch 模块化编程软件三种。中国的 STEM 课程侧重利用科学知识和编程技术实现创造,而美国的 STEM 课程侧重通过课堂活动让学生手脑结合探究科学知识,并利用科学知识去创造性地解决问题。例如,杭州某小学 Q 老师的《植物心情检测仪》一课,要求学生利用土壤湿度、温度传感器和 Arduino 元件相连,制作植物心情检测装置;南卡罗来纳大学和南卡罗来纳州博福特中学合作研发的"污

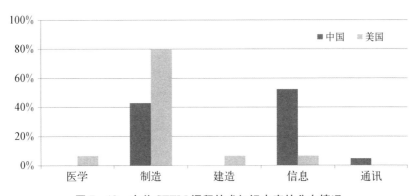

图 7‑18　中美 STEM 课程技术知识内容的分布情况

水过滤系统"课程就是通过让学生探究影响污水处理的各种物理和化学要素,从而更好地设计污水处理效率更高的水过滤装置。

第三,中国 STEM 课程的工程知识体系注重利用编程解决问题,美国 STEM 课程的工程类知识体系注重利用系统思维方法解决问题。我国 2017 年颁布的《小学科学课程标准》明确指出工程的定义:人类为了实现自己的需要,对已有的物质材料和生活环境加以系统的开发、生产、加工、建造等,工程的核心是创造。创造意味着寻找问题解决的创新方案,中国 STEM 课程侧重利用编程知识进行创新和工程设计,美国 STEM 课程侧重利用系统的工程设计思维(如设计思维)和流程(EFFECT 模式)培养学生系统工程思维和设计方法。总体上看,两国所有和制造创造相关的 STEM 课程均以"工程设计"作为主题。主题选取方面,中国偏重传感器等硬件设备制造智能电器设备,如制作电动雨刷器、求生呼救器等,偏物理科学,工程主题较为单一;美国在生命与环境科学、地球科学、物质科学等工程设计领域均有涉猎,工程主题较为多样。

(二)课程活动安排层面

第一,美国课堂活动出现的频率远大于中国。针对课堂活动的统计,本研究以课程案例为单位,统计一个课程案例中出现的不同类型教学活动(相同类型活动只计数一次),并进行汇总统计。我们在此定义,每个课堂活动的出现频率=该国课例中活动出现的总次数/课例总数。通过对不同课堂活动出现频率的横向比对发现,美国 STEM 课程每个活动的出现频率远大于中国。根据每个课堂活动活动的纵向对比发现,美国 STEM 课程各个教学活动出现频率均高于中国,其中差异比较明显的是课堂探究活动(0.79>0.23)和调查研究活动(0.42>0.00)。

第二,美国 STEM 课程关注学生的实验探究能力和调查研究能力。实验探究能力是工程设计流程中必不可少的教学环节,实验探究活动从微观上能够锻炼学生的数据处理和分析能力,从宏观上能够锻炼学生的问题解决能力,帮助学生在探究中理解科学知识,解决科学问题。调查研究作为工程设计流程中的起始环节,是学生理解教学主题现实意义的必备要素。同时也是学生接触社会,了解社会现象的重要途径。在这个活动设置中,美国 STEM 课程的表现远远强于中国。

第三,两个国家对户外探索活动关注度均不高。户外探索活动一般包括野外观察、户外样本采集等活动。受课堂环境限制以及处于安全性考虑,中美STEM 课程都鲜有户外探索活动。目前,中美两国都在教室或者实验室中模拟户外的场景,如利用瓶子、水和细沙模拟钟乳石的形成,用塑料玩具模型和大的塑料盒子模拟捕鱼过程。尽管教师为了安全性尽可能地将户外真实环境还原到课堂中,但是学生却不能有身临其境的感觉。因此,如果教学时间允许,可以在课堂中适当安排少量课程进行户外观察和实践以收集课堂用到的数据以及测试学生作品的效果。

(三)课程的评价层面

第一,美国善于利用表现性评价的方式对学生课堂活动中的能力进行评测,中国则很少进行此类评价。美国的 19 个课程案例中均有详细的课程评价方案和表现性评价量规。经过统计,19 个美国 STEM 课程均对学生概念知识进行了有效评价,同时 13 个课例通过课堂活动对学生的高阶思维能力进行评价(如问题解决能力、创新思维能力等);有 10 个课例通过对学生的作品进行全方面、综合性的评价,这种做法既考察了学生的概念知识习得情况也表征了学生在课堂全过程中表现出的能力的提升情况。

第二,美国课程评价数据来源多样。美国 STEM 课程注意收集学生学习全过程的数据。美国 STEM 课程评价数据的来源有六种途径:口头或书面总结报告、课程结课作品、问答式问题、实验探究报告、口头测试和学习活动。通过多种途径收集学生数据有助于全面了解学生课堂知识和技能的获取与提升情况,在中美 STEM 课程的九种具体的活动类型有小组讨论、户外实践、交流展示、实验探究、动手实践、调查研究、课堂观察、课堂阅读和课堂游戏。美国的 STEM 课程以小组讨论、实验探究、交流展示、动手实践和调查研究为主,中国则以交流展示、动手实践和小组讨论为主。在实验探究上,中美差异较大,另外还有调查研究上中国也远低于美国(见图 6-19)。

第三,美国 STEM 课程关注学生高阶思维能力的测评。在美国的 19 个STEM 课程案例中,有 7 门课程考查学生在具体情境中的问题解决能力,有 10

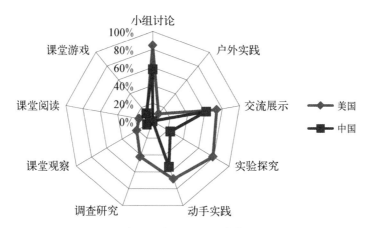

图 6-19 中美九大 STEM 活动类型占比状况

门关注学生创新思维和批判性思维能力,3 门实验探究课程重点关注学生数据处理和分析的能力。其中,问题解决能力包括学生对已知问题的分析、提出问题解决方案和建模能力以及学习过程中小组合作能力。创新思维和批判性思维能力培养是美国课程的一大亮点,美国课程主要运用设计思维方法中的惊喜狂奔法(SCAMPER),同理心地图(Empathy Map)等方法来系统提升学生对问题的创新思维和深度思考,并运用量化的方式对学生的创意思维提升情况进行测评,比较有代表性的是"3-2-1"策略来评估学生的创新想法,该策略利用创意思维挖掘方法来帮助学生想出更多的驱动小车的方法。其中 3 指的是在学习过程中学到的 3 个收获;2 指的是 2 个关于设计改进问题;1 指的是 1 个在实践期间感觉很好的做法。数据分析能力主要关注学生对收集上来的数据进行清洗、规律挖掘与公式、模型建构的能力。表 6-11 是对美国 STEM 课程应用的教学模式的归纳,从中可以看出 19 个案例中各教学模式所占比重的基本状况。

表 6-11 美国 STEM 课程应用教学模式归纳

教 学 框 架	数 量	占 比
5E 教学法	5	26.32%
设计学习	5	26.32%

教　学　框　架	数　量	占　比
EFFECT 教学模型	1	5.26%
学习周期	1	5.26%
故事教学法	1	5.26%
CER 模型	1	5.26%
困难教学法	1	5.26%
传统教学步骤	4	21.05%
总　　计	19	100.00%

（四）课堂教学模式层面

美国的 STEM 课程有效运用设计学习模式开展教学,中国仍采用传统方法开展教学。教学模式是连接教学各个环节的纽带,根据课程的特征选取行之有效的教学模式有助于增强教学环节的逻辑性,提升教学的流畅性和可操作性,帮助打造良好的学习氛围。设计学习是目前在国外应用广泛的教学模式,在 STEM 课程中最经常出现工程设计方法,其常规教学步骤包括:明确问题和任务→确定问题解决方案→模型制作→选取最优解→迭代优化。美国课程习惯用 5E 教学法和设计学习的教学范式进行教学,总体比重达到 52.64%。而中国的 26 个 STEM 课程中,仅有 2 门课程运用了设计学习方法开展教学,占比 7.69%。从总体上看,中美 STEM 课程存在着较大差异。首先,在教学内容层面,美国善于通过"做中学"来探索新知识,并利用探索到的知识创造性地解决问题;中国则在学习新知识的基础上做研发,有效利用了开源硬件的教育优势,灵活地将开源编程技术融合到了课程内容中。其次,在教学活动层面,美国课程案例体现的活动更为丰富多元,中国则相对简略单调一些;美国在教学活动设计中更加关注学生探究能力的培养,鼓励学生通过探究获取知识并养成科学和工程中的思维方法。再次,在教学评价层面,美国课程利用表现性评价的方式对学生的概念性知识和高阶思维能力进行有效测评;中国则在教学过程中缺少评价环节。最后,在教学模式层面,美国善于利用已经成熟的教学模式进行课程设计,保证课程的连贯性;中国则沿用传统教学方法。

(五) 研究思考与启示

美国长期以来一直致力于 STEM 教育,而中国则是在近两年才开始在学校中推广 STEM 教育。因此,需要理性分析和借鉴美国在 STEM 课程设计中的经验以提升我国 STEM 课程品质。透过上述研究结论并结合我国 STEM 课程的设计特色,可以从教学内容融合、教学评价设计以及教学模式选取三个方面对我国的 STEM 课程设计提出建议。

第一,挖掘开源技术的教育价值以促进科学知识间的有效连接。在教学内容分析板块,中美课程对物理和生物学知识的关注度是最高的,原因在于这两个学科知识在生活中处处可见,课程内容很容易同学生产生情感共鸣。中国 STEM 课程的特色在于灵活运用开源编程技术来设计迎合信息时代发展的创意产品,学生通过 STEM 课程学习完成创意作品的过程是培养综合素养和构建多学科知识融合的过程。信息技术素养成为学生多元素养中重要的一环,开源技术作为数字时代的产物,是提升学生信息技术素养的要素。在学科知识层面,目前以 Arduino 为代表的开源技术有效地融合了物理知识如电学三要素、灯泡、发动机等基本元器件,能够在设计创意的同时有效进行物理知识的探究。同时,传感器、无线通信等设备的接入也帮助学生客观、定量地了解生活中的常见物质(如温度、湿度、气体浓度等)。因此,在课程中嵌入开源技术知识,以技术知识作为电子创意作品实现的基础可以有效提升学生综合素养的同时达到学科间知识整合的需求,对此也需要借鉴美国 STEM 课程评价的策略,及时开展跟踪的学习活动和学习效果测评。

运用科学的思维方法促进学生创新思维的培养和提升。毋庸置疑,美国在思维教学方面所作的思考和实践全球第一,STEM 教育是培养学生创新思维能力的重要教学模式,学生思维品质的提高是 STEM 课程实施的重要目标。设计思维是培养学生创新思维和问题解决能力的重要方法,教学流程包含发现问题、集思广益、方案设计、快速成型、评估修订和演进发展的迭代;成型的思维训练方法包括头脑风暴法、同理心地图法、惊喜狂奔法以及九宫格法等等。不同的方法对应着不同的思维培训倾向,例如同理心地图法以培养学生发现问题能力为出发点,要求学生以用户的视角想出尽可能多的产品问题,从而为后续的设计问题解决方案提供更多的参考;惊喜狂奔法以培养学生发散思维能力为目标,要求学生通过在现有作品的基础上进行适当的替换、组合、增加、删除和放大等优化操作。恰当地在教学活动中引入思维方法可以打破学生的思维定式,在系统方法论的引导下进行大胆的探究和创新。

第二,制定规范化的评价方案以助力课程质量稳步提升。表现性评价能够准确评价学生在真实情境中的问题解决能力及相关素质,其评价特点克服了传统标准化选择题测验仅能测试低水平知识和孤立技能的弊端,能够测量出学生在真实世界中的复杂成就和情意表现(赵德成,2013)。表现性评价的引入意味着课程设计者认识到了传统纸笔测验的局限性,力求通过收集更多学生在真实情境下的学习数据来作为评价依据。档案袋评价是表现性评价数据收集和整合的常见方式,其目的在于持续收集学生在学习过程中能够充分表征学生知识和能力提升的证据(如报告、作品、论文等)。STEM 教育关注学生学习过程,因此有必要对学生的过程性学习数据进行收集,分析和总结以明确学生在学习过程的问题,从而进行个性化指导。换个角度思考,评价机制的有效设立既是对学生学习成果的有效检测,也是对课程质量的客观反映。优秀 STEM 课程一定能在保证学习积极性的基础上有效提升学生的知识水平和综合能力。因此评价结果也为课程研发者提供了改进课程的思路,从而保证 STEM 课程质量稳步提升。

第三,选取恰当教学模式有助于活动和内容的和谐统一。一堂课的完整性和连贯性需要依赖适宜的教学模式,从而指引 STEM 课程设计思路与动向。在课程设计中,教学模式可以类比成一棵树的主干,教学活动是受教学模式支撑的分支,教学内容是支持教学活动目标的叶子,适切的教学模式是支撑教学活动有效开展和教学内容深入渗透的前提。STEM 课程应该根据教学模式设计符合教学目标的教学活动,教学内容渗透在教学活动中以突出"做中学"的理念。以设计学习中的工程设计方法为例,其蕴含六个教学流程:理解设计过程→工程学基础→创意思维训练→模型制作与作品实物化→产品原型制作→最终报告,可以在这六个基本教学流程的基础上进行活动设计,如在工程学基础这个环节,可以设计实验探究、动手操作等教学活动以探究电路的原理和规律以及简单机械的原理和特点,完成知识点的铺陈;在创意思维训练环节,学生可以通过观看视频、小组讨论等方式理解创意思维的使用方法,并学会使用思维方法设计更多创意方案;在最终报告环节,学生可以通过组间交流、班级汇报等活动掌握交流展示的常用方法和技巧。因此,好的教学模式能够给课程设计者提供明确的设计思路,帮助设计者理清课程教学活动和教学内容的内在联系,从而设计出更符合教育目标的 STEM 课程。

结　语

STEM 学习环境的启示与展望

STEM 知识素养是构成 21 世纪复合型人才的基础,科学启蒙在制度化学习的过程显得尤为重要,因此 STEM 学习环境的研究是一项复杂的工程。STEM 教育在以美国为首的发达国家受到极大的重视,美国《新一代科学教育标准》(Next Generation Science Standards, 简称 NGSS)的目标是让每一位学生都能够理解科学。每一个公民都需要具备科学知识,才能在现代社会得到发展。正如诺贝尔物理学奖获得者、NGSS 早期倡导者卡尔·威曼(Carl Wieman)所说:成功的科学教育,目的在于改变学生的思维,让他们能够像科学家一样理解和运用科学。在当今社会,学生时刻处于复杂多元的学习环境中,STEM 教育本身的整合性也缺少不了学习环境的多样化。本书对学习环境和 STEM 教育以及我国教师的 STEM 教学实践具有一定的启示作用。

通过本书可知,我国的 STEM 教育需要进行规范和系统的顶层设计,进一步明确我国 STEM 教育目标,依据我国的科学教育传统和经验,实证调查我国开展 STEM 教育的先期条件和可行步骤,打通从学前、基础教育再到高等教育的联通式培养路径,制定一系列合理规范的纲领性标准,包括课程标准、教学实施计划、教师能力标准,为推动我国 STEM 教育的有序开展,设计和构建多元化而有效性的学习环境。

一、校内 STEM 学习环境设计与构建

从校内外环境来看,STEM 学习环境的范围之广、层面之复杂,构成一个多元化的研究过程,STEM 教育早已不再是只关于教师与学生之间教与学互动简单过程,而仅仅有教师的教已不足以全方位解读 STEM 教育的全景,而面对多元化的学习环境,学生的 STEM 学业成就的影响因素都显化或者隐匿在复杂的环境中,其中的作用关系也不是线性和单层的因果关系,而是多结构和多样化的复合机制,STEM 学习环境的设计与构建显得尤为重要。

（一）学校学习环境的设计和构建

第一，独立的 STEM 学校或课程的需要。美国有实施 STEM 教育的专业学校，包括 STEM 精英学校、STEM 全纳学校以及 STEM 生涯技术学校。而我国并没有成立专业化的学校，STEM 教育在我国只是以综合性实践活动课程、科技社团等为载体，抑或在现有的学科课程中加入 STEM 学科整合的因素，但是很多一线教师仅是将四个学科知识内容简单的相加，而没有从学科整合的思维方式和顶层设计层面综合地考虑 STEM 课程的应有之意。

第二，课堂学习环境的多元设计和构建。从学习环境的理论架构看，STEM 学习环境设计的基本原则、构成要素、适应层面、设计过程、支持工具等有所研究。学习环境的设计需要遵循基本的步骤，即境脉分析→步骤设计→模式选择→学程设计→学块设计→课堂实践→检验评价。学习环境的四个关注点为研究者们认可，即"以知识为中心""以学习者为中心""以评估为中心"和"以共同体为中心"，由此搭建了学习环境设计研究的境脉（Bransford，2000）。本书涉及的研究表明，师生互动、生生互动和知识相关是 STEM 课堂学习环境模型的中介变量，也是路径分析中指向最多的内容，是课堂学习环境的核心问题。

第三，关注 STEM 学习的师生互动和评价。基于 PISA 2012 中国上海 145 所学校的 3 187 名学生的数据，通过多层次直接效果和中介效果分析，学生层次的师生关系、对校态度、成败归因对科学素养具有显著的正向影响，而归属感、学习动机对科学素养的影响未达显著水平；学校层次的师/生行为和教师情感对学生科学素养具有显著的正向解释力；仅有教师情感对师生关系、归属感和学习动机具有显著的解释力，师生关系在教师情感预测学生科学素养方面扮演"部分中介"的角色（王晶莹，孟红艳，2017）。因此，课堂学习环境除了需要关注物理环境的硬件设施等建设之外，社会和心理方面的互动性因素的作用更为明显和复杂，教师在其中也起到非常关键的作用，需要兼顾 STEM 教育的教书和育人方面的成效。

（二）中美 STM 教学方式的差异

NGSS 的每一条标准不仅包含科学内容，还有科学实践和科学原理。每一条标准都由学科核心概念(Disciplinary Core Ideas,简称 DCI)、科学与工程实践(Science and Engineering Practices,简称 SEP)和跨学科概念(Crosscutting Concepts,简称 CCC)三个维度组成,共同构成"三维学习"。通过本书比较中美 STEM 课程案例,可以发现中美的教学方式存在很大差异:(1)在教学内容层面,美国善于通过"做中学"来探索新知识,并利用探索到的知识创造性地解决问题,中国的课程多利用开源硬件的教育优势,灵活地将开源编程技术融合到课程内容。(2)在教学活动层面,美国案例体现的活动更为丰富多元,中国则相对简略单一。美国在教学活动设计中更加关注学生探究能力的培养,鼓励学生通过探究获取知识并养成科学和工程中的思维方法。(3)在教学评价层面,美国教师多利用表现性评价的方式对学生的概念性知识和高阶思维能力进行有效测评,中国则在教学过程中缺少评价环节。(4)在教学模式层面,美国善于利用已经成熟的教学模式进行课程设计,以保证课程的连贯性,中国则沿用传统的教学方法,模式上缺乏创新。

二、从管道到途径的 STEM 学习路径

科技部关于印发《"十三五"国家科技人才发展规划》的通知指出,坚持把人才资源开发放在科技创新最优先的位置,优化人才结构。在重点任务中提到构建创新型人才培养新模式。探索建立以创新创业为导向的人才培养机制。开展启发式、探究式教学方法改革试点,改革基础教育培养方式,尊重个性发展,强化兴趣爱好和创造性思维培养,提高创新实践能力。由此可见,我国对于科技人才培养的积极推动和迫切需求。但是 STEM 人才的成长路径是复杂的,十年树木百年树人,如何才能出好人才、多出人才,这就需要我们基于科技人才早期成长路径的科学研究作为教育政策实施的基础和推动。

(一)STEM 人才的成长路径

美国从 20 世纪 80 年代利用全样本纵向数据库,开展中学到高等教育阶段 STEM 人才成长路径的贯通式研究,我国在这方面的实证研究还需要加强,不单囿于基础教育的 STEM 教学改革层面,而应该是从人才培养的全程和顶

层设计层面来看,STEM 人才如何从学前教育、小学教育、中学教育再到高等教育层层涌现,在人才成长路径的管道中,我国各阶段的科技人才现状和发展趋势如何? 存在哪些特征和问题,又有哪些教育教学和政策制度保证? 从本书的研究可知,STEM 人才成长路径比较复杂,途径组合理论就揭示这一问题,但是欧美国家的研究成果多是基于西方文化背景的科学教育研究,对于我国 STEM 人才的成长路径还缺乏研究,如能借鉴和发展欧美 STEM 人才早期成长规律的研究出成果,研究我国 STEM 人才早期的学校学习经历、个人的学习相关因素(比如学习兴趣、各科学业成就、学习风格、学习习惯、个性品质等)、家庭教育、校外 STEM 学习活动等的影响机制,将有助于梳理我国已有的实践经验和理论成果,探索和发现某些规律性的证据,并基于此进行系统化的实证研究,全面了解我国 STEM 人才的早期成长轨迹和路径。

(二) 校外 STEM 学习环境的影响

从校外学习环境来看,家庭环境和科普场馆构成 STEM 学习环境中最主要的两大来源,家庭环境的潜移默化和科普场馆的实践兴趣都对学生的科学素养培育和 STEM 学习起到关键的影响。学生除了在校学习之外,长时间处于家庭环境中,加之非正式科普场馆的活动,这些环境正是途径组合理论所提及的非管道理论的正规学习环境的影响,可以解释美国近一半 STEM 从业者的成长路径。正如本书的研究,对东方文化背景下的基础教育,家长期望成为家庭环境中对子女学业成就影响最大的因素,而被称为影子教育的课外补习,似乎真的如影子般并非真实存在,家庭环境的科学资本对子女的 STEM 学业过程也有很大的影响,而其间的作用机制非常复杂,因为家庭经济水平、社会地位、教育传统等存在差异而有较大的不同。学生的校外科技活动包括科普场馆的开展更需要顶层设计和系统科学的测评机制,即时反馈和积极推进青少年非正式科学教育的活动开展和育人功能。

三、多元学习环境中的复杂学习机制

从本书的多元学习环境研究框架可以看到,学生时刻处于校内外多维度多层面的环境之中,不仅 STEM 学科学习本身复杂于单纯的科学教育和学科教育,而且多元环境中的主体、客体和中介之间都时刻处在变化和发展过程中。国际教育学界一直竭力通过实证教育研究揭示 STEM 学习环境对学生学业成就的作用,在全球最大的元分析研究中,被称作"教学圣杯"的哈蒂的研究亦将教师因素作为影响学生学业成就的首要原因(彭正梅,伍绍杨,邓莉,2019),教师因素处于近端、远端还是终端位置,多元学习环境影响学业成就的研究还一直处于黑箱中,各类学习环境对学业成就作用的关系不再是单一线性、二元论等我们可以通过因果、推论等诸多教育学统计方法能解释的,在计算社会学范式的推动下,很多学者利用大数据和人工智能来研究政治学和管理学等领域的人类复杂行为,但是在教育学中还很少见。王晶莹和田雪葳等老师组成的研究团队正在利用模糊神经网络试图解读学生科学学业成就的学习环境的影响因素。研究团队基于 PISA 2015 学生数据(Student questionnaire data file)的921 个变量 519 334 个样本,清理缺失值(系统缺失+用户缺失)个数大于 30 万的变量和总缺失值大于 20 个国家或地区样本,最后保留了 283 个变量和 53 个国家/地区,利用巴氏距离筛选特征值后选取前 100 名,采用加权模糊隶属函数神经网络(Neural Network With Weighted Fuzzy Membership Function,简称NEWFM)为学生成绩分类,并用它来选择分类成绩的最小特征组。经过计算机为期三个月的多轮数据删选工作,最终 NEWFM 从 100 个特征中提取出 11个组成最佳的影响学生科学学业成就的特征组,这 11 个特征中的 10 个为正面影响:(1)是否是 OECD 国家;(2)家里是否有专门的学习桌;(3)家里是否有安静的学习位置,(4)家里是否有用于完成学校作业的电脑;(5)家里是否联网;(6)家里是否有与学校作业相关的辅导书籍;(7)放学后是否吃晚饭;(8)困难坚持和预习功课等学习习惯的判断;(9)独立解决地震知识的能力;(10)认可科学结论基于多个实验的证据得到。唯一的负面因素是网络聊天。

纵观通过人工智能方法得到的影响中学生科学学业成就的影响因素,从校内外的学习环境维度来看,校外尤其是家庭环境占据比重较大,由于巴氏距离和模糊神经网络考察的是影响学生学业成就的直接因素,虽然学生问卷里也有一些教师因素,但在最终训练后最佳的数据集里还没有出现。虽然国际上还没有此类研究经验可以参照,我们研究团队还没有完成此项成果最全面的解读,但是我们可以看到影响学生 STEM 学业成就的几个主要因素:首先,信息技术对于学生的学业成就是一个双刃剑,在 11 个特征值中唯一的一个负面的即是信息技术,但是也同样有联网和电脑这样的正面信息,最大的负面因素来自网络成瘾,尤其以网络聊天为典型;其次,家庭环境的特征出现最多,不仅包括本书前面章节提到的科学资本,还有暗示社会经济背景的吃饭、联网等因素,以及学习桌和学习位置等家庭气氛;最后,学生的学习品质、学科能力、科学实验等学科思维和方法对于其学业成就也起到至关重要的作用,我们也正在做中国 2018 年版基于核心素养的课程标准和美国 NGSS 的文本分析,比如美国排在第一的高权重特征词是证据,我国是学生,可以窥见美国 STEM 课程指导纲领对于证据这类 STEM 学科思维和本质的深入骨髓的认知。教育无非是使身处多元学习环境中的学生成为最好的自己,而这需要学校、教师、家长和社会的共同努力和协调共进。这本书对 STEM 学习环境的研究还仅仅是一个开始,还有很多理论和实践的问题值得我们思考和做深入的调查,全面和纵深地开展我国 STEM 教育的实证研究刻不容缓。以下问题值得后续研究持续关注。

1. 美国的 STEM 教育目的在于让更多的 STEM 领域的高层次人才涌现,他们以纵向研究得出管道理论和途径组合理论又反哺实证研究,为什么我们非常关注课程和教材的开发,少有人问津管道理论? 中国的 STEM 教育目标是什么? 解释了这些首要问题,才能布局中国 STEM 教育,避免 STEM 产业化而非教育化。

2. 从中国科技人才的学历构成来看,以专科为主体的培养模式如何完成 STEM 拔尖人才的发展? 中国的职业教育又该如何应对 STEM 教育?

3. 美国 K‑12 阶段的 STEM 教育有专门的 STEM 学校等多种形式,中国学前和基础教育阶段又应该如何开展 STEM 教育?

4. 美国的 STEM 教育研究是以高等教育阶段为起始研究,而后关注基础教育阶段,中国则相反,并且中国的基础教育和高等教育阶段 STEM 人才培养和课程教学的研究其实是有些脱节的,我们应该如何关注学段的衔接研究和人才成长路径的纵向研究?

5. 中国的 STEM 教育正在兴起,与之相应的教育理论、国际比较、实证研究结果和教学经验等研究还远远不足,中国处于 STEM 教育的什么阶段,与欧美发达国家,或者诸如爱沙尼亚和土耳其这样的发展中国家又有怎样的差距?

6. PISA 2018 的数据于 2019 年 12 月公布,从 2009 年起中国内地的上海首次参加,目前中国内地省市共参与四次,纵观数学、科学和阅读素养在这四次的变化,本次科学素养的提升幅度最大。PISA 2018 中国北京、上海、江苏和浙江这一共同体的三科学业成就均位居全球首位,我们在取得令全世界瞩目的惊人成绩时,还应该看到中国内地高学业成就学生在 STEM 职业期望、幸福感、成长思维和抗逆力等方面与其他国家和地区相比还有很长的路要走。同时,我们的科学教育研究也有很长的路要走,中国的基础科学教育学习环境如何塑造了学生的学习力和科学认识论等问题,都有待继续探索。

参考文献

一、中文类

安桂清,杨洋.(2018).不同社会经济地位家庭的家长参与对子女学业成就影响的差异研究[J].教育发展研究,38(20):17-24.

陈琦,刘儒德.(2010).当代教育心理学[M].北京:北京师范大学出版社.

陈其荣.(2009).诺贝尔自然科学奖与跨学科研究[J].上海大学学报(社会科学版),9:48-62.

程黎,冯超,刘玉娟.(2013).课堂环境与中小学生创造力发展——穆斯(MOOS)社会环境理论在课堂环境中的解读[J].比较教育研究,4:71-75.

醋燕妮.(2014).中学物理实验教学课堂环境及学生参与调查研究[D].西安:陕西师范大学.

邓莉,彭正梅.(2019).知识优先抑或技能优先?——美国关于21世纪技能教育改革的争论[J].教育发展研究,39(12):66-77.

丁锐,马云鹏.(2011).课堂环境与学生学习表现的因果关系研究——一个基于数学课堂的前实验研究[J].全球教育展望,10:22-29.

杜欣,赵文龙,王晶莹.(2018).科学资本对我国15岁学生STEM职业期望的影响研究[J].科学学研究,36(11):1928-1937.

范春林.(2012).课堂环境与自主学习[M].北京:国家行政学院出版社.

范春林,董奇.(2005).课堂环境研究的现状、意义及趋势[J].比较教育研究,8:61-66.

高文.(1999).维果茨基心理发展理论与社会建构主义[J].外国教育资料,9:10-14.

公丽云,王晶莹,彭聪.(2016).中小学课堂环境国际比较研究方法述评[J].教育导刊,5:93-96.

郭东辉.(2014).中学生科学课堂学习环境的测评研究[D].北京:首都师范大学.

何克抗.(2017).灵活学习环境与学习能力发展——对美国《教育传播与技术研究手册》(第四版)的学习与思考之二[J].开放教育研究,23(1):21-28.

何奇芳.(2017).京沪非正式STEM教育比较[D].北京:首都师范大学.

何瑞珠.(2002).家庭学校与社区协作:从理念研究到实践[M].香港:香港中文大学出版社.

侯小杏,陈亚丽.(2011).非正式环境下学习的研究[J].开放教育研究,17(2):39-48.

黄然.(2016).中国物理课堂学习环境研究——以北京为例[D].北京:首都师范大学.

胡卫平,孙枝莲,刘建伟.(2007).物理课程与教学论研究[M].北京:高等教育出版社.

胡咏梅,李冬晖.(2012).中外青少年科技竞赛激励机制的比较研究——基于促进科技创新后备人才选拔和培养的视角[J].比较教育研究,34(10):61-66.

纪洪波.(2016).美国 STEM 教育战略规划决策支持模型及其启示[J].现代教育管理,11:116-122.

蒋承.(2019).博士生学术职业期望的影响因素研究——一个动态视角[J].北京大学教育评论,9(3):45-55+189.

金慧,胡盈滢.(2017).以 STEM 教育创新引领教育未来——美国《STEM 2026:STEM 教育创新愿景》报告的解读与启示[J].远程教育杂志,35(1):17-25.

江光荣.(2004).中小学班级环境:结构与测量[J].心理科学,4:839-843.

李道增.(2000).环境行为学概论[M].北京:清华大学出版社.

李峰,吴蝶.(2016).高等教育背景如何影响不同学科科技人才成长——以教育部长江学者特聘教授为例[J].高等教育研究,37(10):42-48.

李广凤.(2014).大学英语课堂环境与英语自主学习能力的关系研究[J].教育学报,10(2):94-101.

李晶.(2013).课堂物理环境透视及其教育意蕴探析[D].长春:东北师范大学硕士学位论文.

李汪洋,谢宇.(2016).中国儿童及青少年职业期望的性别差异[J].青年研究,1:75-83+96.

李运林.(1998).学校现代教育技术环境建设(下)[J].电化教育研究,1:33-36.

李子建,尹弘飚.(2010).课堂环境对香港学生自主学习的影响——兼论"教师中心"与"学生中心"之辨[J].北京大学教育评论,8(1):70-82+190.

林英典,肖建彬.(1988).关于目前中学生的职业期望的调查研究[J].教育与职业,3:10-14.

刘徽.(2015).课堂教学结构模型的构思与验证[J].全球教育展望,11:3-15.

刘丽艳,马云鹏,刘永兵.(2010).亚洲课堂环境研究进展与启示[J].东北师大学报(哲学社会科学版),3:163-168.

刘青.(2013).青少年非正式科学教育的理论与实践研究[D].北京:首都师范大学硕士学位论文.

吕伟妮,王晶莹,何静.(2018).美国小学 STEM 课程设置的实践特色研究[J].新教师,9：17－19.

吕晓峰.(2011).环境心理学：内涵、理论范式与范畴述评[J].福建师范大学学报（哲学社会科学版）,3：141－148.

陆根书,杨兆芳.(2008).学习环境研究及其发展趋势述评[J].高等工程教育研究,2：55－61.

马修·卡纳迪,艾瑞克·格林沃尔德,金伯利·哈里斯.(2015).对 STEM 管道比喻理论的质疑——STEM 管道比喻理论是否适用于学生和 STEM 从业人员.科学教育与博物馆,1：20－29.

马郑豫.(2015).中小学生学习能力、学习环境与学业成就的关系研究——基于 13 477 名中小学生的调查分析[J].中国教育学刊,8：45-48+60.

彭聪,王晶莹.(2016).美国 STEM 教育实施策略的研究[J].首都师范大学学报（自然科学版）,6：18－21.

彭正梅,伍绍杨,邓莉.(2019).如何培养高阶能力——哈蒂"可见的学习"的视角[J].教育研究,40(5)：76－85.

屈智勇.(2002).国外课堂环境研究的发展概况[J].外国教育研究,7：21－25.

任福君.(2009).中国科普基础设施发展报告[M].北京：社会科学文献出版社.

盛群力,刘徽.(2005).教学设计[M].北京：高等教育出版社.

孙汉银.(2010).课堂环境研究范式的回顾与分析[J].教育科学,26(3)：32－37.

唐小为,王唯真.(2014).整合 STEM 发展我国基础科学教育的有效路径分析[J].教育研究,35(9)：61－68.

特里·安德森,王志军.张永胜译,肖俊洪审校.(2017).教育技术三大支柱：学习管理系统、社交媒体和个人学习环境[J].中国远程教育,11：6－15.

滕珺.(2015).21 世纪人才的十大核心技能[J].中国教师,1：69－71.

田慧生.(1996).教学环境论[M].南昌：江西教育出版社.

田友谊.(2003).国外课堂环境研究新进展[J].上海教育科研,12：13－17.

王晶莹.(2017).关注 STEM 职业期望的青少年科学素质教育：基于 PISA 2015 和 NARST 2017 的反思[J].科学与社会,7(3)：33－42.

王晶莹,刘青.(2015).中学生校外科学教育状况的调查研究[J].首都师范大学学报（自然科学版）,36(2)：28-32+42.

王晶莹,张宇.(2017)北京市中学生科普教育的调查研究[J].首都师范大学学报（自然科学版),38(1):17-24.

王晶莹,孟红艳.(2017).学校气氛对中学生科学素养影响的多水平分析:基于 PISA 2012 上海数据的研究[J].外国中小学教育,1:22-30.

王晶莹,孟红艳,马希文,李新璐.(2014).英美澳和我国博物馆教育的比较研究[J].博物馆研究,4:7-11.

王康友.(2017).科学教育蓝皮书:中国科学教育发展报告(2017).北京:社会科学文献出版社.

王牧华,靳玉乐.(2011).论促进教师教学方式转变的课堂环境建设策略[J].课程·教材·教法,31(5):22-26+81.

王念.(2017).典型科普场馆开展青少年科技教育的案例研究[D].北京:首都师范大学.

王涛,马勇军,王晶莹.(2018).我国 STEM 教育现状研究——基于 2011—2017 年核心期刊文献的分析[J].世界教育信息,31(10):21-26.

王涛,马勇军,王晶莹.(2018).美国提高少数族裔 STEM 教育参与度的举措——基于《提高少数族裔参与度:十字路口前的美国科技人才》报告[J].世界教育信息,31(17):62-66.

王卓,王晶莹.(2018).管中窥水:美国 STEM 教育战略的纵向研究剖析[J].教育导刊,(4):83-90.

魏静.(2014).未来课堂营造积极情绪研究——基于环境心理学视角[J].电化教育研究,11:59-63.

吴坚.(2010).从国外知名大学校长的素质看教育背景在大学校长选拔中的影响[J].高等教育研究,31(7):105-109

吴谅谅,李宝仙.(2001).大学毕业生的职业期望及其影响因素研究[J].应用心理学,3:18-23.

吴也显.(1991).教学论新编[M].北京:教育科学出版社.

谢廷明,赵玉芳.(2014).大学生职业期望研究[J].教育与职业,11:111.

阎金铎,郭玉英.(2009).中学物理教学概论(第三版)[M].北京:高等教育出版社.

闫寒冰,单俊豪.(2017).美国创客教育教材分析——以 Design and Discovery 为例[J].中国电化教育,5:40-46.

杨公侠.(2002).环境心理学[M].上海:同济大学出版社.

杨亚平.(2015).美国、德国与日本中小学 STEM 教育比较研究[J].外国中小学教育,8:

23－30.

叶新东,陈卫东,张际平.(2014).未来课堂环境的设计与实现[J].中国电化教育,(1)：82－87.

尹睿.(2012).当代学习环境结构的新界说——来自技术哲学关于"人-技术"关系的思考[J].电化教育研究,11：24－29.

俞国良.(1999).环境心理学[M].北京：人民教育出版社.

余胜泉,胡翔.(2015).STEM教育理念与跨学科整合模式[J].开放教育研究,21(4)：13－22.

赵中建,龙玫.(2015).美国STEM学习生态系统的构建[J].教育发展研究,3：61－66.

张林,张宇.(2016).北京市中学物理课堂学习环境的测评研究[J].北京教育学院学报(自然科学版),11(3)：49－55.

张艳红,钟大鹏,梁新艳.(2012).非正式学习与非正规学习辨析[J].电化教育研究,2：24－28.

张宇,张林,王晶莹.(2015).国内学习环境研究进展与趋势——基于CSSCI期刊文献的可视化分析[J].教育参考,6：28－32.

张宇.(2017).中学物理实验课堂环境与学生建模的关系研究[D].北京：首都师范大学硕士学位论文.

张印.(1989).西方课堂环境气氛研究述评[J].外国教育研究,1：1－7.

赵德成.(2013).表现性评价：历史、实践及未来[J].课程·教材·教法,33(2)：97－103.

郑燕祥.(1986).教育的功能与效能[M].香港：广角镜出版社有限公司.

中国科协.(2014).中国科技人力资源发展研究报告[R].北京：中国科学技术出版社.

中华人民共和国教育部.(2003).普通高中物理课程标准(实验)[M].北京：人民教育出版社.

钟启泉.(2015).学习环境设计：框架与课题[J].教育研究,1：113－121.

周鹏琴,徐唱,张韵,李芒.(2016).STEM视角下的美国科学课程教材分析——以FOSSK－5年级科学教材为例[J].中国电化教育,5：25－32.

周颖琦,王晶莹.(2018).科学实践社会学视角中的美国STEM全纳中学研究[J].中国教育信息化,22：16－21.

朱学彦,孔寒冰.(2008).科技人力资源开发探究——美国STEM学科集成战略解读[J].高等工程教育研究,2：21－25.

宗农.(2005).优秀拔尖人才成长规律探微——从改革开放后大学毕业的两院院士的高等教育经历说起[J].中国高等教育,2: 15 - 16.

二、英文类

Alper, J. (1993). The pipeline is leaking women all the way along. *Science*, *260*(106), 409 - 411.

An, G.Q., Wang, J.Y., Yang, Y., & Du, X. (2019a). A study on the effects to students' STEM academic achievement with Chinese parents' participative styles in school education. *Educational Sciences-Theory & Practice*, *19*(1), 39 - 52.

An, G.Q., Wang, J.Y., & Yang, Y. (2019b). Chinese parents' effect on children's math and science achievements in schools with different SES. *Journal of Comparative Family Studies*, *50*(2), 139 - 160.

Addi-Raccah, A. & Ainhoren, R. School governance and teachers' attitudes to parents' involvement in schools. *Teaching and Teacher Education*, *25*(6), 805 - 813.

Adelman, C. (2006). *The toolbox revisited: Paths to degree completion from high school through college*. US Department of Education, Washington.

Alexander, B. B., Foertsch, J. A., & Daffinrud, S. (1998). *The Spend a Summer with a Scientist program: An evaluation of program outcomes and the essential elements of success*. Madison, WI: University of Madison-Wisconsin, LEAD Center.

Ali, S. R., & Saunders, J. L. (2009). The career aspirations of rural Appalachian high school students. *Journal of Career Assessment*, *17*, 172 - 188.

Aldridge, J. M., & Fraser, B. J. (2008). *Outcomes-focused learning environments: Determinants and effects*. Rotterdam, The Netherlands: Sense Publishers.

Aldridge, J., & Fraser, B. (2000). A cross-cultural study of classroom learning environments in Australia and Taiwan. *Learning Environments Research*, *3*(2), 101 - 134.

Aldridge, J. M., Fraser, B. J., & Huang, I. T. C. (1999). Investigating classroom environments in Taiwan and Australia with multiple research methods. *Journal of Educational Research*, *93*, 48 - 62.

Anderson, H. H., Brewer, J. E., & Reed, M. F. (1946). *Studies of teachers' classroom personalities, III*. Stanford University Press.

Anderson, G. L., & Walberg, H. J. (1968). Classroom climate group learning.

International Journal of Educational Sciences, *2*, 175 – 180.

Archer, L., DeWitt, J., Osborne, J., Dillon, J., Willis, B., & Wong, B. (2012). Science aspirations, capital, and family Habitus: How families shape children's engagement and identification with science. *American Educational Research Journal*, *49*(5), 881 – 908.

Archer, L., DeWitt, J., & Osborne, J. (2015). Is science for us? Black students' and parents' views of science and science careers. *Science Education*, *99*(2), 199 – 237.

Archer, L., DeWitt, J., & Wong, B. (2014). Spheres of influence: What shapes young people's aspirations at age 12/13 and what are the implications for education policy? *Journal of Education Policy*, *29*, 58 – 85.

Arora, A. & Gambardella, A. (2005). The globalization of the software industry: perspectives and opportunities for developed and developing countries. *Innovation Policy and the Economy*, *5*, 1 – 32.

Astin, A. W. (1993). What matters in college? Four critical years revised. San Francisco: Jossey-Bass.

Astone, N. M. & McLanahan, S. S. (1991). Family structure, parental practices and high school completion. *American Sociological Review*, *56*(3), 309 – 320.

Babad, E., Darley, J. M., & Kaplowitz, H. (1999). Development aspects in students' course selection. *Journal of Educational Psychology*, *91*(1), 157.

Beltz, A. M., Swanson, J. L., & Berenbaum, S. A. (2011). Gendered occupational interests: Prenatal androgen effects on psychological orientation to things versus people. *Hormones and Behavior*, *60*, 313 – 317.

Berryman, S.E. (1983). *Who will do science? Minority and female attainment of science and mathematics degrees: Trends and causes.* Rockefeller Foundation, New York.

Blickenstaff, J. C. (2005). Women and science careers: Leaky pipeline or gender filter? *Gender and Education*, *17*(4), 369 – 386.

Bozick, R., & Ingels, S. J. (2007). *Mathematics course taking and achievement at the end of high school: Evidence from the education longitudinal study of 2002.* Washington, DC: National Center for Education Statistics.

Bransford, J. D., Brown, A. L., & Cocking, R. R. (2000). *How people learn: Brain, mind, experience, and school.* Washington, DC: National Academies Press.

Bray, M. (2009). *Confronting the shadow education system: What government policies for what private tutoring?* Paris: IIEP-UNESCO

Brok, den P.J., Fisher, D., Brekelmans, J.M.G., Rickards, T., Wubbels, T., Levy, J., & Waldrip, B. (2003). *Students' perceptions of secondary science teachers' interpersonal style in six countries: a study on the cross national validity of the Questionnaire on Teacher Interaction.* Annual Meeting of the National Association for Research in Science Teaching (NARST), Philadelphia, PA, USA.

Brown, J.S., & Collins, A. and Duguid, P. (1989). Situated cognition and the culture of learning. *Educational Researcher, 18*, 32 – 42.

Bryant, B. K., Zvonkovic, A. M., & Reynolds, P. (2006). Parenting in relation to child and adolescent vocational development. *Journal of Vocational Behavior, 69*, 149 – 175.

Bybee, R. W. (2010). *The teaching of science: 21st century perspectives.* Arlington, TX: National Science Teachers Association Press.

Caldwell, S. D., Herold, D. M., & Fedor, D. B. (2004). Towards an understanding of the relationships between organizational change, individual differences, and changes in person-environment fit: A cross-level study. *Journal of Applied Psychology, 89*, 868 – 882.

Calkins, L., & Welki, A. (2006). Factors that influence choice of major: Why some students never consider economics. *International Journal of Social Economics, 33*, 547 – 564.

Campbell, J. R., & Walberg, H. J. (2011). Olympiad studies: Competitions provide alternatives to developing talents that serve national interests. *Roeper Review, 33*(1), 8 – 17.

Cannady, M., Greenwald, E., & Harris, K. (2014). Problematizing the STEM pipeline metaphor: Is the stem pipeline metaphor serving our students and the stem workforce? *Science Education, 98*(3), 443 – 460.

Carranza, F. D., You, S., Chhuon, V., & Hudley, C. (2009). Mexican American adolescents' academic achievement and aspirations: The role of perceived parental educational involvement, acculturation, and self-esteem. *Adolescence, 44*(174), 313 – 333.

Castro, M., Exposito-Casas, E., Lopez-Martin, E., Lizasoain, L., Navarro-Asencio, E., Gaviria, J.L. (2015). Parental involvement on student academic achievement: A meta-analysis. *Educational Research Review, 14*, 33 – 46.

Ceci, S. J., Williams, W. M., & Barnett, S. M. (2009). Women's underrepresentation in science: Socio-cultural and biological considerations. *Psychological Bulletin, 135*, 218 – 261.

Ceci, S. J., & Williams, W. M. (2010). Sex differences in math-intensive fields. *Current*

Directions in Psychological Science, *19*, 275 – 279.

Chandra, V., & Fisher, D. L. (2009). Students' perceptions of a blended web-based learning environment. *Learning Environments Research*, *12*(1), 31 – 44.

Chang, V., & Fisher, D. (2001). A new learning instrument to evaluate online learning in high education. In M. Kulske & A. Herrmann (Eds.), *New horizons in university teaching and learning* (pp. 23 – 34). Perth, Australia, Cutin University of Technology.

Chávez, R. C. (1984). The use of high-inference measures to study classroom climates: a review. *Review of Educational Research*, *54*(2), 237 – 261.

Chen, W.- B., & Gregory, A. (2009). Parental involvement as a protective factor during the transition to high school. *Journal of Educational Research*, *103*(1), 53 – 62.

Christenson, S. L., Rounds, T. & Gorney, D. (1992). Family factors and student achievement: An avenue to increase students' success. *School Psychology Quarterly*, *7*(3), 178 – 206.

Choy, S. C., McNickle, C., & Clayton, B. (2002). Learner expectations and experiences. Student views of support in online learning. In Guthrie, H. (Eds.), *Online learning: Research readings* (pp. 106 – 122). National Centre for Vocational Education Research, Adelaide.

Else-Quest, N. M., Mineo, C. C., & Higgins, A. (2013). Math and science attitudes and achievement at the intersection of gender and ethnicity. *Psychology of Women Quarterly*, *37*, 293 – 309.

Caley, S.M., Perez, D.M., Gibson, J.A., & Lynch, R.M. (2011). Involving parents can improve girls' perceptions of engineering careers. *Proceedings of the 2011 American Society for Engineering Education Annual Conference & Exposition*.

Charles, V. (2005). Essential psychology for environmental policy making. *International Journal of Psychology*, *35*, 152 – 167.

Chow, A., Eccles, J. S., & Salmela-Aro, K. (2012). Task value profiles across subjects and aspirations to physical and IT-related sciences in the United States and Finland. *Developmental Psychology*, *48*, 1612 – 1628.

Christenson, S. L., & Sheridan, S. (2001). *Schools and families: Creating essential connections for learning*. New York: Guilford.

Cleaves, A. (2005). The formation of science choices in secondary school. *International*

Journal of Science Education, *27*(4), 471 – 486.

Conole, G. (2015). Slow and fast learning with contemporary digital technologies. *International Convention of Association for Educational Communications and Technology (AECT)*, Indianapolis, Indiana.

Coombs, P. H., & Ahmed, M. (1974). *Attacking Rural Poverty: How Non-formal Education Can Help*. Baltimore: Johns Hopkins University Press.

Cooper, C. E. (2010). Family poverty, school-based parental involvement, and policy-focused protective factors in kindergarten. *Early Childhood Research Quarterly*, *25* (4), 480 – 492.

Deboer, G. E. (1984). A study of gender effects in the science and mathematics course — taking behavior of a group of students who graduated from college in the late 1970s. *Journal of Research in Science Teaching*, *21*(1), 95 – 103.

Diekman, A. B., Brown, E. R., Johnston, A. M., & Clark, E. K. (2010). Seeking congruity between goals and roles: A new look at why women opt out of science, technology, engineering, and mathematics careers. *Psychological Science*, *21*, 1051 – 1057.

Di Prete, T. A., & Eirich, G. M. (2006). Cumulative advantage as a mechanism for inequality: A review of theoretical and empirical developments. *Annual Review of Sociology*, *32*, 271 – 297.

Dorman, J. P. (2002). Classroom environment research: progress and possibilities. *Queensland of Journal of Educational Research*, *18*(2), 112 – 140.

Domina, T. (2005).Leveling the home advantage: assessing the effectiveness of parental involvement in elementary school. *Sociology of Education*, *78*(3), 233 – 249.

Dorman, J. P. (2003). Cross-national validation of the What Is Happening In this Class? (WIHIC) questionnaire using confirmatory factor analysis. *Learning Environments Research*, *6*(3), 231.

Dorsey, R. J., Howard, A. M. (2011). Measuring the Effectiveness of Robotics Activities in Underserved K – 12 Communities outside the Classroom. *ASEE Annual Conference and Exposition*, Vancouver, Canada.

Eccles, J. S. (2009). Who am I and what am I going to do with my life? Personal and collective identities as motivators of action. *Educational Psychologist*, *44*, 78 – 89.

Eccles, J. S., Wigfield, A., & Schiefele, U. (1998). Motivation. In N. Eisenberg

(Ed.), *Handbook of child psychology* (pp. 1017 - 1095). New York: Wiley.

Epstein, J. L. (1992). School and family partnerships. In M. Aiken (Ed.), *Encyclopedia of educational research* (pp. 1139 - 1151). New York: Macmillan.

Epstein, J. L. (2001). *School, family, and community partnerships: Preparing educators, and improving schools.* Boulder, CO: Westview Press.

Epstein, J. L. & Sanders, M. G. (2002). Family, school, and community partnerships. In Bornstein, M. H. (Ed.), *Handbook of parenting*, vol. *Practical issues in parenting* (2nd ed., pp. 407 - 438). Mahwah, NJ: Erlbaum.

Eraut, M. (2004). Informal learning in the workplace. *Studies in Continuing Education*, 26, 247 - 273.

Falk, J., & Dierking, L. (2000). *Learning from museums: Visitor experiences and the making of learning.* Washington, DC: Whalesback Books.

Fan, X. (2001). Parental involvement and students' academic achievement: A growth modeling analysis. *The Journal of Experimental Education*, 70(1), 27 - 61.

Fan, X. & Chen, M. (2001). Parental involvement and students' academic achievement: A meta-analysis. *Educational Psychology Review*, 13(1), 1 - 22.

Fantuzzo, J. , McWayne, C. & Perry, M. A. (2004). Multiple dimensions of family involvement and their relations to behavioral and learning competencies for urban, low-income children. *School Psychology Review*, 33(4), 467 - 480.

Federman, M. (2007). State graduation requirements, high school course taking, and choosing a technical college major. The B.E. *Journal of Economic Analysis and Policy*, 7, 4.

Flanders, N. (1965). *Teacher Influence, Pupil Attitudes and Achievement* (Cooperative Research Monograph No. 12). Washington, D C: Office of Education.

Flouri, E., & Buchanan, A. (2004). Early father's and mother's involvement and child's later educational outcomes. *British Journal of Educational Psychology*, 74 (2), 141 - 153.

Fouad, N. A., & Smith, P. L. (1996). A test of a social cognitive model for middle school students: Math and science. *Journal of Counseling Psychology*, 43, 338 - 346.

Fraser, B. J. (2012). Classroom learning environments: Retrospect, context and prospect. In B. J. Fraser, K. G. Tobin, & C. J. McRobbie (Eds.), *Second international handbook of science education* (pp. 1191 - 1239). New York: Springer.

Fraser, B. J., Anderson, G. J., & Walberg, H. J. (1982). *Assessment of learning environments: Manual for Learning Environment Inventory （LEI） and My Class Inventory* （*MCI*）（3rd ed.）. Perth：Western Australian Institute of Technology.

Fraser, B. J., & Treagust, D. F. （1986）. Validity and use of an instrument for assessing classroom psychosocial environment in higher education. *Higher Education*, *15*（1 - 2）, 37 - 57.

Fraser, B.J. & Tobin, K. （1989）. Student perceptions of psychosocial environments in classrooms of exemplary science teachers. *International Journal of Science Education*, *11*, 14 - 34.

Fraser, B. J., Rennie, L. J., & Tobin, K. （1990）. The learning environment as a focus in a study of higher-level cognitive learning. *International Journal of Science Education*, *12*(5), 531 - 548.

Fraser, B.J. （1993）. Incorporating classroom and school environment ideas into teacher education programs. In T.A. Simpson （Ed.）, *Teacher educators' annual handbook* （pp.135 - 152）. Brisbane, Australia：Queensland University of Technology.

Fraser, B. J., McRobbie, C. J., & Giddings, G. J. （1993）. Development and cross-national validation of a laboratory classroom environment instrument for senior high school science. *Science Education*, *77*(1), 1 - 24.

Fraser, B. J., & McRobbie, C. J. （1995）. Science laboratory classroom environments at schools and universities：A cross — national study. *Educational Research and Evaluation*, *1*(4), 289 - 317.

Fraser, B. J., McRobbie, C. J., & Fisher, D. L. （1996）. Development, validation and use of personal and class forms of a new classroom environment instrument. *Paper presented at the Annual Meeting of the American Educational Research Association*, New York.

Fraser, B. J. （1998）. Classroom environment instruments：Development, validity and applications. *Learning Environments Research*, *1*(1), 7 - 34.

Fraser, B. J. （2007）. Classroom learning environments. In S. K. Abell & N. G. Lederman （Eds.）, *Handbook of research on science education* （pp. 103 - 124）. Mahwah, NJ：Lawrence Erlbaum.

Fraser, B. J., Aldridge, J. M., & Adolphe, F. G. （2010）. A cross-national study of secondary science classroom environments in Australia and Indonesia. *Research in Science Education*, *40*(4), 551 - 571.

Fraser, B. J. (2014). Classroom learning environments. In N. G. Lederman & S. K. Abell (Eds.), *Handbook of research on science education* (pp. 104 - 119). New York, NY: Routledge.

Friedman, A. (Ed.). (2008). *Framework for Evaluating Impacts of Informal Science Education Projects* [On-line]. (Available at: http://insci. org/resources/Eval _ Framework. pdf)

Gaughan, M., Ponomariov, B. (2008). Faculty publication productivity, collaboration, and grants velocity: using curricula vitae to compare center-affiliated and unaffiliated scientists. *Research Evaluation*, *17*, 103 - 110.

Georgiou, S. N. & Tourva, A. (2007). Parental attributions and parental involvement. *Social Psychological Education*, *10*(4), 473 - 482.

Giallousi, M., Gialamas, V., Spyrellis, N., & Pavlaton, E. (2010). Development, validation, and use of a Greek-language questionnaire for assessing learning environments in grade 10 chemistry classes. *International Journal of Science and Mathematics Education*, *8*, 761 - 782.

Giles, M., Ski, C., & Vrdoljak, D. (2009). Career pathways of science, engineering and technology research postgraduates. *Australian Journal of Education*, *53*(1), 69 - 86.

Ginzberg, E., Ginsburg, S. W., Axelrad, S. & Herma, J. L. (1951). *Occupational choice: An approach to general theory.* New York: Columbia University Press.

Gnoth, J., & Juric, B. (1996). Students' motivation to study introductory Marketing. *Educational Psychology*, *16*(4), 389 - 405.

Gordon, M. & Cui, M. (2014). School-related parental involvement and adolescent academic achievement: The role of community poverty. *Family Relations*, *63*(5), 616 - 626.

Gottfredson, L. S. (1981). Circumscription and compromise: A developmental theory of occupational aspirations. *Journal of Counseling Psychology*, *28*, 545 - 579.

Grolnick, W. S., Benjet, C., Kurowski, C. O., & Apostoleris, N. H. (1997). Predictors of parent involvement in children's schooling. *Journal of Educational Psychology*, *89*(3), 538 - 548.

Guzey, S. S., Harwell, M., Moreno, M., Peralta, Y., & Moore, T. J. (2017). The impact of design-based STEM integration curricula on student achievement in engineering, science, and mathematics. *Journal of Science Education and Technology*, *26*(2), 207 - 220.

Haertel, G. D., Walberg, H. J., & Haertel, E. H. (1981). Socio-psychological environments and learning: A quantitative synthesis. *British Educational Research Journal*, *7*, 27 – 36.

Halpern, D. F., Benbow, C. P., Geary, D. C., Gur, R. C., Hyde, J. S., & Gensbacher, M. A. (2007). The science of sex differences in science and mathematics. *Psychological Science in the Public Interest*, *8*, 1 – 51.

Harzing, A.W. (2013). A preliminary test of Google Scholar as a source for citation data: A longitudinal study of Nobel Prize winners. *Scientometrics*, *94*(3), 1057 – 1075.

Hein, G. E. (1998). *Learningin the Museum*. London, Routledge.

Herrera, F.A., & Hurtado, S. (2011). *Maintaining Initial Interests: Developing Science, Technology, Engineering, and Mathematics (STEM) Career Aspirations Among Underrepresented Racial Minority Students*. Research Annual Meeting, New Orleans, LA.

Hickman, C., Greenwood, G., & Miller, M. (1995). High school parent involvement: Relationships with achievement, grade level, SES, and gender. *Journal of Research and Development in Education*, *28*(3), 125 – 134.

Hill, N. E. & Craft, S. A. (2003). Parent-school involvement and school performance: Mediated pathway among socioeconomically comparable African-American and Euro-American families. *Journal of Educational Psychology*, *95*(1), 74 – 83.

Hill, N. E., & Tyson, D. F. (2009). Parental involvement in middle school: A meta-analytic assessment of the strategies that promote achievement. *Developmental Psychology*, *45*(3), 740 – 763.

Hill, N. E., Castellino, D. R., Lansford, J. E., Nowlin, P., Dodge, K. A., Bates, J., & Pettit, G. (2004). Parent academic involvement as related to school behavior, achievement, and aspirations: demographic variations across adolescence. *Child Development*, *75*(5), 1491 – 1509.

Hilton, T.L. & Lee, V.E. (1988). Student interest and persistence in science: Changes inthe educational pipeline in the last decade. *Journal of Higher Education*, *59*, 510 – 526.

Ho, S. C. (1995). Parent Involvement: A comparison of different definitions and explanations. *Education Journal*, *23*(1), 39 – 68.

Ho, E. S.-C. & Willms, J.D. (1996). Effects of parental involvement on eighth-grade achievement. *Sociology of Education*, *69*(2), 126 – 141.

Ho, E. S. (2009). Educational leadership for parental involvement in an Asian context: Insights from Bourdieu's theory of practice. *The School Community Journal*, *19*(2), 102–122.

Lau, E. Y. H., Li, H. & Rao, N. (2011). Parental involvement and children's readiness for school in China. *Educational Research*, *53*(1), 95–113.

Holland, J. L. (1959), A theory of vocational choice. *Journal of Counseling Psychology*, *6*(1), 34–45. Reprinted in: H. J. Peters & J. C. Hansen(Eds.) (1966). Vocational guidance and Career Development. New York: The Macmillan Company.

Hong, S. & Ho, H. Z. (2005). Direct and indirect longitudinal effects of parental involvement on student achievement: Second-order latent growth modeling across ethnic groups. *Journal of Educational Psychology*, *97*(1), 32–42.

Hoover-Dempsey, K., Bassler, O., & Brissie, J. (1992). Explorations in parent-school relations. *Journal of Educational Research*, *85*(5): 287–294.

Hornby, G., & Lafaele, R. (2011). Barriers to parental involvement in education: An explanatory model. *Educational Review*, *63*(1), 37–52.

Horn, L., & Kojaku, L.K. (2001). *High school academic curriculum and the persistence path through college: Persistence and teansfer behavior of undergraduates 3 years after entering 4-year institutions* (NCES 2001–163). Washington, DC: U. S. Department of Education, Office of Educational Research and Improvement.

Hughes, D.C. (1973). An experimental investigation of the effects of pupil responding and teacher reacting on pupil achievement. *American Educational Research Journal. 10*, 21–37.

Hutchins, N., Biswas, G., Conlin, L., Emara, M., Grover, S., Basu, S., & McElhaney, K. (2018). *Studying synergistic learning of physics and computational thinking in a learning by modeling environment*. Papaer Peresented in 26th International Conference on Computers in Education (ICCE 2018).

Idris, N., Cheong, L. S., Nor, N. M., Razak, A. Z. Z., & Saad, R. M. (2007). The professional preparation of Malaysian teachers in the implementation of teaching and learning of mathematics and science in English. *Eurasia Journal of Mathematics*, *Science and Technology Education*, *3*(2), 101–110.

Igel, I., Poveda, R.L., Kapila, V., & Iskander, M.G. (2011). *Enriching K–12 Math Education Using LEGOs*. ASEE Annual Conference and Exposition, Vancouver, Canada.

Ishitani, T. T. (2006). Studying attrition and degree completion behavior among first generation college students in the United States. *Journal of Higher Education*, *77*(5), 861.

Ivey, S. S., & Palazolo, P. J. (2011). *Girls Experiencing Engineering: Evolution and Impact of a Single-Gender Outreach Program*. ASEE Annual Conference and Exposition, Vancouver, Canada.

Izzo, C., Weissberg, R., Kasprow, W., & Fendrich, M. (1999). A longitudinal assessment of teacher perceptions of parent involvement in children's education and school performance. *American Journal of Community Psychology*, *27*(6), 817–839.

Jantzer, A. M., Stalides, D. J., & Rottinghaus, P. J. (2009). An exploration of social cognitive mechanisms, gender, and vocational identity among eighth Graders. *Journal of Career Development*, *36*, 114–138.

Jeynes, W. H. (2005). A meta-analysis of the relation of parental involvement to urban elementary school student academic achievement. *Urban Education*, *40*(3), 237–269.

Jeynes, W. H. (2007). The relationship between parental involvement and urban secondary school student academic achievement: A meta-analysis. *Urban Education*, *42*(1), 82–110.

John, F., & Martin, S. (2005). Using the contextual model of learning to understand visitor learning from a science center exhibition. *Science Education*, *89*(5), 744–778.

Johnson, B., & McClure, R. (2004). Validity and reliability of a shortened, revised version of the Constructivist Learning Environment Survey (CLES). *Learning Environments Research*, *7*(1), 65–80.

Kell, H. J., Lubinski, D., Benbow, C. P., & Steiger, J. H. (2013). Creativity and technical innovation: Spatial ability's unique role. *Psychological Science*, *24*, 1831–1836.

Kellaghan, T., Sloane, K., Alvarez, B. & Bloom, B. S. (1993). *The home environment and school learning*, San Francisco: Jossey-Bass.

Kidd, G., & Naylor, F. (1991). The predictive power of measured interests in tertiary course choice: the case of science. *Australian Journal of Education*, *35*(3), 261–272

Kim, Y. (2009). Minority parental involvement and school barriers: Moving the focus away from deficiencies of parents. *Education Research Review*, *4*(2), 80–102.

Kimweli, D. M. S., & Richards, A. G. (1999). Student/faculty internations and institutional attractiveness. *Action in Teacher Education*, *21*(2), 20–40.

Korpershoek, H., Kuyper, H., Bosker, R. J., & van der Werf, M. P. C. (2013).

Students leaving the STEM pipeline: An investigation of their attitudes and the influence of significant others on their study choice. *Research Papers in Education*, *28*, 483 – 505.

Krumboltz, J. D., Mitchell, A. M., & Jones, G. B. (1976). A social learning theory of career selection. *The Counseling Psychologist*, *6*, 71 – 81.

Kuechler, W. L., McLeod, A., & Simkin, M. G. (2009). Why don't more students major in IS? *Decision Sciences Journal of Innovative Education*, *7*, 463 – 488.

Kutnick, P. J., Chan, Y.Y., Lee, P.Y. (2012). Engineering Education Opportunities, Perception, and Career Choice of Secondary School Students in Hong Kong Sar, China. *ASEE Annual Conference*, *San Antonio*, *TX*.

Kyle, W. C. (1997). The imperative to improve undergraduate education in science, mathematics, engineering, and technology. *Journal of Research in Science Teaching*, *34*, 547 – 549.

Lamb, R.L.(2016). Examination of the Effects of Dimensionality on Cognitive Processing in Science: A Computational Modeling Experiment Comparing Online Laboratory Simulations and Serious Educational Games. *Journal of Science Education and Technology*, *25*: 1 – 15.

Landivar, L. C. (2013). Disparities in STEM employment by sex, race, and Hispanic origin. *American Community Survey Reports*, *ACS – 24*. Washington, DC: U. S. Census Bureau.

Lee, V.E., & Burkam, D.T. (2014). Dropping out of high school: The role of school organization and structure. *American Educational Research Journal*, *40*, 353 – 393.

Lent, R. W., Brown, S. D., & Hackett, G. (1994). Toward a unifying social cognitive theory of career and academic interest, choice and performance. *Journal of Vocational Behavior*, *45*, 79 – 122.

Lent, R. W., & Brown, S. D. (2013). Social cognitive model of career self-management: Toward a unifying view of adaptive career behavior across the life span. *Journal of Counseling Psychology*, *60*, 557 – 568.

Lewin, K. (1936). *Principles of Topological Psychology*. New York: McGraw-Hill.

Lewin, K., Lippitt, R., & White, R. K. (1939). Patterns of aggressive behavior in experimentally created "social climates". *The Journal of social Psychology*, *10*(2), 269 – 299.

Li, M., Shavelson, R. J., Kupermintz, H., & Ruiz-Primo, M. A. (2002). On the relationship between mathematics and science achieve-ment in the United States. In D. F.

Robitaille, & A. E. Beaton (Eds.), *Secondary analysis of the TIMSS data* (pp. 233 – 249). Netherlands: Springer.

Lippitt, R. (1940). An experimental study of the effect of democratic and authoritarian group atmospheres. *University of Iowa Studies: Child Welfare.*

Madigan, T. J.(1994). *Parent involvement and school achievement.* Paper presented at the meeting of he American Educational Research Association, New Orleans.

Madigan, T. (1997). *Science proficiency and course taking in high school: The relationship of science course-taking patterns to increases in science Proficiency between 8th and 12th Grades* (NCES 97 – 838). Washington, DC: U. S. Department of Education: National Center for Education Statistics.

Maltese, A. V.,& Tai, R. H. (2011). Pipeline persistence: Examining the association of educational experiences with earned degrees in STEM among U.S. students. *Science Education, 95*(5), 877 – 907.

Maple, S.A., & Stage, F.K. (1991). Inflfluences on the choice of math/science major by gender and ethnicity. *American Educational Research Journal, 28*, 37 – 60.

Mateo-Ortíz, D., Mota-Aguilar, D. A., Florián-Algarín, M. A., Aviles-Barreto, S. L., Mendez, R., Velázquez, C., Cardona-Martínez, N., (2012). Motivating K – 12 students to study pharmaceutical engineering using guided hands-on visits. *Education for Chemical Engineers, 7*, e219 – e229.

Mau, W. C. (2003). Cultural dimensions of career decision-making difficulties. *Career Development Quarterly, 53*, 63 – 77.

McInerney, C., & Hinchey, M. (2013). *Education and outreach activities in Ireland: an experience report.* ASEE Annual Conference & Exposition Atlanta, GA.

Means, B., Wang, H. W., Wei, X., Lynch, S., Peters, V., Young, V., & Allen, C. (2017). Expanding STEM opportunities through inclusive STEM-focused high schools. *Science Education, 101*(5), 681 – 715.

Means, B., Confrey, J., House, A., & Bhanot, R. (2008). STEM high schools: Specialized science echnology engineering and mathematics secondary schools in the U.S. *Bill and Melinda Gates Foundation Report.* Retrieved from http://www.hsalliance.org/stem/index.asp.

Medley, D. M., & Mitzel, H. E. (1963). Measuring classroom behavior by systematic observation. *Handbook of research on teaching*. Chicago: Rand McNally.

Metcalf, H. (2010). Stuck in the pipeline: A critical review of STEM workforce literature. InterActions: UCLA *Journal of Education and Information Studies*, 6(2), Article 4.

Microsoft Corporation. (2011). *STEM perceptions: Student &parent study*. Retrieved from http://www.microsoft.com/en-us/ news/press/2011/sep11/09 – 07MSSTEMSurveyPR.aspx.

Miller, J. D., & Solberg, V. S. (2012). The composition of the STEM workforce: Rationale for differentiating STEM pro-fessional and STEM support careers. *Peabody Journal of Education*, 87, 6 – 15.

Milne, A. M. , Myers, D. E. , Rosenthal, A. S., & Ginsburg, A. (1986). Single parents, working mothers, and the educational achievement of school children. *Sociology of Education*, 59(3), 125 – 139.

Moos, R. H., & Trickett, E. J. (1974). *Classroom environment scale manual*. Palo Alto: Consulting Psychologists Press.

Moos, R.H., & Moos, B.S. (1978). Classroom social climate and student absences and grades. *Journal of Educational Psychology*, 70, 263 – 269.

Moos, R.H., & Trickett, E. (1987). *Classroom Environment Scale Manual*. 2nd Edition, Consulting Psychologists Press, Palo Alto.

Morrison, B. M. (1966).*The Reactions of Internal and External Children to Patterns of Teaching Behavior*. Doctoral dissertation. University of Michigan.

Morton, J. A. S., & Bridle, H. (2015). Student-led microfluidics lab practicals: Improving engagement and learning. *Annual Meeting of the AES-Electrophoresis-Society*, *Salt Lake*, *UT*.

Munro, M., & Elsom, D. (2000). *Choosing Science at 16: The Influence of Science Teachers and Career Advisers on Students' Decisions about Science Subjects and Science and Technology Careers*. NICEC Briefing. Careers Research and Advisory Centre, Cambridge (England).

Murray, H. A. (1938). *Explorations in personality*. New York: Oxford University Press.

Myers, R. E., & Fouts, J. T. (1992). A cluster analysis of high school science environments and attitude oward science. *Journal of Research in Science Teaching*, 19(9), 929 – 937.

Nadelson, L., Seifert, A.L., & McKinney, M. (2014). *Place based STEM: Leveraging local resources o engage K - 12 teachers in teaching integrated STEM and for addressing the local STEM pipeline.* ASEE Annual Conference, Indianapolis, IN.

National Academy of Science. (2005). *Rising above the gathering storm: Energizing and employing America for a brighter economic future.* Washington, DC: National Academies Press.

National Research Council. (2012). *A framework for K - 12 science education: Practices, crosscutting concepts, and core ideas.* National Academies Press.

National Research Council. (2009). *Learning science in informal environments: People, places, and pursuits.* Washington: Board on Science Education, Center for Education, Division of Behavioral and Social Sciences and Education.

Noel, N. M., Michaels, C, & Levas, M. (2003). The relationship of personality traits and self-monitoring behavior to the choice of Business major. *Journal of Education for Business, 78*(3), 153 - 157.

Nye, C. D., Su, R., Round, J., & Drasgow, F. (2012). Vocational interests and performance: A quantitative summary of over 60 years of research. *Perspectives on Psychological Science, 7*, 384 - 403.

Okpala, C. O., Okpala, A. O., & Smith, F. E. (2001). Parental involvement, instructional expenditures, family socioeconomic attributes, and student achievement. *Journal of Educational Research, 95*(2), 110 - 115.

Osborne, J., Simon, S., & Collins, S. (2003). Attitudes towards science: A review of the literature and its implications. *International Journal of Science Education, 25*(9), 1049 - 1079.

Osborne, J., Simon, S., & Tytler, R. (2009). Attitudes towards science: An update. *Proceedings of the Annual Meeting of the American Educational Research Association, San Diego, California, USA.*

Park, G., Lubinski, D., & Benbow, C. P. (2007). Contrasting intel-lectual patterns predict creativity in he arts and sciences: Tracking intellectually precocious youth over 25 years. *Psychological Science, 18*, 948 - 952.

Park, H. , Byun, S. & Kim, K. (2011). Parental involvement and students' cognitive outcomes in Korea: Focusing on private tutoring. *Sociology of Education, 84*(1), 3 - 22

Parker, P., Nagy, G., Trautwein, U., & Ludtke, O. (2014). Predicting career aspirations and university majors from academic ability and self-concept: A longitudinal application of the internal-external frame of reference model. In I. Schoon, & J. S. Eccles (Eds.), *Gender differences in aspirations and attainment: A life course perspective* (pp. 224 – 246). Cambridge, UK: Cambridge University Press.

Parsons, F. (1909). *Choosing a vocation.* Boston: Houghton-Mifflin.

Prediger, D. J. (1982), Dimensions underlying Holland's hexagon: Missing link between interest and occupations? *Journal of Vocational Behavior*, *21*, 259 – 287.

Patall, E. A., Cooper, H., & Robinson, J. C. (2008). Parent involvement in homework: A research synthesis. *Review of Educational Research*, *78*(4), 1039 – 1101.

Pawley, A. L., & Hoegh, J. (2011). Exploding pipelines: Mythological metaphors structuring diversity oriented engineering education research agendas. *Paper Presented at the American Society for Engineering Education Annual Conference*, *Vancouver*, *BC*, *Canada*.

Piburn, M. D., & Baker, D. R. (1993). If I were the teacher … Qualitative study of attitude toward science. *Science Education*, *77*(4), 393 – 406.

Pomerantz, E. M., Moorman, E. A. & Litwack, S. D. (2007). The how, whom, and why of parents' nvolvement in children's academic lives: More is not always better. *Review of Educational Research*, *7*(3), 373 – 410.

Pryor, R. G. L., & Bright, J. E. H. (2003). The chaos theory of careers. *Australian Journal of Career Development*, *12*, 12 – 20.

Ralston, P. A. S., Hieb, J. L., & Rivoli, G. (2012). Partnerships and experience in building STEM pipelines. *American Society of Civil Engineers*, *139*(2), 156 – 162.

Reider, D., & Knestis, K., & Malyn-Smith, J. (2016). Workforce education models for K – 12 STEM education programs: Reflections on, and implications for, the NSF ITEST Program. *Journal of Science Education and Technology*, *25*(6), 847 – 858.

Reiss, M. J., & Mujtaba, T. (2017). Should we embed careers education in STEM lessons? *Curriculum Journal*, *28*(1), 137 – 150.

Riegle-Crumb, C., King, B., Grodsky, E., & Muller, C. (2012). The more things change, the more they stay the same? Prior achievement fails to explain gender inequality in entry into STEM college majors over time. *American Educational Research Journal*, *49*, 1048 – 1073.

Robert, G. (2007). Environmental Psychology and Sustainable Development: Expansion,

Maturation, and Challenges. *Journal of Social Issues*, *63*(1), 199 – 212.

Robertson, I. J. (2000). Influences on choice of course made by university year 1 bioscience student: A case study. *International Journal of Science Education*, *22*(11), 1201 – 1218.

Rogers, C. R. (1957). The necessary and sufficient conditions of therapeutic personality change. *Journal of Consulting Psychology*, *21*, 95 – 103.

Sahin, A. (2013). The impact of participation in STEM after school clubs on post-secondary matriculation. *Journal of STEM Education: Innovations and Research*, *14*, 7 – 13.

Savickas, M. L. (2005). The Theory and Practice of Career Construction. In S. D. Brown, & R. W. Lent (Eds.), *Career development and counseling: Putting theory and research to work* (pp. 42 – 70). Hoboken, NJ: John Wiley.

Schneider, B., Swanson, C., & Riegle-Crumb, C. (1998). Opportunities for learning: Course sequences and positional advantages. *Social Psychology of Education*, *2*, 25 – 53.

Schoon, I., Martin, P., & Ross, A. (2007). Career transitions in times of social change. His and her story. *Journal of Vocational Behavior*, *70*, 78 – 96.

Scribner, S., & Cole, M. (1973). Cognitive Consequences of Formal and Informal Education. *Science*, *182*, 553 – 559.

Seginer, R. (2006). Parents' educational involvement: A developmental ecology perceptive. *Parenting: Science and Practice*, *6*(1): 1 – 48.

Seymour, E., & Hewitt, N. (1997). *Talking about leaving: Why undergraduates leave the sciences.* Boulder, CO: Westview Press.

Sewell, W. H., Haller, A. O., & Portes, A. (1970). The educational and early occupational attainment process. *American Sociological Review*, *35*(6), 1014 – 1027.

Sewell, W. H., & Hauser, R. M. (1975). *Education, Occupation& Earnings: Achievement in the Early Career.* New York: Academic Press.

Sheu, H., Lent, R. W., Brown, S. D., Miller, M. J., Hennessy, K. D., & Duffy, R. D. (2010). Testing the choice model of social cognitive career theory across Holland themes: A meta-analytic path analysis. *Journal of Vocational Behavior*, *76*, 252 – 264.

Simpkins, S. D., Fredricks, J. A., & Eccles, J. S. (2012). Charting the Eccles' expectancy-value model from mothers' beliefs in child-hood to youths' activities in adolescence. *Developmental Psychology*, *48*, 1019 – 1032.

Sinclair, B. B., & Fraser, B. J. (2002). Changing classroom environments in urban middle schools. *Learning Environments Research*, *5*, 301 – 328.

Singh, K., Bickley, P. G., Trivette. P., Keith, T. Z., Keith, P. B., & Anderson, E. (1995). The effects of four components of parental involvement on eighth-grade student achievement: Structural analysis of NELS: 88 data. *School Psychology Review*, *24*(2), 299 – 317.

Sirinterlikci, A., & Mativo, J. M. (2012). Outreach Activities in Teaching Engineering Design. *ASEE Annual Conference*, *San Antonio*, *TX*.

Smith, A.L., & Tan, P. (2006). Creatine synthesis: An undergraduate organic chemistry laboratory experiment. *Journal of Chemical Education*, *83*(11), 1654 – 1657.

Springer, L, Stanne, M.E., & Donovan, S.S. (1999). Effects of small-group learning on undergraduates in science, mathematics, engineering, and technology: A meta-analysis. *Review of Educational Research*, *69*(1), 21 – 51.

Stephan, P.E., & Levin, S.G. (2001). Exceptional contributions to US science by the foreign-born and foreign-educated. *Population Research and Policy Review*, *20*, 59 – 79.

Stern, H. H. (1970). *Perspectives on Second Language Teaching*. Toronto: Ontario Institute for Studies in Education.

Sullins, E., Hernandez, D., Fuller, C. & Tashiro, J. (1995). Predicting who will major in a science discipline: Expectancy-value theory as part of an ecological model for studing academic communicites. *Journla of Research in Science Teaching*, *32*, 90 – 119.

Super, D.R. (1953). A theory of vocational development. *American Psychologists*, *8*, 185 – 190.

Tai, R.H., Liu, A.C.Q., Maltese, D.V., & Fan, X. (2006). *Planning early for careers in science*. *Science*, *312*(5777), 1143 – 1144.

Tai, R. H., Sadler, P. M., & Mintzes J. J. (2006). Factors influencing college science success. *Journal of College Science Teaching*, *36*(1), 52 – 56.

Tan, E. T., & Goldberg, W. A. (2009). Parental school involvement in relation to children's grades and adaptation to school. *Journal of Applied Developmental Psychology*, *30*(4), 442 – 453.

Taylor, P. C., Fraser, B. J., & Fisher, D. L. (1997). Monitoring constructivist classroom learning environments. *International Journal of Educational Research*, *27*(4), 293 – 302.

Taylor, P., & Maor, D. (2000). Assessing the efficacy of online teaching with the constructivist online earning environment survey. In A. Herrmann and M.M. Kulski (Eds.), *Flexible Futures in Tertiary Teaching.* Proceedings of the 9th Annual Teaching Learning Forum, Perth: Curtin University of Technology.

Teh, G. & Fraser, B.J. (1995). Associations between student outcomes and geography classroom environment. *International Research in Geographical and Environmental Education*, *4*(1), 3 – 18.

Thomas, D. S. (1929). *Some new techniques for studying social behavior.* New York City: Teachers College, Columbia University.

Thorp, H., Burden, R. L., & Fraser, B. J. (1994). Assessing and improving classroom environment. *School Science Review*, *75*, 107 – 113.

Tinto, V. (1993). *Leaving college: Rethinking the causes and cures of student attrition* (2nd ed.). Chicago, IL: University of Chicago Press

Top, N. Sahin, A., & Almus, K. (2015). A stimulating experience: I-SWEEEP participants' perceptions on the benefits of science Olympiad and gender differences in competition category. *SAGE Open*, *5*(3), 1 – 13.

Toren, N. K.(2013). Multiple dimensions of parental involvement and its links to young adolescent self-evaluation and academic achievement. *Psychology in the Schools*, *50*(6), 634 – 649.

Trickett, E. J. , Moos, R. H.(1973). Social environment of junior high and high school classrooms. *Journal of Educational Psychology*, *65*(1), 93 – 102.

Trusty, J. (1999). Effects of eighth-grade parental involvement on late adolescents' educational experiences. *Journal of Research and Development in Education*, *32*(4), 224 – 233.

Trickett, E. J., & Moos, R. H. (1970). Generality and specificity of student reactions in high school classrooms. *Adolescence*, *5*(20), 373.

Trusty, J. (2002). Effects of high school course-taking and other variables on choice of science and mathematics college majors. *Journal of Counseling and Development*, *80*(4), 464 – 474.

Rose, H. & Betts, J. R. (2001). *Math matters: The links between high school curriculum, college graduation, and earnings.* San Francisco: Public Policy Institute of

California.

Tsai, C. C. (2000). Relationships between student scientific epistemological beliefs and perceptions of constructivist learning environments. *Educational Research*, *42*(2), 193–205.

Tuijl, C. & Molen, W. (2016). Study choice and career development in STEM fields: an overview and ntegration of the research. *International Journal of Technology and Design Education*, *26*(2), 159–183.

Turner, S. L., & Lapan, R. T. (2003). Native American adolescent career development. *Journal of Career Development*, *30*, 159–172.

Tyson, W., Lee, R., Borman, K. M., & Hanson, M. A. (2007). Science, technology, engineering, and mathematics (STEM) pathways: High school science and math coursework and postsecondary degree attainment. *Journal of Education for Students Placed at Risk*, *12*(3), 243–270.

Valla, J. M., & Ceci, S. J. (2014). Breadth-based models of women's underrepresentation in STEM fields: An integrative commentary on Schmidt (2011) and Nye et al. (2012). Perspectives on *Psychological Science*, *9*, 219–224.

Van den Berghe, R., Verhagen, J., Oudgenoeg-Paz, O., van der Ven, S., & Leseman, P. (2018). Social Robots for Language Learning: A Review. *Review of Educational Research*, published online, DOI: 10.3102/0034654318821286.

Van Langen, A., & Dekkers, H. (2005). Cross-national differences in participating in tertiary science, echnology, engineering and mathematics education. *Comparative Education*, *41*(3), 329–350.

Walberg, H. J., & Anderson, G.J. (1968). Classroom climate and individual learning. *Journal of Educational Psychology*, *59*(6), 414–419.

Walker, S. L., & Fraser, B. J. (2005). Development and validation of an instrument for assessing distance education learning environments in higher education: the distance education learning environments survey (DELES). *Learning Environments Research*, *8*(3), 289–308.

Wang, X. (2013). Why students choose STEM majors: Motivation, high school learning, and postsecondary context of support. *American Educational Research Journal*, *50*(5), 1081–1121.

Wang, M.-T, & Sheikh-Khalil, S. (2013). Does parental involvement matter for student achievement and mental health in high school? *Child Development*, *85*(2), 610–625.

Wang, M.-T., Degol, J. L., & Ye, F. (2015). Math achievement is important, but task values are critical too: Examining the intel lectual and motivational factors leading to gender disparities in STEM careers. *Frontiers in Psychology*, *6*, 1 – 9.

Wang, M.-T., & Degol, J. L. (2013). Motivational pathways to STEM career choices: Using expectancy-value perspective to understand individual and gender differences in STEM fields. *Developmental Review*, *33*, 304 – 340.

Wang, M. T., Ye, F., & Degol, J. L. (2017). Who chooses STEM careers? Using a relative cognitive strength and interest model to predict careers in science, technology, engineering, and mathematics. *Journal of Youth and Adolescence*, *46*, 1805 – 1820.

Wang, J., & Staver, J. R. (2001). Examining relationships between factors of science education and student career aspiration. *The Journal of Educational Research*, *94*(5), 312 – 319.

Wang, M. T. (2012). Educational and career interests in math: A longitudinal examination of the links between classroom environment, motivational beliefs, and interests. *Developmental Psychology*, *1*, 1 – 22.

Ware, N.C., & Lee, V.E. (1988). Sex differences in choice of college science majors. *American Educational Research Journal*, *25*(4), 593 – 614.

Watt, H. M. G., Shapka, J. D., Morris, Z. A., Durik, A. M., Keating, D. P., & Eccles, J. S. (2012). Gendered motivational processes affecting high school mathematics participation, educational aspirations, and career plans: A comparison of samples from Australia, Canada, and the United States. *Developmental Psychology*, *48*, 1594 – 1611.

Wild, A. (2015). Relationships between High School Chemistry Students' Perceptions of a Constructivist Learning Environment and their STEM Career Expectations, *International Journal of Science Education*, *37*(14), 2284 – 2305.

Williams, W. M., & Ceci, S. J. (2012). When scientists choose motherhood: A single factor goes a long way in explaining the dearth of women in math-intensive fields. How can we address it? *American Scientist*, *100*, 138 – 145.

Withall, J. (1949). The development of a technique for the measurement of social-emotional climate in classrooms. *The Journal of Experimental Education*, *17*(3), 347 – 361.

Woolnough, B. (1994). Why students choose physics, or reject it. *Physics Education*, *29*, 368 – 374.

Wong, A. F. L., Young, D. J., & Fraser, B. J. (1997). A multilevel analysis of learning environments and student attitudes. *Educational Psychology*, *17*(4), 449 – 468.

Wubbels, T. & Levy, J. E. (1993). *Do You Know What You Look Like? Interpersonal Relationships in Education*. London, England: The Falmer Press.

Xie, Y., Fang, M., & Shauman, K. (2015). STEM education. *Annual Review of Sociology*, *41*(1), 331 – 357.

Yap, S. T. & Baharudin, R. (2016). The relationship between adolescents' perceived parental nvolvement, self-efficacy beliefs, and subjective well-being: A multiple mediator model. *Social Indicators Research*, *126*(1), 257 – 278.

Youtie, J., Rogers, J., Heinze, T., Shapira, P., & Tang, L. (2013). Career-based influences on scientific recognition in the United States and Europe: Longitudinal evidence from curriculum vitae data. *Research Policy*, *42*(8), 1341 – 1355.

Zandvliet, D. B., & Fraser, B. J. (2005). Physical and psychosocial environments associated with networked classrooms. *Learning Environments Research*, *8*(1), 1 – 17.

Zuckerman, H. (1977). *Scientific Elite: Nobel Laureates in the United States*. Free Press, New York.